Mahlzeit!

60 Jahre Deutschland
Eine kulinarische Zeitreise

Ingke Brodersen · Rüdiger Dammann

Mahlzeit!

60 Jahre Deutschland
Eine kulinarische Zeitreise

DUMONT

Sous Chef de Cuisine: Peter Mathews
Appetitlich serviert von Kurt Blank-Markard

Erste Auflage 2009

Umschlag: Zero, München
Herstellung: Kurt Blank-Markard
Lithographie: Henry Tafelmayer
Gedruckt auf säurefreiem und chlorfrei gebleichtem Papier
Druck und Verarbeitung: GZD, DesignPress GmbH in Ditzingen
Printed in Germany
ISBN 978-3-8321-9503-8

Der Geschmack der Republik
Ein Vorwort

Ein leerer Magen ist ein gefährlicher Unruheherd. Erfahren durfte das die französische Königin Marie Antoinette, als sie die Hungersnot ihrer Untertanen mit der flapsigen Bemerkung kommentierte: »Wenn sie kein Brot haben, dann sollen sie halt Kuchen essen.« Der folgenschwere Satz brachte die hochmögende Dame 1793 aufs Schafott.

Nun gut, das waren andere Zeiten. Oder doch nicht? Auch heute gibt es Hungeraufstände in den Armutszonen dieser Welt. Durch wessen Magen buchstäblich nichts mehr geht, der wird sich den Luxus der Friedfertigkeit nicht leisten können. »Erst kommt das Fressen, dann die Moral.« Bertolt Brechts Mahnung gilt selbst dann, wenn der nackte Hunger gestillt ist. So musste auch ein Erich Honecker, mit diktatorischer Machtfülle ausgestatteter Staatsratsvorsitzender der inzwischen untergegangenen DDR, widerwillig lernen, dass die penibel überwachte Botmäßigkeit seiner Genossinnen und Genossen doch Geschmacksgrenzen hatte. 1976 explodierte der Weltmarktpreis für Kaffee, die ohnehin prekäre Versorgung der stets Devisen-klammen DDR mit dem unverzichtbaren Muntermacher drohte zu kollabieren. Als die Parteiführung daraufhin beschloss, die knappe Bohne mit Surrogaten wie Getreide, Zuckerrüben und Erbsen zu strecken, reichte es den Kummer gewohnten DDR-Bürgern: Mauer, Bevormundung, Bespitzelung – alles schlimm genug. Aber gestreckter Kaffee? Da hörte der Spaß nun wirklich auf. Es hagelte »Eingaben«. Honecker lenkte ein und versprach, sich persönlich um den Bohnennachschub aus Übersee zu kümmern. Das sozialistische Bruderland Vietnam musste in die Bresche springen. Wer weiß, ob ohne Volkes Unmut Vietnam heute zu den größten Kaffeeexporteuren der Welt zählen würde.

Was wir essen und trinken, legt historisch Zeugnis ab: Gerichte offenbaren Lebensweisen und Einstellungen, gesellschaftliche Realitäten und Mentalitäten. Das gilt auch für die Bundesrepublik, die wir hier, anlässlich ihres 60-jährigen Bestehens, deshalb einmal im Spiegel ihrer wechselnden Speisen erzählen wollen – ohne dabei das zweite Deutschland, die DDR, zu vergessen. Eine solche »Geschichtsschreibung« folgt nicht strengen wissenschaftlichen Geboten. Sie ist eher lustorientiert und legt vielleicht gerade dadurch Zusammenhänge frei, die in jeder noch so akribischen Chronik regelmäßig vernachlässigt, ja missachtet werden. In welcher historischen Übersicht ist von Ravioli die Rede – oder vom Fischstäbchen, vom Döner, von Müsli, Weißwurst und Sushi? Dabei entfalten viele Mahlzeiten nicht einfach nur Geschmackserlebnisse. Sie tragen vielmehr ihrerseits spezifische Zeitumstände wie ein Wasserzeichen in sich – sie sind Chiffren gesellschaftlichen Wandels, den sie zuweilen sogar befördern und beschleunigen können.

So ist es vermutlich kein Zufall, dass Fertiggerichte wie Ravioli ziemlich zeitgleich mit dem Gleichberechtigungsgesetz auf den Markt kamen, das die deutschen Frauen zumindest de jure aus der Vormundschaft der Männer befreite. Fortan hatte die erwerbstätige Frau, die jetzt auch ohne Zustimmung des Gatten einer außerhäuslichen Arbeit nachgehen durfte, einfach nicht mehr die Zeit, sich der stundenlangen Zubereitung aufwändiger Mahlzeiten zu widmen. Ritsch-ratsch, Dose auf, fertig: »Die schnelle Küche« wurde fester Bestandteil jedes neu erscheinenden Kochbuchs und ermöglichte die Emanzipation von dem Dasein als Vollzeit-Hausfrau. Fünf Jahre nachdem die rot-gelbe Ravioli-Dose ihren Siegeszug angetreten hatte, rief die amerikanische Soziologin Betty Friedan ihre »Schwestern« weltweit zum Abschied vom »Weiblichkeitswahn« auf: »Frauen, ihr habt nichts zu verlieren als euren Staubsauger«. Und noch fünf Jahre später besiegelten drei »Liebesäpfel«, gemeinhin Tomaten genannt, auf dem Kongress des Sozialistischen Deutschen Studentenbundes die Vertreibung der Männer aus dem Paradies.

Der österreichische Gastronom Friedrich Jahn hatte früh die Zeichen der Zeit erkannt. 1955 gab er seinem »Linzer Stüberl« in der Münchner Amalienstraße den neuen Namen »Wienerwald« und warb – eigentlich nur des Reimes wegen – mit dem Spruch »Heute bleibt die Küche kalt, heute geh'n wir in den Wienerwald«, traf damit aber ins Schwarze des Zeitgeistes des aufstrebenden Wirtschaftswunderlands. Immer mehr Menschen konnten sich wieder etwas leisten. Für »Mutti« wurde ein leichtes Bügeleisen gekauft, der Haushalt mit Kühlschrank und Waschmaschine technisch an die Moderne angeschlossen und in einer der Eisdielen, die von italienischen Gastarbeitern eröffnet wurden, ließ man sich den ersten »Coppa Venezia« auf der Zunge zergehen. Es war die Zeit, als sich der bundesdeutsche Magen neuen Genüssen aufschloss. Die »italienische Woche«, die der Kaufhof in Essen Mitte der fünfziger Jahre veranstaltete, wurde ein voller Erfolg. Der Blick weitete sich über den Tellerrand und die Grenzen des eigenen Landes hinaus. Deutschland wurde europäisch. Der steigende Wohlstand entfachte die Reiselust. Und das Traumziel aller war Italien, zumal das »dolce vita« der Italiener, ihre Fähigkeit, das Leben mit gutem Wein und mediterranem Essen zu würzen, eine große Anziehungskraft auf die zu Disziplin und Entsagung erzogenen Deutschen ausübte.

Gegen diese Eckpfeiler des »autoritären Charakters« begehrte eine zunehmend aufmüpfiger werdende Jugend – mit Rock 'n' Roll und Randale – immer heftiger auf. Jeans, Kaugummi und Coca-Cola waren ihre Markenzeichen. »Mach mal Pause – trink Coca-Cola« wurde zum erfolgreichsten Werbespruch der aufkommenden Freizeitgesellschaft, in der Häppchen und Salzstangen, mit Fleischsalat gefüllte Tomaten und Käsewürfel mit Weintrauben in den Mund geschoben wurden, wenn sich die Nation am Samstagabend zu Peter Frankenfelds Fernsehshow »Toi, toi, toi« auf den Wohnzimmersofas einfand.

Mit den 1970er und 1980er Jahren wurde die Bundesrepublik multikulturell. Wer Vorurteilsfreiheit demonstrieren wollte, griff zu Döner, Cevapcici, Gyros und türkischem Fladenbrot. Zugleich begann sich ein neues Umwelt- und Gesundheitsbewusstsein herauszubilden, das die Ernährung fast zu einem Bekenntnis erhob. Müsli und Hamburger wurden die Antipoden, die Symbole auseinanderdriftender Lebenswelten – und sind es bis heute geblieben: auf der einen Seite die Alternativen und Gesundheitsbewussten, auf der anderen Seite das »Kaloriat«, zwischen denen allenfalls noch die Pizza eine Brücke schlagen kann.

Drückte sich in den Kinderjahren der Republik Wohlstand vorwiegend in Quantitäten aus, in den Pfunden, die anzufuttern man sich leisten konnte, so trat, je erwachsener sie wurde, die Qualität und Bekömmlichkeit des Essens immer stärker in den Vordergrund. Wir sind über Kalorien,

Joules, Kohlehydrate und den Body-Mass-Index informiert, lassen regelmäßig unsere Cholesterinwerte checken und kaufen vorzugsweise im Biomarkt. Und für den kleinen Snack geht's in die Sushi-Bar. Gerade die rohen Fischhäppchen, die vor wenigen Jahren noch die meisten Deutschen mit Abscheu und Empörung von sich gewiesen hätten, sind zum bevorzugten Fast Food einer joggenden, schlankheitsbesessenen Business- und dot.com-Generation geworden – doch im Zuge der hereinbrechenden Finanz- und Wirtschaftskrise dürfte so manche schlichte Speise, vielleicht der »Arme Ritter«, wieder gefragt sein.

Viele, längst nicht alle, der Abscheulichkeiten und Leckereien, die während der vergangenen Jahrzehnte auf Deutschlands Teller und Tische gelangten, sind inzwischen vom Speiseplan verschwunden, bleiben jedoch fest in zuweilen sentimentaler Erinnerung verankert – und erleben manchmal ein unverhofftes Revival. Der Toast-Hawaii beispielsweise, den wir dem unvergesslichen Clemens Wilmenrod verdanken, erfreut sich gerade bei den Jüngeren großer Beliebtheit. Der Ex-Schauspieler war es auch, der als erster Fernsehkoch in der Pionierzeit des Nordwestdeutschen Rundfunks, als eine Sendung noch per Handschlag des Intendanten auf den Schirm gehoben wurde, ein Format begründete, das sich gerade angesichts eines zunehmenden Kochanalphabetentums steigender Einschaltquoten zu erfreuen scheint. Wilmenrods Kreationen ließen die Zunft der Profiköche aufheulen – Dosengemüse, Ketchup und Mayonnaise waren ihm schnell zur Hand. Sein Publikum aber stand fest hinter ihm, denn er verstand es, seine Gerichte mit abenteuerlichen, exotischen Geschichten zu würzen, die einen Hunger weit über das Kulinarische hinaus stillten.

Essen und Trinken dienen keineswegs nur der Nährstoffaufnahme. Es sind kulturelle und soziale Aktivitäten, die vom »Geist der Zeiten« durchdrungen sind. Gerichte verweisen auf Geschichte. Für dieses Buch wären viele andere als die hier gewählten Speisen als Zeitzeugen denkbar gewesen. Unser jeweils zusammengespanntes Tandem ist oft eine höchst subjektive Wahl. Insofern ist die folgende kulinarische Zeitreise »unsere« Zeitreise, bei der sich allerdings ein anderes Bild der 60-jährigen Geschichte der Bundesrepublik einstellt: Man ist, was man isst. Mahlzeit!

1949

Kaugummi und Luftbrücke

Für viele West-Berliner, die von lässigen amerikanischen GIs mit einem Wrigleys Spearmint Gum beschenkt wurden, verbindet sich mit diesem süßen Streifen Kaugummi für immer der Geschmack der Freiheit. »Chewing gum« lernen die Kinder dieser Stadt als erstes englisches Wort, denn für sie fallen in diesem Jahr Bonbons, Schokolade und Kaugummis buchstäblich vom Himmel.
Da war die amerikanische Firma Wrigley auf dem Höhepunkt ihres geschäftlichen Erfolgs, auf den der Chicagoer Firmengründer William Wrigley jr. nicht unbedingt gradlinig zugesteuert war. Anfänglich vertrieb er Seife, der er als Zugabe ein Päckchen Backpulver beilegte. Das Backpulver kam bei den Kunden besser an als die Seife, und so vergaß Wrigley die Seife und stieg auf Backpulver um. Als er diesen Tütchen nunmehr einen Streifen Kaugummi als verkaufsfördernde Marketingmaßnahme mitgab, konnte er das Backpulver wieder vergessen: Die Kundschaft stürzte sich begeistert auf das Kaugummi, das Wrigley bis heute in allen denkbaren Geschmacksvarianten als unverzichtbaren »Begleiter im Alltagsleben« anpreist – nicht immer zur Freude aller Betroffenen: Irland, wo jedes Jahr über 80 Millionen Packungen Kaugummi verkauft werden, spielte zeitweilig mit dem Gedanken, als erstes Land eine Kaugummi-Steuer einzuführen, um mit dem Geld die Reinigung verklebter Bürgersteige zu finanzieren.

12. Mai 1949: Die Sowjets geben nach 322 Tagen die Blockade Westberlins auf. Elf Monate hat der Kampf der Westmächte – England, Frankreich und den USA – um die Stadt gedauert. Der amerikanische Präsident Truman notiert in dieser Zeit in seinem Tagebuch »das schreckliche Gefühl, dass wir einem Krieg sehr nahe sind« und lässt eine Bomber-Staffel nach Europa verlegen, die auch Atombomben tragen können. Das ist eine unmissverständliche Drohung an die Adresse der Sowjets. Das Bündnis der Siegermächte, noch vor Kurzem vereint im Kampf gegen Hitler-Deutschland, zerbricht.

Am 24. Juni 1948 kappen die Sowjets alle Lebensadern, die in die Stadt führen – sie unterbrechen den Landverkehr, stoppen die Schifffahrt und stellen die Stromlieferung ein. Die Russen sind erzürnt über die klammheimliche Einführung der D-Mark in den westlichen Besatzungszonen vier Tage zuvor, ein Verstoß gegen die Vereinbarung der Siegermächte, alle Entscheidungen, die Deutschland als Ganzes betreffen, einstimmig zu fällen. Das eigenmächtige Vorgehen der Westmächte wollen sie nicht hinnehmen. West-Berlin liegt in ihrer Besatzungszone – eine Geisel, die sie jetzt in Haft nehmen.

Die Amerikaner sind entschlossen, den Kampf aufzunehmen. Die Luftbrücke (»Operation Vittles«) wird gestartet – die Versorgung der Stadt aus der Luft. Mit der Organisation wird Brigadegeneral Joseph Smith betraut, der ein präzises System von fünf verschiedenen Flughöhen entwirft, um die drei den Westmächten zur Verfügung stehenden Luftkorridore optimal zu nutzen – eine logistische Meisterleistung: Auf diese Weise kann alle drei Minuten ein Flugzeug in Berlin-Tempelhof landen, in nebligen Wintermonaten sind so kurze zeitliche Abstände gefährlich, aber die Amerikaner arbeiten fieberhaft an dem »ground control approach«, der Radartechnik, bei der der Pilot für die Landung ganz den Anweisungen des Fluglotsen am Boden vertrauen muss.

Eine spezielle Einsatzgruppe, die Airlift Task Force, wird dem Kommando von Generalmajor William H. Tunner unterstellt. Für ihn ist die Auseinandersetzung mit den Russen ein Kampf zwischen »der freien und der versklavten Welt« und den will »Willie-the-Whip« auf keinen Fall verlieren. Er entwickelt ein ausgeklügeltes Zeitmanagement: Die Piloten dürfen ihre Maschine nach der Landung nicht mehr verlassen, um sich frisch zu machen oder etwas zu essen; Wetterdaten und Instruktionen werden ihnen direkt ins Cockpit gebracht, eine mobile Snack-Bar versorgt sie mit Essen.

Auch die Engländer und Franzosen beteiligen sich an den gigantischen Anstrengungen, die Stadt aus der Luft zu versorgen. Flugzeuge aus Alaska und Hawaii, ja, aus aller Welt werden hierfür eingesetzt, Weizen aus Kanada, Kartoffeln aus dem amerikanischen Bundesstaat Maine besorgt, Tankschiffe fahren im Akkord über den Atlantik, um Kerosin herbeizuschaffen. Zwischen den in der britischen Zone liegenden Flughäfen Celle und Fassberg und dem Ruhrgebiet werden Gleise verlegt, um den zügigen Kohlenachschub zu sichern. Denn die Kohle, die für Betriebe und die Stromversorgung in Berlin gebraucht wird, macht den größten Teil der Luftfracht aus. Jeden Monat müssen allein für ihren Transport 250 000 Jutesäcke organisiert werden.

Auf einem ehemaligen Schießplatz der Franzosen in Berlin-Tegel treten 20 000 Berliner an, um rund um die Uhr in mehreren Arbeitsschichten einen zusätzlichen Flughafen zu bauen. Sämtliches Baugerät muss eingeflogen werden – Bagger, Walzen, Steinbrecher und 120 000 Tonnen Bitumen; nach 85 Tagen ist der Flughafen fertig.

Etwa 150 000 Menschen arbeiten an der Luftbrücke. 280 000 Flüge von und nach Berlin absolvieren die amerikanischen und die britischen Piloten. 2,1 Millionen Tonnen Güter werden in die Stadt transportiert. 200 Millionen US-Dollar kostet die Brücke – und der Dollar ist damals mehr wert als heute, etwa zehn Euro.

Und trotzdem: Für die Berliner sind es harte Monate, sie hungern und frieren. Die Luftbrücke kann nur das Minimum zum täglichen Überleben herbeischaffen: 30 Gramm Fett, 40 Gramm Büchsenfleisch, 50 Gramm Nährmittel, 5 Gramm Käse, Trockenei, Trockenkartoffel, Trockenmilch für jeden, höchstens vier Stunden täglich Strom, für die Wintermonate pro Kopf 25 Pfund Brennstoff. Aber die Menschen sind entschlossen durchzuhalten. Sie ernähren sich von Gänseblümchensalat, Blutwurst aus Eicheln oder »Fleischklößchen« aus Hefe.

Der amerikanische Pilot Gail Halvorsen, dem besonders die Kinder leidtun, bindet eines Tages Schokolade an Taschentücher und wirft sie kurz vor der Landung ab. Bald machen es ihm viele seiner Kollegen nach und lassen Bonbons, Kaugummi und Schokolade an kleinen Fallschirmen hinuntergleiten – insgesamt 23 Tonnen Süßigkeiten werfen sie während der Blockade ab. »Rosinenbomber« heißen die US-Flugzeuge fortan im Volksmund.

Am 9. September 1948 versammeln sich mehrere Hunderttausend Westberliner, um eine Rede ihres Oberbürgermeisters Ernst Reuter zu hören, die in die Geschichtsbücher eingeht: »Ihr Völker der Welt, schaut auf diese Stadt, und erkennt, dass ihr diese Stadt und dieses Volk nicht preisgeben könnt! Es gibt nur eine Möglichkeit für uns alle: gemeinsam so lange zusammenzustehen, bis dieser Kampf gewonnen, bis dieser Kampf endlich durch den Sieg über die Feinde, durch den Sieg über die Macht der Finsternis besiegelt ist.«

Am 12. Mai 1949 genehmigen die westlichen Besatzungsmächte das Grundgesetz der Bundesrepublik; an diesem Tag geben die Sowjets die Blockade auf, ein großer Triumph für den »Westen«. Fortan zählen die Westdeutschen dazu, denn die Krise hat alle zusammengeschweißt und West-Berlin zum Symbol der Verteidigung von Freiheit und Demokratie werden lassen. Aber der Preis ist hoch – die Teilung Deutschlands ist nun nicht mehr aufzuhalten: 1949 entstehen zwei Staaten auf deutschem Boden – die Bundesrepublik auf dem Gebiet der westlichen Besatzungszonen und die DDR in der sowjetischen Besatzungszone.

Butter und Pfauenthron

Wir haben die Butter nicht erfunden. Ägypter, Syrer und Inder kannten sie bereits vor Tausenden von Jahren als heilende Salbe oder als heilige Opfergabe. Ihre Tauglichkeit als eiweißreiches Nahrungsmittel wurde eher zufällig entdeckt: Bauern und Hirten führten Milch als Reiseproviant mit sich, und gerüttelt und geschüttelt entstand der Vorläufer unserer heutigen Butter; Wikinger und Nordgermanen nutzten gesalzene Butter seit dem 8. Jahrhundert als Schiffsproviant.
Nirgends aber genießt Butter eine so hohe Wertschätzung wie bei uns. Für die Deutschen steht sie, lange zärtlich gute Butter genannt, in geradezu symbiotischer Beziehung zum Brot – aber das Butterbrot ist mit der Nutella-Generation auf die Rote Liste aussterbender Gerichte gerutscht. In den Hungerjahren nach dem Krieg ist Butter so knapp und wertvoll, dass sie auf dem Schwarzmarkt als Ersatzwährung gehandelt wird. Fett ist wertvoll, auch wenn wir, die wir uns ausführlich unserem Cholesterinspiegel und Bluttfettwert widmen, es heute kaum glauben mögen.
1950 aber notiert die Londoner Zeitung »Times« staunend ein deutsches »Wirtschaftswunder«. Der Aufschwung geht auch an der Butter nicht vorbei: Erstmalig wird sie nicht länger in losen Portionen aus dem Fässchen verkauft, sondern abgepackt dargeboten. Noch wird sie nur an Feiertagen und zu besonderen Anlässen aufgetischt, noch müssen die Deutschen für ein Pfund Butter vier Stunden arbeiten. Aber es wird nicht mehr lange dauern, da drückt sich der Wiederaufstieg für den Durchschnittsbürger in den Zentimetern Butter aus, die er sich morgens aufs Brötchen streichen kann.

1950

Und doch hungert die Nation – nach großen Geschichten, die aus der Enge der Wohnverhältnisse in eine Welt voller Glanz und Glamour entführen. Besonders die Frauen entwickeln einen unstillbaren Appetit auf die »Tatsachenberichte«, die »wahren Geschichten« von Königinnen und Prinzessinnen, die ihnen die Illustrierten jener Zeit, dekoriert mit großformatigen Fotos, oft in Fortsetzungsfolgen ins Haus tragen. Eine dieser Märchenfiguren weckt besondere Fantasien, denn sie ist »eine von uns«: Stellvertretend für alle Deutschen besteigt Soraya Esfandiary Bakhtiary eines Tages den Pfauenthron.

Die Tochter eines persischen Nomadenfürsten und einer deutschen Mutter verlobt sich in diesem Jahr mit Schah Reza Pahlewi, dem Kaiser von Persien. Wenige Monate vorher hat er sich von seiner ägyptischen Ehefrau Fawzia, der »Prinzessin vom Nil«, getrennt, und nun ist seine Mutter, wie in muslimischen Familien üblich, wieder auf Brautschau für den Sohn. Eines Tages sieht sie Fotos von der Ski laufenden jungen deutsch-persischen Prinzessin. Sie ist zwar erst 16 Jahre alt und stammt zudem aus einer Familie, die unter dem Regime des Schahvaters dereinst in Ungnade gefallen ist – aber dieses junge Mädchen entspricht so ganz den Vorstellungen der Kaisermutter, die nach einer modernen Repräsentantin für die Monarchie sucht. So wird Soraya im Oktober 1950 nach Teheran eingeladen. Und dann, so schreibt die Prinzessin mit den smaragdgrünen Augen, sei alles »rasend schnell« gegangen.

Am dritten Tag ihrer Ankunft trägt ein Diener auf einem Silbertablett einen Ring herein: das Verlobungsgeschenk des Schahs; »kein doller Ring«, merkt die acht Jahre später vom Hof Vertriebene an, die sich bei

ihrem Abgang nicht mit billigem Tand abspeisen lässt. Aber schließlich weiß der Schah zu diesem Zeitpunkt noch nicht, ob sein Werben von Erfolg gekrönt oder der Ring eine verschleuderte Morgengabe sein wird. Denn Sorayas aufgeklärter Vater hat die Entscheidung für oder gegen den Bräutigam ganz in die Hände seiner Tochter gelegt: »Du musst ihn nicht nehmen«. Zwischen der deutschen Prinzessin und dem fotogenen Kaiser ist es Liebe auf den ersten Blick, behauptet die Ex-Kaiserin Zeit ihres Lebens.

Im Februar 1951 findet die Hochzeit statt, nachdem das Alter der Braut auf Befehl des Protokolls um zwei Jahre, über die Volljährigkeitsschwelle, geliftet worden ist. Auch bei dieser Zeremonie erweist sich der Schah als sparsamer Monarch: Die Perlen auf der 20 Kilogramm schweren Hochzeitsrobe von Dior sind falsch – vielleicht doch ein böses Omen. Denn die Ehe steht von Anfang an unter keinem guten Stern, der Streit zwischen Großbritannien und Persien um die Ölvorräte zwingt das Paar ins Exil. Erst nach dem Sturz des nationalistischen Präsidenten Mossadegh können sie zurückkehren.

Für Kaiserin Soraya beginnen damit kritische Jahre. Die politischen Wirren haben ihr kurzfristig die bohrende Frage nach der Geburt eines Thronfolgers erspart, der das Land stabilisieren und die Nachfolge sichern soll. Von nun an aber starrt die Weltöffentlichkeit und besonders die deutsche Presse erwartungsvoll auf ihren Bauch.

Auf Staatsbesuchen erfüllt Soraya voll die Erwartungen des Hofes. Als sie 1955 mit dem Gatten die Bundesrepublik besucht, sind nicht nur die Massen begeistert, auch der nüchterne Bundeskanzler Adenauer kann sich ihrem Charme nicht entziehen. Aber schwanger wird die Kaiserin nicht. Die Ehe gerät unter Druck. Auf Weisung der Hofkamerilla trennt sich der Schah 1958 – »im Interesse des Landes« – von seiner Frau, die nicht bereit ist, eine zeugungsfähige Nebenfrau zu dulden.

Aus den Klauen der Paparazzi ist sie damit keineswegs entlassen. Im Gegenteil: Immer neue Affären dichtet man der Lady Di der 1950er Jahre an. Als Schauspielerin scheitert sie. Die Sensationsberichterstattung der deutschen Boulevardpresse, die damals bezeichnenderweise »Soraya-Presse« getauft wird, führt zu einer Krise zwischen Persien und

der Bundesrepublik. Der Schah droht mit dem Abbruch aller Beziehungen, sollte weiterhin in dieser Weise presseöffentlich über die einstige Gattin geklatscht werden. Das Bundeskabinett verabschiedet daraufhin in aller Eile eine Strafrechtsnovelle, die herabwürdigende Behauptungen, das Privat- und Familienleben fremder Staatsoberhäupter betreffend, unter Strafe stellt. Die »Lex Soraya« passiert aber nie den Bundestag.

Nach dem Sturz des Ex durch die islamische Revolution des Ayatollah Khomeini muss sich auch Soraya in Sicherheit bringen. In ihren späten Jahren trifft sie ihre Nachfolgerin, Farah Diba, zuweilen in Paris – bei dem gemeinsamen Friseur, bis »Prinzessin Schwermut« 2001, einsam und kaum noch bekannt, stirbt. Da haben die Deutschen die fetten Zeiten der Fresswelle längst hinter sich, als sich gesellschaftlicher Status auch an der Kleidergröße bemaß, in die man sich mit Hilfe guter Butter hineinzufuttern versteht.

1951

Königsberger Klopse und die Vertriebenen

Die Stadt Immanuel Kants heißt heute nicht mehr Königsberg, sondern seit 1946 Kaliningrad; sie ist nicht mehr deutsch, sondern russisch. An dem Namen für eine der beliebtesten deutschen Spezialitäten aus ostpreußischer Küche hat das nichts geändert. Man darf von Königsberger Klopsen sprechen, ohne gleich als klammheimlicher Sympathisant all jener aus der kalten Heimat Vertriebenen zu gelten, deren Hardliner-Funktionäre das Verhältnis zu unseren osteuropäischen Nachbarn lange mit revanchistischen Parolen erschwert haben.
Wie es zu der despektierlichen Bezeichnung »Klops« gekommen ist, weiß man nicht. Sie ist umso verwunderlicher, als der Königsberger Klops eher so etwas wie der vornehme Verwandte der gemeinen Frikadelle ist, schließlich ist sein unverzichtbarer Bestandteil – neben der Zitrone und den Kapern für die Sauce – bestes Kalbfleisch, das, durch den Fleischwolf gedreht, zu zarten Bällchen geformt wird und in Kalbsbrühe ziehen muss. Traditionalisten schwören zur Verfeinerung auf Sardellen oder Salzheringe aus der Ostsee, die der Klopsmischung beigegeben werden. Beliebt war dieses Gericht als Sonntagsessen schon, bevor Millionen Flüchtlinge und Vertriebene zu uns kamen.

Zehn Wochen nach Kriegsende treffen sich die Großen Drei – Josef Stalin, der mächtigste Mann der Sowjetunion, Winston Churchill, der englische Premierminister, und der amerikanische Präsident Harry S. Truman – in Potsdam. Diese Konferenz soll ihr Abschlusstreffen werden, das »letzte große Fest des Krieges«. Tatsächlich aber wird es der Auftakt zum Kalten Krieg und zum Wettrüsten der Supermächte.

Das Treffen steht unter keinem guten Stern: Churchill hat eine Magenverstimmung hinter sich, Stalin einen Herzanfall, Roosevelt ist einen Monat vor Ende des Krieges gestorben – sein Nachfolger Harry Spencer Truman muss übernehmen. »Ich bin jetzt auf dem Weg zu Stalin und Churchill«, schreibt er seiner Mutter. »Meine Aktenmappe ist voll mit Unterlagen über die früheren Konferenzen und mit Vorschlägen, was ich tun und sagen soll. Am liebsten würde ich überhaupt nicht fahren, aber ich muss, ein Zurück gibt es nicht mehr.« Trumans Stimmung bessert sich erst, als ihm ein Geheimtelegramm zugestellt wird: »Babies satisfactorily born«. Gemeint ist damit die Zündung der ersten Atombombe in der Wüste des amerikanischen Bundesstaates New Mexico. Truman informiert Stalin. Der Russe sieht sich damit um die Früchte des Sieges betrogen. In den nächsten Jahren setzt er alles daran, militärisch mit den Amerikanern gleichzuziehen.

Über die Nachkriegsordnung in Europa können sich die einstigen Verbündeten nicht einigen. Einer beargwöhnt den anderen. Stalin misstraut Churchill, Truman dem britischen Premier, der für seinen Geschmack zu kumpelhaft mit dem sowjetischen Diktator umgeht. Und Churchill fürchtet, die Amerikaner könnten sich nach Roosevelts Tod aus Europa zurückziehen und das Feld den Russen überlassen, die ohnehin schon auf dem »Vormarsch ins Herz Europas« sind – vor den von ihnen besetzten Gebieten, so warnt er Truman, sei ein »eiserner Vorhang« niedergegangen, hinter dem die Westmächte keinen Einfluss mehr hätten.

Stalin fordert, Polen nach Westen zu verschieben: Der östliche Teil des Landes soll für die Russen »frei gemacht«, die Polen sollen dafür mit ostdeutschen Gebieten »entschädigt« und »umgesiedelt« werden. Deutschlands neue Grenze soll entlang der Flüsse Oder und Neiße gezogen, Ostpreußen, Pommern, die Kurmark und Schlesien, einst deutsche Gebiete, sollen polnisch, Königsberg später russisch, die dort lebenden Deutschen zwangsausgewiesen werden. Überhaupt müssten die ost- und südosteuropäischen Länder, so Stalin, künftig als »sowjetische Interessensphäre« gelten.

Die »ethnisch-territoriale Neuordnung« Ostmitteleuropas sieht einen »ordnungsgemäßen und humanen Transfer« der deutschen Bevölkerung aus Polen, der Tschechoslowakei und Ungarn vor, doch schon vor dieser vertraglichen Übereinkunft zwischen den Siegermächten beginnen illegale Massenausweisungen aus den ehemaligen deutschen Gebieten und dem Sudetenland. Fast 14 Millionen Deutsche ziehen, schlecht ausgerüstet und militärischen Angriffen schutzlos ausgeliefert, in großen Trecks gen Westen. Züge fahren nicht mehr. Die Menschen flüchten zu Fuß, mit Handwagen oder auf Pferdefuhrwerken. Eine Völkerwanderung setzt ein in eine fremde Heimat, die in Trümmern liegt und in der sie kaum mit offenen Armen aufgenommen werden.

Auf den Zustrom von acht Millionen Flüchtlingen ist man im Westen nicht vorbereitet. In Durchgangslagern werden die Ankömmlinge registriert, entlaust, ärztlich untersucht und mit dem Notwendigsten versorgt. Eine endlose Kette von Vertriebenen zieht an den Tischen der Beamten vorüber, die anhören, prüfen und entscheiden müssen, wer wo bleiben darf. Wie soll man so viele Menschen in ein vom Krieg zerstörtes Land integrieren?

Anfangs nehmen die Menschen im Westen die Ankunft der »Fremden« noch hin – die Zwangseinweisungen in private Wohnungen und Häuser, die die Besatzungsmächte durchsetzen, hält man für vorübergehend. Als sich aber abzeichnet, dass die Flüchtlinge bleiben, versuchen die Alteingesessenen oft, die »Polacken« wieder zu vertreiben. Die US-Militärverwaltung droht mit »empfindlichen Strafen für Diskriminierung oder Agitation gegen Neuankömmlinge«.

Die Wohnungssituation ist prekär, vor allem in den zerbombten Großstädten. Auf die Durchgangslager folgen die oft am Rande kleinerer

Gemeinden gelegenen Wohnlager – Wellblechhütten, die im Sommer unerträglich heiß, im Winter bitterkalt sind; für Hunderttausende bleiben die tristen Lager der unfreiwillige Aufenthaltsort bis weit in die 1950er Jahre. Vielerorts entstehen erst neue Siedlungen, als die Vertriebenen dank günstiger Darlehen und mithilfe der monatlichen Entschädigungszahlungen, die sie aus dem »Lastenausgleich« erhalten, eigene Häuser bauen.

In der sowjetisch besetzten Zone werden bis 1949 400 Millionen Mark für die Vertriebenensoforthilfe ausgeschüttet. Offiziell heißen die Vertriebenen hier »Umsiedler«, die SED spricht auch von »Neubürgern« – eine Erinnerung an das Unrecht der Vertreibung ist unerwünscht. 1946 sah die SED-Führung das noch anders und versprach, »alles« zu tun, »damit bei den Alliierten die Grenzfrage nachgeprüft und eine ernste Korrektur an der jetzt bestehenden Verwaltung der Ostgrenze vorgenommen wird«; bei einem Besuch 1947 in Moskau wird sie auf Kurs gebracht, fortan ist das Thema tabu. Während in der Bundesrepublik die Vertriebenen mit ihrer Forderung »Oder-Neiße-Grenze niemals!« Politik machen, muss in der DDR jeder, der die Grenze infrage stellt, mit juristischer Verfolgung rechnen. Landsmannschaftliche Organisationen sind verboten. Mehr als eine Million Vertriebene setzen sich bis zum Mauerbau 1961 in den Westen ab.

Auch in den Westzonen gibt es anfänglich für sie ein Organisationsverbot. Als Linius Kather, vor 1933 einziger Vertreter der Zentrumspartei im Stadtparlament von Königsberg, eine »Notgemeinschaft einzelner Landsmannschaften« gründen will, wird ihm das von der Militärregierung untersagt. Doch der Kalte Krieg verändert die Lage und erleichtert die Zulassung von Vertriebenenorganisationen. Am 17. November 1951 gründet sich in Hannover der »Bund der heimatvertriebenen Deutschen«, aus dem später der »Bund der Vertriebenen« wird. Bis in die achtziger Jahre hinein, als die schlesische Landsmannschaft ihren »Deutschlandtag« unter die Losung »Schlesien bleibt unser!« stellt, verstehen es die mächtigen Vertriebenenverbände immer wieder, die Öffentlichkeit, vor allem aber die Nachbarn im Osten, mit radikalen Parolen aufzuschrecken. Erst mit der Ostpolitik der sozialliberalen Koalition, die auf Aussöhnung und Anerkennung der Grenzen setzt, verlieren sie an Einfluss.

Blutwurst und BILD-Zeitung

1952

Sie ist seit Jahrhunderten eine Speise des gesamten europäischen Kulturraums: die Blutwurst. Schon Homers »Odyssee« berichtete von abgehängten, mit Blut und Fett gefüllten Ziegenmägen, die zum Nachtmahl gereicht wurden. Papst Leo VI. hingegen setzte die Blutwurst 928 auf den Index – wer »Blut zu Speise umschafft«, soll »hart gegeißelt, bis auf die Haut geschoren und ewig aus dem Lande verbannt« werden. Zum Glück währte seine Amtszeit kaum länger als sieben Monate. Das Verbot muss besonders die Armen getroffen haben, denn die Blutwurst ist ein klassisches Arme-Leute-Essen, ein Abfallprodukt bei den traditionellen Schlachttagen, zu denen sich im November und Dezember, wenn es anfängt, kalt zu werden, auch in den 1950er Jahren noch die Menschen auf dem Lande zusammenfinden. Die Männer schlachten, die Frauen schrubben den Waschtrog, in dem Knorpel und Fleisch ausgekocht werden.

Für die Blutwurst wird das frische Blut des geschlachteten Schweins mit Speckbrocken aus dem Bauch des Tieres angedickt, mit Piment, Nelken, Thymian, Pfeffer und Salz gewürzt und dann in einen Darm gepresst und gekocht, bis die Masse samtig wird. Danach muss die Wurst abhängen.

Wie vieles, was gut schmeckt, ist die Blutwurst heute vom Vergessen bedroht. Zumal sie die Gemeinde selbst deftiger Genießer spaltet – vielleicht weil ihr Ausgangsmaterial, das geronnene Blut des geschlachteten Schweins, an den Akt des

Tötens erinnert? In der neuen deutschen Gourmet-Küche allerdings hat sie fast einen Stammplatz, passt sie doch zu vielen Gerichten, selbst zu Fisch; außerdem haben sich Fan-Clubs und Vereine »zur Förderung des Ansehens der Blutwurst« zusammengefunden. Zu Recht, denn die Blutwurst, so ein deutscher Sterne-Koch, ist eine überaus »ehrliche Haut«.

Das kann man von der BILD-Zeitung wahrlich nicht behaupten, die am 24. Juni 1952 von weiß gekleideten Boten in der ganzen Republik verteilt wird. Ihr Erfinder, der ideenreiche Hamburger Verleger Axel Springer, dem schon die Tageszeitung »Hamburger Abendblatt«, die Rundfunkzeitschrift »Hörzu« und die Illustrierte »Kristall« gehören, bastelt sich auf dem Boden seines Wohnzimmers aus Zeitungsausschnitten, Fotos und Zeichnungen mit Papier, Schere und Kleister das künftige Flaggschiff seines Imperiums zusammen, das mit großem Werbeaufwand an zahllosen mobilen Verkaufsständen zum Preis von zehn Pfennig in den Markt gedrückt wird. »BILD« soll es heißen, überwiegend an Kiosken verkauft und in seiner Mischung aus Information, Unterhaltung und Meinungsmache die Zeitung des »kleinen Mannes« werden. Wichtigster »eyecatcher« ist die Schlagzeile auf der Titelseite »über dem Knick«, sie muss auffallen, Neugier und Interesse wecken.

Nach anfänglichen Schwierigkeiten steigt die Auflage bereits 1953 auf über eine Million täglich und überschreitet 1962 die Viermillionengrenze. Da ist sich das Massenblatt schon seines Einflusses auf die Deutschlandpolitik bewusst. BILD beteiligt sich an der Aktion »Macht das Tor auf«, zu der das »Kuratorium Unteilbares Deutschland« auf der Straße Anstecknadeln mit dem Brandenburger Tor verkauft, und berichtet ausführlich über den Exodus aus der »DDR«. Nach dem Mauerbau am 13. August titelt die Zeitung: »Der Osten handelt – was tut der Westen? Der Westen

tut NICHTS!« Emotionen zu wecken, als Sprachrohr der Volksmeinung aufzutreten, um damit Druck auf die Politik auszuüben, wird das Markenzeichen von BILD.

Die Meinungsmacht der Zeitung bekommt mancher Politiker und Beamter zu spüren. Als Postminister Richard Stücklen im Juli 1964 eine drastische Erhöhung der Fernsprechgebühren ankündigt, droht und fordert BILD: »Alles lassen wir uns nicht gefallen!«, »Holt den Bundestag aus dem Urlaub!«. Und genau das geschieht. Die Preiserhöhung wird in Teilen wieder zurückgenommen.

Am 2. Juni 1967 wird der Student Benno Ohnesorg bei einer Demonstration gegen den Schah von Persien von einem Polizisten erschossen. Die Studenten fordern die Enteignung des Verlegers Axel Springer, dessen Zeitungen sie wegen ihrer Berichterstattung für Ohnesorgs Tod mitverantwortlich machen. Besonders die BILD-Zeitung bläst seit Wochen zur publizistischen Hatz auf die Demonstranten. »Unruhestifter unter Studenten ausmerzen« und »Jetzt wird aufgeräumt« – mit solchen Schlagzeilen werden Ressentiments geschürt. Feind Nummer eins ist Rudi Dutschke, Symbolfigur der außerparlamentarischen Opposition. Am 11. April 1967 wird ein Attentat auf ihn verübt, Dutschke lebensgefährlich verletzt. Danach eskaliert die Auseinandersetzung. In Berlin, Hamburg, München und Essen brennen die Auslieferungslaster der Springer-Zeitungen. In Berlin, dem Stammsitz des Verlages, fliegen Molotow-Cocktails.

Dass man längst nicht alles glauben darf, was die dicken Balkenüberschriften marktschreierisch als Wahrheit verkünden, belegt Ende der 1970er Jahre Günter Wallraff, der sich »undercover«, unter dem Namen Hans Esser, in die BILD-Redaktion in Hannover einschleicht. Sein Buch »Der Aufmacher« schildert die zuweilen zweifelhaften Methoden der Zeitung. Es wird ein Bestseller, der am Image von BILD kratzt, an dem anhaltenden Erfolg des Massenblattes bis heute aber nichts ändert.

Sonnabend, den 3. Juni 1967 – 15 Pf
16. Jahr – Nr. 127 – BERLIN-AUSGABE ****

Bild
AUFLAGE ÜBER 4 Millionen EXEMPLARE
ZEITUNG
UNABHÄNGIG · ÜBERPARTEILICH
BERLIN

Glanz und Gala

Glanzvolle Repräsentation vor der Kulisse der blutigen Zusammenstöße: Der Schah und eine strahlende Farah beim Betreten des Opernhauses.

HEUTE MIT AUTOMARKT

Der Schah und Farah in Berlin

Blutige Krawalle: 1 Toter!

„20 000 DM – und Sie sehen Timo"

Mörder Lehnert trieb mit den Eltern seines Opfers ein gemeines Spiel

Wiesbaden, 3. Juni

Klaus Lehnert (26), der Kindesmörder von Wiesbaden, hat die Eltern des ermordeten Timo Rinnelt drei Jahre lang in dem Glauben gelassen: Ihr Junge lebt!

Gestern gestand der arbeitslose Arztsohn: „Ich habe in den Jahren 1965 bis 1966 zwei Briefe an die Eltern des Jungen geschrieben."

Im April 1966 verlangte Lehnert 20 000 Mark von Timos Vater, dem Antiquitätenhändler Joachim Rinnelt (45).

Nach dem Mord schrieb er eiskalte Erpresserbriefe: Klaus Lehnert

● Wenn er die ersten 10 000 Mark erhalten habe, so versprach Lehnert, würde ein Telefongespräch mit Timo vermittelt.

● Nach Zahlung der zweiten 10 000 Mark wollte Lehnert dann den Aufenthaltsort Timos preisgeben.

Die Kripo: „Wir wurden erst 1966 erneut eingeschaltet. Aber wir glaubten an einen üblen Scherz."

Drei Jahre und drei Monate lang lebte Klaus Lehnert unter der Last, Timo ermordet zu haben. Aber eiskalt schrieb er Erpresserbriefe an die Eltern des toten Kindes und wollte schließlich Geschäfte mit einer Illustrierten machen.

Als er in der Nacht zum Freitag acht Stunden lang sein Geständnis vor der Kripo und dem Richter ablegte, weinte er wie ein kleines Kind.

Noch immer ist nicht sicher, ob Lehnert mit dem Mord an Timo ein Sittlichkeitsverbrechen verschleiern wollte, oder ob er das Kind getötet hat, um zu Geld zu kommen.

Lehnert blieb auch gestern dabei: „Ich weiß nicht, wie es geschehen konnte. Es kam so über mich."

Weiter letzte Seite

Dieser Polizist stand vor dem Wagen des Schahs. Ihn traf der Stein, der den Gast aus Persien treffen sollte. In Berlin gab es bisher Terror nur östlich der Mauer. Gestern haben bösartige und dumme Wirrköpfe zum erstenmal versucht den Terror in den freien Teil der Stadt zu tragen.

Wasserwerfer eingesetzt ■ Feuer auf dem Ku'damm

Berlin, 3. Juni

Ein Todesopfer bei den blutigen Krawallen während des Berlin-Besuchs des Schahs von Persien vor der Deutschen Oper!

Nach der Straßenschlacht zwischen 500 Randalierern und einem Massenaufgebot der Polizei wurde der Student Benno Ohnesorg (26) aus Wilmersdorf mit schweren Verletzungen in das Moabiter Krankenhaus gebracht. Er starb kurze Zeit später an einer Schädelfraktur.

Die Straßenschlacht begann, als das Kaiserpaar zur Aufführung der „Zauberflöte" in das Opernhaus fuhr. Die Halbstarken warfen Rauchbomben, rohe Eier, Milch- und Mehltüten sowie Sandsäcke. Die Polizei setzte — zum erstenmal seit Jahren — Wasserwerfer ein. Schwere Schlägereien folgten.

30 Personen wurden verletzt, darunter acht Polizisten. Ein Polizist wurde durch einen Steinwurf ins Gesicht verletzt, ein anderer zu Boden geworfen und blutig getrampelt.

Die Krawalle endeten erst, als das persische Kaiserpaar ins Hilton-Hotel zurückkehrte.

Zuvor hatten die Randalierer auf dem Kurfürstendamm und in der Wilmersdorfer Straße noch Feuer angezündet. Es entstand ein Verkehrschaos. Wagen der politischen Polizei wurden eingekeilt, und die Beamten mußten uniformierte Kollegen zu Hilfe holen.

35 Randalierer wurden festgenommen. 25 Krankenwagen waren im Einsatz. Ein Polizeioffizier: „Das waren die schwersten Krawalle seit dem Bau der Mauer."

Das Westend-Krankenhaus: „Unsere Unfallstation ist überfüllt. Wir können keine Verletzten mehr aufnehmen." 28 Rettungswagen waren eingesetzt worden, um die Verletzten abzutransportieren.

Weitere Berichte über den Schah-Besuch auf den Seiten 2, 3 und 4.

Demonstrieren JA! Randalieren NEIN!

■ Ein junger Mann ist gestern in Berlin gestorben. Er wurde Opfer von Krawallen, die politische Halbstarke inszenierten.

Genau wie ein Mann in Uniform, der durch Steinwürfe nur deshalb schwer verletzt wurde, weil er einen Gast unserer Stadt, den Schah, schützen wollte.

Gestern haben in Berlin Krawallmacher zugeschlagen, die sich für Demonstranten halten.

Ihnen genügte der Krach nicht mehr. Sie müssen Blut sehen.

Sie schwenken die rote Fahne und sie meinen die rote Fahne.

Hier hören der Spaß und der Kompromiß und die demokratische Toleranz auf.

Wir haben etwas gegen SA-Methoden.

Die Deutschen wollen keine braune und keine rote SA. Sie wollen keine Schlägerkolonnen, sondern Frieden.

Wer bei uns demonstrieren will, der soll es friedlich tun. Und wer nicht friedlich demonstrieren kann, der gehört ins Gefängnis.

BILD

1953

Toast Hawaii und Fernsehen

Man lege eine Scheibe gekochten Schinken auf ein Toastbrot, platziere darauf einen Ananasring aus der Dose, bedecke die süße Frucht mit Käse und erwärme das Ganze, bis der Käse zerläuft – fertig ist das Gericht, das wie kein zweites die Sehnsucht der Nachkriegsdeutschen nach dem fernen Paradies verkörpert: der Toast Hawaii. Mit ihm schreibt sich ein Mann aus dem Westerwald ins Gedächtnis der Bundesrepublik ein. Clemens Wilmenrod, der erste Fernsehkoch, weiß dem ausgebombten Nachkriegsdeutschland, das gerade erst die Lebensmittelmarken hinter sich gelassen hat, gleißenden Sonnenschein, glitzerndes Meer, Sorglosigkeit, Abenteuer und Exotik auf die Teller zu zaubern. Seine Fernsehsendung »Bitte in zehn Minuten zu Tisch!« wird schnell zum Quotenhit. Ohne das neue Medium, das im Dezember 1952 zu senden beginnt, wäre sein Erfolg nicht denkbar gewesen. Wie man über den Bildschirm Menschen für sich gewinnen kann, entdeckt in diesem Jahr auch eine andere.

Am 2. Juni 1953 wird Elizabeth II. bei strömendem Regen zur Königin von England gekrönt. Erstmals können die Untertanen das Geschehen in Westminster Abbey im Fernsehen verfolgen. Premierminister Winston Churchill ist gegen die Übertragung – er findet sie despektierlich; der Hofstab warnt, womöglich sehe die Königin bei einer Nahaufnahme unvorteilhaft aus. Aber die Möglichkeit, Millionen von Untertanen mit dem Medium Fernsehen noch einmal fest an die Monarchie zu binden, lockt, und so erteilt die 20-jährige Elizabeth der BBC schließlich die Erlaubnis, das feierliche Zeremoniell zu übertragen. Damit beginnt die folgenschwere Beziehung zwischen den Windsors und den Medien, die Lady Di, die »Prinzessin der Herzen«, Jahre später in ihrem Rosenkrieg mit dem Gatten, Prinz Charles, so virtuos zu nutzen versteht. Dass Charles' amouröse Eskapaden durch Dianas Fernsehinterviews an Millionen von Küchentischen zum Gesprächsstoff werden, darüber ist die Queen »not amused«. Aber sie selbst ist es, die mit der Übertragung der Krönungsfeierlichkeiten den Startschuss zur ersten medialen Inszenierung des Hauses Windsor gibt. Und fortan bekommen die Untertanen Appetit auf immer mehr Bilder aus dem königlichen Leben.

Wer in Deutschland schon ein Fernsehgerät besitzt, ist mit dabei. Der NWDR überträgt elf Stunden lang die Krönung. Der aufsteigende Star am jungen bundesdeutschen Fernsehhimmel aber ist ein Hobbykoch – mit bürgerlichem Namen Carl Clemens Hahn. Karriere aber macht er unter seinem Künstlernamen Clemens Wilmenrod.

Der Nordwestdeutsche Rundfunk existiert gerade erst seit acht Wochen, Gremien, Rundfunkräte und zähe Abstimmungen gibt es noch nicht, und Werner Pleister, der damalige Intendant, schlägt kurzentschlossen ein, als der Nobody ihm das gemeinsam mit Gattin Erika, einer Metzgerstochter, ausgekasperte Konzept einer Fernsehküche vorstellt – wer weiß schon, dass es beim ehemaligen »Feindsender« BBC seit mehr als zehn Jahren eine ähnliche Sendung gibt?

Fortan darf der füllige Ex-Schauspieler mit dem frivolen Bärtchen die stetig wachsende Zahl der Fernsehzuschauer jeden Freitagabend

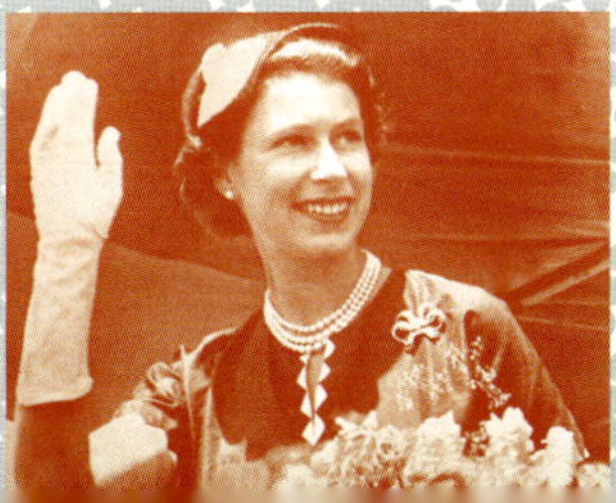

zur besten Sendezeit mit den säuselnden Worten begrüßen: »Ihr lieben, goldigen Menschen! Liebe Brüder und Schwestern in Lucullus!« Wilmenrods Sendung wird zum Publikumshit. Das erste Menü, von Frau Erika in einer für den Fernsehzuschauer nicht sichtbaren kleinen Nebenküche im Studio schon einmal vorgekocht, das der Gatte am 20. Februar präsentiert, besteht aus Fruchtsaft im Glas, italienischem Omelette, gebratener Kalbsniere mit Mischgemüse aus der Dose und Mokka.

An Wilmenrods wachsender Popularität kann auch das Gemäkel der Profiköche nicht kratzen, die dem selbsternannten Meisterkoch vorwerfen, er könne ja nicht einmal ein Huhn tranchieren. Seine Kreationen aus Ketchup, Mayonnaise und viel, viel Dosengemüse empören die Feinschmecker, sind aber dicht an den kreativen Möglichkeiten der Zielgruppe. Als Wilmenrod dann auch noch vor laufender Kamera seine »Blitz«-Gulaschsuppe kreiert, für die er kurz angebratenes Fleisch in siedendes Wasser wirft, geht ein Aufschrei des Entsetzens durch die Zunft. Subtiles Vorgehen ist in einem 15-minütigen Format eben nicht zu erwarten.

Als bundesweit bekannter Schwerenöter weiß der begnadete Selbstdarsteller die deutschen Hausfrauen ohnehin an seiner Seite. Längst hat er sich durch seinen unbefangenen Umgang mit allem, was fertig zur Hand ist, in ihre Herzen gebruzzelt. Er gibt allen das Gefühl: Das kann ich auch. Einzigartig allerdings ist der beachtliche Erfindungsreichtum, den er unter Beweis stellt, wenn es um die Namensgebung für seine schlichten Gerichte geht. Ein paniertes Schnitzel tauft er »Venezianischer Weihnachtsschmaus«, die gewöhnliche Boulette verkauft er seinen Zuschauern als »Arabisches Reiterfleisch«. Die Fantasie

isst mit – keiner weiß das besser als Wilmenrod; ihr eröffnet er exotische Räume.

Doch der Meister versteht es nicht nur, mit seinen zweifelhaften Kochkünsten auf sich aufmerksam zu machen, der geschäftstüchtige Hobbykoch frönt auch unverhohlen einem ebenso ausgeprägten wie einträglichen Hang zur Schleichwerbung. Ungeniert lässt er die Kamera auf Schneidboys und Bosch-Kühlschränke schwenken – und kassiert dafür.

Nicht nur den bis dato völlig unbekannten Rumtopf macht der Fernsehkoch zur großen Freude der Flensburger Firma Pott populär, auch der Puter hat es dem TV-Koch zu verdanken, dass er bundesweit salonfähig wird – nachdem ein Geflügelfarmbesitzer aus dem Oldenburgischen mit 1000 Mark gewunken hatte, wie das Nachrichtenmagazin »Der Spiegel« aufdeckt.

1964 wird die Sendung abgesetzt. Wilmenrod verfällt nach seinem Rauswurf in Depressionen und nimmt sich später das Leben. Aber er ist zweifellos der Pionier der kochenden Popstars, für die, ob sie nun Sarah Wiener oder Tim Mälzer heißen, die Deutschen auch heute noch eine bemerkenswerte Zuneigung an den Tag legen: Selbst inzwischen zu träge zum Kochen geworden, können sie sich nicht daran sattsehen, wie andere am Herd stehen. Man will eben mitreden können, Essen ist auch in einer satten Gesellschaft Nahrung für den Small Talk, ahnte schon der Urvater aller Fernsehköche, Clemens Wilmenrod, der zu jedem Gericht eine Geschichte zu erzählen wusste.

1954

Broiler und Berner Helden

Nicht nur das Ampelmännchen, der grüne Pfeil und Kati Witt gehören zur hartnäckig verteidigten Erbmasse der untergegangenen DDR. Zweifellos muss man auch den »Broiler« dazuzählen, nach offizieller Definition im staatseigenen »Lexikon für Hotel- und Gaststättenwesen« ein »gegrilltes Hähnchen mit leicht biegsamem Brustfortsatz«. Sprache ist verräterisch: Seine Herkunft aus dem angloamerikanischen Raum kann der Broiler – von to broil: braten, grillen – nicht verleugnen. Auch sonst hat der Westen beim Einflug des »Broiler« seine Hand im Spiel – und das gleich mehrfach. Alles beginnt im Jahr 1954, als der sowjetische Außenminister Ostberlin besucht und »Deutschland« Fußball-Weltmeister wird.

Um den Sieg im Berner Wankdorfstadion müssen Millionen Deutsche vor ihren Radiogeräten lange bangen: Die haushoch favorisierten Ungarn führen mit zwei Toren. Aber die »Helden von Bern« gleichen aus – nicht zuletzt dank einer Neuerung, die der Sportschuhfabrikant Adi Dassler jedem Spieler in den Koffer gepackt hat: Schuhe mit Schraubstollen. Zur großen Erleichterung des Bundestrainers, Josef (»Sepp«) Herberger, hat es am frühen Nachmittag in Strömen zu regnen angefangen – »Fritz Walter-Wetter«, nennt der »Chef« das. Fritz Walter, Kapitän der Deutschen, kann seine Mannschaft besonders gut auf nass-schwerem Boden zu Kampf- und Einsatzbereitschaft antreiben. Es sind nur noch wenige Minuten zu spielen, da fällt Helmut (»Boss«) Rahn, dem unberechenbaren Star aus dem Ruhrgebiet, »die Kirsche vor die Füße« – ein Aufsetzer zappelt im Netz der Ungarn und beendet das Spiel.

In Ost-Berlin, wo man sportliche Erfolge gern zu Früchten des überlegenen politischen Systems erklärt, schafft der Sieg der Westdeutschen Erklärungsnotstand. Das DDR-Blatt »Fußball-Woche« schimpft denn auch, dass Herbergers Mannschaft die »Elf aus dem Lager des Friedens« mit einer »Brutalität attackiert« habe, wie man sie sonst nur vom »amerikanischen Catcher-Sport« kenne. Auch für die Bundesdeutschen ist es mehr als ein sportlicher Sieg. Fortan sind »wir wieder wer«. Ein neues Wir-Gefühl stärkt die durch Krieg und Besetzung gedemütigte (Bundes-) Republik. Für den Sieg erhalten die Spieler sogar eine Prämie, dabei gelten Sport und Geld als geradezu obszöne Liaison. Noch bemerkenswerter aber ist, so erinnert sich der Rechtsaußen Horst Eckel noch Jahrzehnte später, dass es beim Festbankett »endlich mal kein Hühnerfrikassee« gibt.

Das klein geschnetzelte und mit einer ordentlichen Mehlschwitze angedickte salzarme Standardessen zu besonderen Anlässen muss den bundesdeutschen Fernsehkoch Clemens Wilmenrod zu einer exotischen Alternative gereizt haben. Wilmenrod, der seine Gerichte gern mit abenteuerlichen Anekdoten serviert, greift dazu auf ein »Geheimrezept« aus dem 16. Jahrhundert zurück, um seinem Publikum das »päpstliche Huhn« zu präsentieren. Der Leibkoch von Papst Pius V., ein gewisser Bartolomeo Scappi, habe es häufiger seinem Chef aufgetischt: Eine Poularde mit Speck, einer Zwiebel, etwas Knoblauch, einem Lorbeerblatt füllen, Leber und Herz des Huhns sowie etwas Kalbsleber anbraten und feingehackt mit einer Semmel, Sauerkirschen, Pfirsichwürfeln, einem Eidotter, zwei Löffel geriebenem Schweizer Käse und einigen Kräutern vermischen und dazugeben, mit Salz, Pfeffer, Muskat, Zimt und Nelke abschmecken. Das Huhn dressieren und eine Stunde braten. Eine doch sehr aufwändig zu bereitende Speise – seit »wir« mit Josef Ratzinger Papst geworden sind, hat es der »cuoco secreto« (Geheimkoch) leichter: Benedikt XVI. schätzt angeblich Weißbier, Wurst und Sauerkraut.

Wilmenrods Sendung hat nicht nur unter den Bundesrepublikanern ein treues Publikum. Sie wird auch von der damals noch im Ostberliner Stadtteil Pankow residierenden DDR-Politelite aufmerksam verfolgt. Es gilt, die Gewohnheiten des »Klassenfeindes« zu studieren, was sich im Fall des päpstlichen Huhns sogar als höchst nützlich erweisen wird. Denn im Januar 1954 steht der Besuch des sowjetischen Außenministers Wjatscheslaw Michailowitsch Molotow ins Haus – ein gefürchteter Mann, der Einzige aus der Clique hoher Funktionäre, der unter Stalin jede Terrorwelle überlebt hat.

Als Molotow in die DDR kommt, um sich mit den Außenministern der Siegermächte über Hitler-Deutschland zu treffen und die Zukunft des geteilten Landes auszuhandeln, muss ihm sein eigenes Schicksal schon höchst ungewiss erschienen sein. Stalin war im März 1953 gestorben – für seinen Außenminister vermutlich eine stille Genugtuung, denn der Diktator hatte die jüdische Ehefrau Molotows 1948 verhaftet und in die Ver-

bannung geschickt, weil sie auf einem Empfang mit der ersten Botschafterin Israels in Moskau, Golda Meir, geplaudert hatte. Stalins Erbe hatte der mächtige Geheimdienstchef Lawrenti Beria angetreten, mit dem Molotow gut auskam, der aber im Juni 1953 von Nikita Chruschtschow gestürzt und hingerichtet worden war. Auch Molotow muss nun um sein Leben fürchten.

Vielleicht will man dem Außenminister angesichts dieser düsteren Aussichten ein paar schöne Tage in Ostberlin machen. Vielleicht will man ihn versöhnlich stimmen, denn die Nomenklatura der DDR muss ihr ramponiertes sozialistisches Image dringend aufpolieren, das mit dem Aufstand am 17. Juni 1953 ziemlich gelitten hat. Diesmal lässt man einige trübe und völlig uninteressiert aussehende Arbeiter mit Demonstrationsplakaten antreten: »Wir danken dem Genossen Molotow mit der Verpflichtung, monatlich 250 Kochtöpfe und 250 Waschtöpfe mehr herzustellen«. Vielleicht aber ist das nicht genug, um den Großen Bruder aus Moskau freundlich zu stimmen. Man hat in Erfahrung bringen können, dass Molotow gern Hühnchen isst. Was liegt da näher, als ihm das Huhn à la Wilmenrod aufzutischen – der Außenminister muss ja nicht erfahren, woher das Rezept stammt. So wird aus dem päpstlichen Huhn der Broiler Molotow.

Der Name »Broiler« hat sich gehalten, damals allerdings kannte man ihn noch nicht. Indirekt aber könnte Wilmenrods Poularde dem Broiler eine Bresche geschlagen haben. Denn wenige Jahre später ruft die Sowjetunion alle sozialistischen Bruderstaaten auf, sich um die Züchtung eines fleischreichen Huhns zu bemühen. Keinem gelingt es. Das Gute liegt wieder einmal in weiter Ferne: Ausgerechnet bei den amerikanischen Imperialisten entdeckt man einen »überaus fleischwüchsigen Spezialhybriden, der den Vergleich mit dem altbekannten Backhähnchen energisch zurückweisen muss«. Daraufhin beschließt der »Rat für gegenseitige Wirtschaftshilfe«, ein Gremium für gemeinsames wirtschaftliches Handeln der Ostblockstaaten, das Rassehuhn zu importieren. Der Deal wird als bulgarischer Züchtungserfolg eines »brojleri« ausgegeben, da man in Bulgarien schon länger mit der Mastzucht von Geflügel experimentiert. So kommt der Broiler in die DDR.

1955

Speiseeis und Gastarbeiter

Natürlich sind es die Italiener, die das Speiseeis in Europa populär machen. Kaiser Nero, ansonsten eher für seine Untaten bekannt, schickt im ersten Jahrhundert n. Chr. Läufer zwischen Rom und den Monti Albani hin und her, um seinen Gästen Eis-Desserts aus Schnee, Rosenwasser, Honig und Früchten zu kredenzen. Unter reichen Römern gilt es lange als Dernier Cri, Natureis und Schnee in aufwändig konstruierten Eiskellern vorrätig zu halten. Mit dem Untergang des Römischen Reiches geht das Wissen um die Zubereitung eisgekühlter Speisen für lange Zeit verloren, bis Catarina von Medici 1547 bei ihrer Hochzeit mit Heinrich II. ein Dessert aus gefrorenen Früchten auftragen lässt, das ihren Gästen am französischen Hof in nachhaltiger Erinnerung bleibt.

Aber dass Eis nicht eine Fürstenspeise bleibt, sondern sein Genuss demokratisiert wird, dafür sorgt deutscher Erfindergeist: Carl Linde konstruiert zu Beginn des 20. Jahrhunderts eine Maschine, mit der künstlich Kälte erzeugt wird.

Der Durchbruch zum Massenprodukt gelingt mit den Eis- und Milchbars der 1950er Jahre. Dort trifft man sich, seit der »Bar« durch den sprachlichen Zusatz »Milch« nicht mehr der Odeur des Verruchten, des schummerigen Vergnügungsetablissements für lüsterne Männergesellschaften anhaftet. Die Herstellung von Speiseeis ist noch ein Handwerk, es existiert noch nicht als industrielles Fertigprodukt, das man sich ins Tiefkühlfach legt, denn einen Kühlschrank haben erst 14 Prozent der deutschen Haushalte.

1955 eröffnet Angelo Giacomel eine Eisbar in Hamburg. Von März bis Oktober ist sie von 10 bis 22 Uhr geöffnet, im Winter geschlossen, dann zieht ein Pelzgeschäft in die Eisbar. Zehn Pfennige kostet damals ein Bällchen Eis. An sonnigen Tagen verkauft Angelo bis zu 30 Liter Speiseeis, das er – mit Sondererlaubnis des Ordnungsamtes – im Keller unter seiner Eisdiele selbst herstellt. Seine Rezepte sind sein Kapital, das Geheimnis darum wird streng gehütet, natürlich dürfen »nur gute Sachen rein«. Frisch müssen die Früchte sein und unter ständigem Rühren sehr langsam gefroren werden, damit die Eiskristalle so klein bleiben, dass sie auf der Zunge nicht kratzen, sondern zergehen.

Das »Eis vom Italiener« ist in kühlschranklosen Zeiten noch etwas ganz Besonderes. Die Eisdielen, die bald wie Pilze aus dem Boden schießen, florieren; sie profitieren von dem neuen Lebensgefühl, das die Bundesbürger erfasst: Die Männer trinken »cinzano on the rocks«, die Frauen tragen Bikini – zumindest im Urlaub am italienischen Strand. Denn Bella Italia wird in diesen Jahren zum Traumziel deutscher Reisewünsche. Mit Zelt, Luftmatratze und Campingkocher ins Sauerland oder an die Ostsee – das ist passé, jetzt wollen deutsche Urlauber an den Gardasee, den Lido, die Riviera. Pensionen, die mit Schildern »Deutsche Küche, deutscher Kaffee und deutsches Personal« werben, sind bei den Kunden aus »Germania« besonders begehrt, man weiß, hier kriegt man, was

man kennt, und außerdem ist die Verständigung mit den Italienern noch begrenzt: buon giorno, ciao, quanto costa, ein kleiner Wortschatz, nun ja, aber ausreichend, um im Alltag zurechtzukommen und sich eine neue Welt zu erschließen. Das Dolce Vita der Italiener, ihre Lebensfreude, gestärkt von Chianti-Wein und gutem Essen, übt eine große Anziehungskraft auf die zu Ordnung, Sauberkeit und Gehorsam erzogenen Deutschen aus.

In Italien kommen die Deutschen auf den Geschmack. Frauenzeitschriften veröffentlichen die ersten Rezepte für Pizza, Spaghetti »al dente« und Zabaione. Der Kaufhof veranstaltet 1955 in Köln, Düsseldorf und Frankfurt eine große italienische Verkaufsschau »Schaffendes Italien«, dekoriert mit den Farben der Trikolore, riesigen Chianti-Flaschen und selbstverständlich im Beisein des italienischen Botschafters eröffnet. Den Gästen wird Pizza von einem Bäcker aus Neapel gebacken. Die Veranstaltung wird ein voller Erfolg.

Wenige Monate später, im Dezember 1955, unterzeichnen die deutsche und die italienische Regierung eine Vereinbarung »über die Anwerbung und Vermittlung von italienischen Arbeitskräften«. Der Abgeordnete Alois Niederalt mäkelt im Deutschen Bundestag, dass doch wohl erst »der letzte deutsche Arbeiter in Arbeit sein« müsse, bevor »Gastarbeiter« angeworben werben dürften. Doch Ludwig Erhard, der Vater des Wirtschaftswunders, rechnet wegen der neu eingeführten Wehrpflicht

und wegen des Wirtschaftsbooms mit einem baldigen Arbeitskräftemangel. Mit Plakaten und Prospekten werben deutsche Firmen besonders in Süditalien, wo auch Jahre nach dem Krieg noch Hunger und Armut herrschen, für das »vita nuova«, das neue Leben in Deutschland. Im Emigrationszentrum in Neapel müssen sich die Arbeitswilligen von deutschen Ärzten untersuchen und eindringliche Fragen stellen lassen: »Leiden Sie an Bewusstseinsstörungen? Sind Sie Bettnässer?« Danach erhält, wer akzeptiert wird, ein Merkblatt mit Verhaltensregeln und eine Fahrkarte nach Deutschland. So einfach schien das damals.

Den Niedergang der vielfältigen Eismanufaktur, in der das Speiseeis noch aus eigener Herstellung kommt, haben auch die Gastarbeiter nicht aufhalten können. Erst macht das in Großbritannien erfundene Softeis, das die spätere Premierministerin Margaret Thatcher zu entwickeln hilft, dem italienischen Eis Konkurrenz. Und dann schlägt die große Industrie zu, die mit voluminösen Vorratspackungen für den großen Kühlschrank zu Hause den kleinen Eisdielen die Kundschaft und die Exklusivität raubt. 1989 muss auch Angelo Giacomel seine Hamburger Eisdiele schließen.

1956

Gulasch und Randale

Was hierzulande »Gulasch« heißt und als traditionelles ungarisches Gericht gilt, bei dem Rind-, Schweine- oder Hammelfleisch mit Zwiebeln angeschmort, mit scharfem Paprika gewürzt und mit saurer Sahne verfeinert wird, heißt bei den Ungarn Paprikás oder Pörkölt. Gulasch, so wie wir es kennen, ist eher das Wiener Gulasch, das von den Österreichern selbst allerdings als »Saftgulasch« bezeichnet wird. Es muss lange im Topf schmoren, am besten in großen Mengen gekocht werden und eignete sich deshalb auch vorzüglich als einstiges Standardgericht in der mobilen Feldküche, der »Gulaschkanone«, zur Versorgung der Armee.

Die Ungarn hingegen, die gern alles Mögliche zur Anreicherung in das Pörkölt werfen – Paprika, Sauerkraut oder auch Kohl – bringen das Gulasch in eine ganz neue Wortkombination ein. Nachdem ihr Traum von der großen Freiheit 1956 von sowjetischen Panzern niedergewalzt worden ist, verspottet der Volksmund die kleinen privatwirtschaftlichen Freiheiten, die man der Bevölkerung zugesteht, verächtlich als »Gulaschkommunismus«.

Im Morgengrauen des 4. November 1956 rollen sowjetische Panzer nach Budapest und beenden den Traum der Ungarn von einer Zukunft, in der sie selbst, unabhängig von der Sowjetunion, die Geschicke des Landes bestimmen. Tausende verlieren ihr Leben, Hunderttausende emigrieren, Ministerpräsident Imre Nagy wird verschleppt und zwei Jahre später gehängt. Sein Stellvertreter János Kádár, der die Rote Armee herbeigerufen hat, regiert mehr als zwei Jahrzehnte das Land – anfangs mit harter Hand, später kompromissbereiter – als »Gulaschkommunist«.

1956 ist das Jahr der Revolte auch bei uns. In die Beschaulichkeit der schallgedämpften Adenauerrepublik, in der die Deutschen gerade ihre Lust am Konsum entdecken und Autos, Kühlschränke und ein leichtes Bügeleisen für »Mutti« kaufen, Caterina Valente von der Liebe träumt und Freddy Quinn mit schnulzigen Seemannsliedern zum ersten Plattenmillionär aufsteigt, bricht die »schwarze Musik« des Rock 'n' Roll ein. Von dem Schimpfwort der Nazis für Swing und Jazz machen auch die Sittenwächter der Republik Gebrauch und empören sich über die »Negermusik«; ihr erfolgreichster Interpret aber ist kein Schwarzer, sondern ein Weißer: Bill Haley, der US-Star mit der Schmalzlocke. Sein Film »Außer Rand und Band« macht in Deutschland Kasse, sein »Rock Around the Clock«, mit dem er 1956 auch als einziger nichtdeutscher Beitrag die hiesigen Charts erobert, gilt als »jugendgefährdend«. Eher aber gefährdet diese Revolte, die im Rock 'n' Roll ihren Ausdruck findet, die Erwachsenen und ihre uneingeschränkte Autorität.

In Lederjacken und »Nietenhosen« machen »die Halbstarken« Randale: Als Bill Haley, der Agitator der »Triebentfesselung« (Rheinischer Merkur) 1958 durch die Bundesrepublik tourt, zertrümmern sie die Konzertsäle und liefern sich mit der Polizei die ersten Straßenschlachten. Und sie sind nicht allein: Zweifler und Nonkonformisten formieren sich im Wissenschaftsbetrieb, erste Konsum- und Sozialkritik wird laut. In Kunst und Literatur treten die »Wilden« an, zerschneiden Bilder, zerlegen Texte, feiern experimentelle Poesie. Die Zeit ist reif, um alles zu »hinterfragen«. Ein Jahr später veröffentlicht der Soziologe Helmut Schelsky seinen Klassiker »Die skeptische Generation. Eine Soziologie der deutschen Jugend«.

Zum »King« des Rock 'n' Roll steigt Elvis Aaron Presley auf. 1958 kommt er als GI nach Deutschland, um hier einen Teil seines Wehrdienstes abzuleisten. Da ist er schon ein Star mit dem stolzen Rekord von 50 Millionen verkauften Schallplatten. Mit seiner Entenschwanzfrisur, seinen extravaganten Kostümen und seinem sexualisierten Hüftkreisen provoziert er die »Anständigen«. Über den RIAS, den Rundfunk im amerikanischen Sektor, oder den AFN, den Sender amerikanischer GIs, bringt er die Jugend in Ost und West zum Kreischen. Für die Kulturkritiker auf beiden Seiten ist er der Vorbote einer sittenverderbenden Amerikanisierung.

Für die DDR-Oberen ist Presleys Hüftschwung ein trojanisches Pferd im Kalten Krieg, mit dem die sozialistische Kampfmoral untergraben werden soll. Fieberhaft sucht man in Anlehnung an die Sowjetunion nach »echtem« Liedgut, das die Massen begeistern könnte. »Volkskunstfestivals« und »Volksmusiktage« überziehen das Land, Chöre schießen wie Pilze aus dem Boden, um, so der Generalsekretär des Zentralkomitees der SED, Walter Ulbricht, in gesamtdeutscher Verantwortung »die deutsche Volkskunst als einen Teil unserer gemeinsamen nationalen Kultur zu verbreiten und als eine Waffe gegen die kosmopolitischen Einflüsse der amerikanischen Kulturbarbarei zu nutzen.« Vergeblich: Auch der »Lipsi«, ein eigens von einem Leipziger Tanzlehrerpaar für die unverdorbene sozialistische Jugend erfundener Tanz im 6/4-Takt, der zum Patent angemeldet wird, hält die tobende, hüftschwingende Rockgeneration nicht auf.

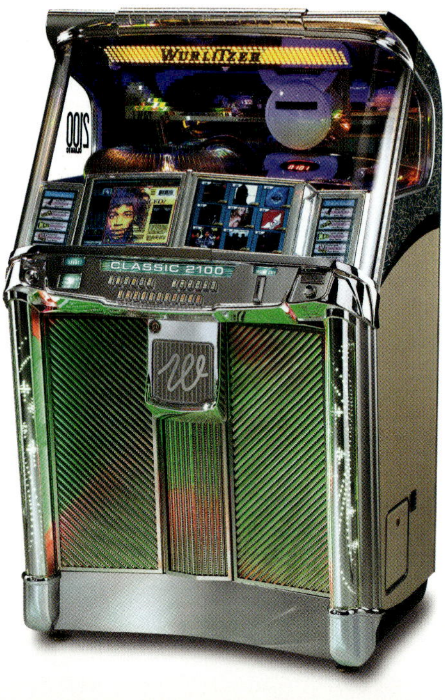

Schließlich schickt Ulbricht die Staatssicherheit gegen die »Rock-'n'-Roll-Banden« auf Ostterritorium ins Rennen. Als der 16-jährige Michael Gartenschläger einen Fanclub gründet und nach dem Mauerbau 1961 Parolen wie »Tor auf« und »Freie Wahlen« an Ostberliner Gebäude schreibt, wird er zu lebenslangem Zuchthaus verurteilt; als strafverschärfend legt ihm der Richter seine Begeisterung für »heiße Musik« und »amerikanische Unkultur« aus. Von Gulaschkommunismus keine Spur.

1957

Brötchen und Sexskandal

Ob rund oder spitz, süß oder deftig: Noch nie ist das Brötchen als ziemlich einzigartiger kultureller Beitrag Deutschlands wirklich gewürdigt worden. Ihm gebührt eigentlich der erste Platz auf dem Fragenkatalog des Einwanderungstests, denn nichts unterscheidet uns deutlicher von anderen als die Erwartung, dass morgens auf dem Frühstückstisch ein Korb mit »Semmeln«, »Schrippen«, »Rundstücken« oder »Knüppeln« zu stehen habe – je nachdem, in welcher deutschen Region der Tisch gedeckt wird. Kein anderes Land kann eine so reichhaltige Palette an Varietäten vorweisen; nicht von ungefähr finden sie längst auch in Korea, im amerikanischen Iowa oder an der spanischen Atlantikküste eine zahlreiche Kundschaft. Brötchen sind des Deutschen Markenzeichen, ein vorzügliches Beispiel hiesiger Handwerkskunst. Die Italiener wussten früh darum: Im 15. und 16. Jahrhundert waren es ausschließlich deutsche Bäcker, die ihre Brötchen an Kardinäle, Wissenschaftler und Künstler auf der römischen Via di Monti di Farina, auf der Straße der Mehlberge, verkauften. Sanfter (bei 240 Grad) und länger (18 Minuten) gebacken, von feinporiger und gleichmäßiger Konsistenz waren ihre Brötchen ehrlicher als die italienischen, denen man von außen nicht ansah, dass sie

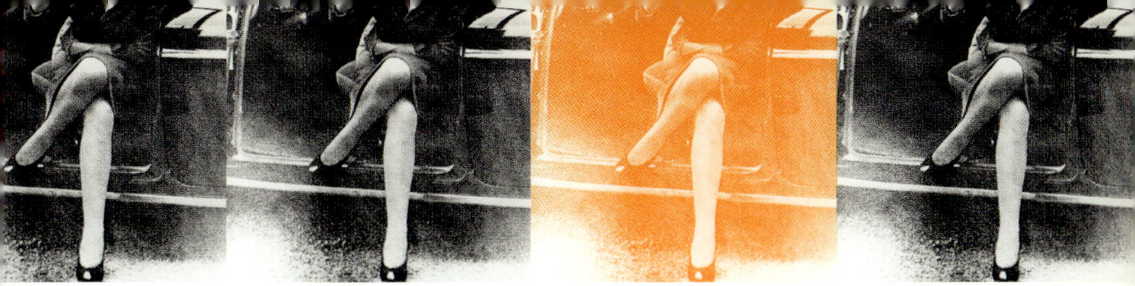

große Löcher im Teig aufwiesen, um Mozzarella oder dicke Salamischeiben darin verschwinden zu lassen. Damals war die Herstellung noch ein kräftezehrendes Verfahren, bei dem der Teig lange geknetet und gewalkt wurde, heute ist das Handwerk durch piepsende Öfen und elektronische Optimierungen der Zutaten IT-gestützt. Dem Geschmack ist das nicht immer bekömmlich. Und doch: Ohne Brötchen zum Frühstück geht der Deutsche nicht aus dem Haus. Das Wissen um die Vorhersagbarkeit dieses Verhaltens sollte auch zur Aufdeckung des größten Sexskandals der 1950er Jahre führen.

Mit einigem Befremden registriert die Zugehfrau am 1. November 1957 in der Frankfurter Stiftstraße, dass die an der Tür hängenden Brötchen seit drei Tagen von ihrer Arbeitgeberin Rosemarie Nitribitt nicht hereingeholt worden sind. Auf ihr stürmisches Klingeln antwortet nur der kläffende Pudel der Besitzerin des Edel-Etablissements. Die Putzfrau alarmiert die Polizei und nimmt die Brötchen an sich – es ist die Zeit, in der man halt nichts »verkommen« lässt. Später wird die Polizei klagen, mit den Brötchen sei »ein mögliches Beweisstück« verzehrt worden. Denn Rosemarie Nitribitt ist drei Tage zuvor ermordet, genauer: erwürgt worden. Ihre Leiche ist in der überheizten Wohnung bereits in den Zustand der Verwesung übergegangen. Dem Täter muss sie selbst die Tür geöffnet haben, denn Hinweise auf einen Einbruch finden sich nicht.

Der Tod von Rosalie Marie Auguste Nitribitt, genannt Rosemarie, beschert der verklemmten Adenauer-Ära 1957 den ersten aufregenden Sittenskandal, mit all den Ingredienzien, die ein erwartungsfrohes und noch unverwöhntes Publikum gern dabeihat: Sex, Geld und Macht. Denn Madame ist eine »Edel-Hure«, zu deren Kundschaft auch prominente Vertreter der westdeutschen Industrie gehören. Ihr Mörder wird nie gefunden, was die von zahllosen Gerüchten genährte Fantasie der prüden

Nachkriegsdeutschen nur beflügelt. Hinzu kommt: Die uneheliche Tochter einer Putzfrau fügt sich nicht in das verordnete Bild einer jungen Frau, die keusch auf den Mann ihres Lebens wartet – früh schon nimmt sie ihr Geschäft selbst in die Hand. Sie erstreitet vor Gericht ihre vorzeitige Volljährigkeitserklärung, arbeitet anfänglich als Gelegenheitsprostituierte, dann als Vollzeit-»Professionelle«, lässt sich von einem Kunden Zugang zu zahlungskräftigen Wirtschaftsbossen verschaffen und kurvt auf der Suche nach Freiern mit ihrem stadtbekannten schwarzen Mercedes SL 190, für die meisten ihrer Landsleute zu der Zeit noch unerreichbares Symbol des sozialen Aufstiegs, durch Frankfurt. Sie hat vieles, um das andere Frauen sie beneiden – ein schickes Auto, ein Luxus-Appartement, teure Kleider und reiche Gönner.

Die Polizei arbeitet schlampig – Fotografen und Pressevertreter sind live am Tatort dabei und verwischen sämtliche Spuren; die ermittelnden Polizisten rauchen, um den Leichengestank zu verdrängen; das auf dem Musikschrank stehende Foto des Krupp-Sprösslings Harald von Bohlen und Halbach lässt man diskret verschwinden. Richtig heftig aber schießen die Spekulationen ins Kraut, hier solle auf Druck einflussreicher Kreise gezielte Vertuschung betrieben werden, als ruchbar wird, dass das geheimnisvolle Notizbuch plötzlich unauffindbar ist, in dem die »Lebedame« penibel Namen, Adressen und Telefonnummern ihrer Kunden aus den sogenannten »besseren Kreisen« festgehalten hat.

Als Monate später das Schicksal der Nitribitt verfilmt wird, werden Produzent und Regisseur mit zahllosen einstweiligen Verfügungen überzogen. Auch die »Freiwillige Selbstkontrolle der Filmwirtschaft« (FSK) mag den Streifen nicht freigeben. Er sei eine »Anleitung zur gewerbsmäßigen Unzucht« und vermittle zudem den Eindruck, »als seien die Missstände in hohem Maße symptomatisch und allgemeingültig für diese Gesellschaftsklasse (der Industriekapitäne)«. Auf jeden Fall aber müsse eine Szene herausgeschnitten werden, in der die beiden Schauspieler Jo Herbst und Mario Adorf eine durch die Stadt ziehende Kolonne der Bundeswehr fröhlich mit dem zur Marschmusik passenden Liedtext begleiten »Wir haben den Kanal noch lange nicht voll«. Das sei eine Herabsetzung einer rechtsstaatlichen Einrichtung der Bundesrepublik.

In allem, was die gerade erst zwei Jahre zuvor höchst umstrittene Gründung der Bundeswehr anbetrifft, reagiert die Regierung Adenauer empfindlich, zumal sie in der Frage der Wiederbewaffnung der Bundesrepublik auch von ungewohnter Seite angegriffen wird. Am 12. April 1957 veröffentlichen 18 prominente Wissenschaftler das »Göttinger Manifest« gegen die militärische Nutzung der Kernenergie. »Die Pläne einer atomaren Bewaffnung der Bundeswehr«, schreiben die »Göttinger Achtzehn«, »erfüllen die unterzeichnenden Atomforscher mit tiefer Sorge«. Eine Woche vorher hat Kanzler Konrad Adenauer in seiner unübertroffenen verharmlosenden Art auf einer Pressekonferenz erklärt, taktische Atombomben seien doch auch nichts anderes als eine »Weiterentwicklung der Artillerie«. Sein Gewährsmann für die atomare Bewaffnung ist Atomminister Franz Josef Strauß, der im September zum Verteidigungsminister berufen wird und gleich über den Mitunterzeichner des Manifestes, den suizidgefährdeten Nobelpreisträger Otto Hahn, höhnt: »Er ist ein alter Trottel, der die Tränen nicht halten und nachts nicht schlafen kann, wenn er an Hiroshima denkt«.

Das Wettrüsten eskaliert in diesen Jahren des Kalten Krieges – im Oktober 1957 erschüttert der Sputnik-Schock die westliche Welt: Es sind die Sowjets – und nicht die als technologisch überlegen geltenden USA –, die als Erste einen unbemannten Satelliten in den Weltraum schicken. Damit ist klar, dass die Sowjets über Interkontinentalraketen verfügen, mit denen auch Atomsprengköpfe befördert werden können.

Die Kontroverse um die Atombewaffnung bringt wenige Monate später eine neue Bürgerbewegung hervor – »Kampf dem Atomtod« –, der viele bekannte Persönlichkeiten, unter ihnen Heinrich Böll und Erich Kästner, angehören. Den Deutschen im Westen wie im Osten ist klar, dass weder die neu kreierte Schürze für Atomkriegsluftschutzhelfer, noch das für den Bunker erfundene Trockenklo sie davor schützen würden, im Falle eines Krieges zwischen den beiden Supermächten die ersten Opfer zu werden. Der Dresdener Atomphysiker Manfred von Ardenne solidarisiert sich denn auch mit seinen Göttinger Kollegen. Im Dezember 1957 schlägt die SED der bundesdeutschen SPD den gemeinsamen Kampf für eine atomwaffenfreie Zone in Europa vor.

1958

Ravioli und Gleichberechtigung

Biedere Familienfilme wie »Vater, Mutter und neun Kinder«, in denen sich auch der begnadete Komiker Heinz Erhardt als bienenfleißiger Bäckermeister Friedrich Schiller unter Wert verkauft, sind populär. Sie spielen gern mit der Verlockung, aus den festgezurrten Pflichten des Ehe- und Familienalltags auszubrechen. Die Verführung tritt meist in Gestalt der »verruchten Frau« auf. Ihr realistisches Pendant, die deutsche Hausfrau, ist da tatsächlich schon dabei, das feste Korsett ihrer häuslichen Pflichten zu lockern. Ihr zur Seite stehen Waschmaschine und Staubsauger, die in die Wohnung einziehen, aber auch eine bescheidene Dose, deren Beitrag zur Frauenemanzipation noch seiner historischen Aufarbeitung harret. Am 14. Mai 1958 verlassen die ersten Ravioli in Tomaten das Maggi Werk in Singen. Die tafelfertigen Teigtaschen revolutionieren das Kochen – in Minutenschnelle ist Bella Italia, das man in Rimini oder Rom kennen und lieben gelernt hat, auf den heimischen Tisch in Flensburg gezaubert. Wer weiß, wie weit wir mit der Gleichberechtigung der Frau heute wären, hätte die rotgelbe Dose nicht die Fesselung der Frauen an den Herd gesprengt. Die DDR hingegen setzt ganz traditionell auf »Erziehungsarbeit«.

»Männer führen sich in ihren vier Wänden häufig noch als die Haustyrannen auf, zu der die Ausbeutergesellschaft den Mann entwickelt hat. Oft sind es gerade die Männer, die eine Berufsarbeit ihrer Frau verhindern, die darauf bestehen, dass die Frau ins Haus gehört, die keine Unbequemlichkeit in Kauf nehmen wollen, die mit der Berufsarbeit der Frau verbunden wäre. Um hier eine wirklich echte Gleichberechtigung zu entwickeln, bedarf es noch einer angespannten Erziehungsarbeit durch die Gesellschaft.« Dieses von zeitloser Gültigkeit geprägte Zitat spricht Dr. Hilde Benjamin, die »rote Hilde«, gefürchtete Justizministerin der DDR, auf einem internationalen Frauenseminar der SED im Januar 1958.

Es ist das Jahr, in dem in der Bundesrepublik nach langen, erbitterten Kämpfen im Juli endlich das Gleichberechtigungsgesetz in Kraft tritt und einschlägige Paragrafen des Bürgerlichen Gesetzbuches reformiert werden, die bis dahin die Vormachtstellung des Mannes auch juristisch schützten. Männer und Frauen sind gleichberechtigt, heißt es im Grundgesetz. Selbst diese lapidare Formel kann gegen die hochgelobten »Väter« der Verfassung nur nach massiven öffentlichen Protesten durchgesetzt werden. Den zur Ausarbeitung des Grundgesetzes versammelten Männern genügt es, dass den Frauen seit der Weimarer Verfassung gleiche staatsbürgerliche Rechte zustehen. Wozu braucht es mehr?

Der sozialdemokratischen Juristin Elisabeth Selbert ist es zu verdanken, dass alle dem Artikel 3, Abs. 2 GG widersprechenden Gesetze bis zum März 1958 angepasst werden müssen. Zum Beispiel: »Dem Manne steht die Entscheidung in allen das gemeinschaftliche eheliche Leben betreffenden Angelegenheiten zu. Er bestimmt insbesondere Wohnort und Wohnung.« Er allein vertritt die gemeinsamen Kinder gesetzlich, in Fragen ihrer Erziehung steht ihm das »Letztentscheidungsrecht« zu. Er verfügt allein über die »Verwaltung und Nutznießung des Frauenvermögens«, das sie in die Ehe eingebracht hat; sein Name bestimmt den Ehe- und Familiennamen. Ohne seine Erlaubnis darf keine Ehefrau einer Erwerbstätigkeit nachgehen.

Auch das neue Gleichberechtigungsgesetz, das im Juli 1958 in Kraft tritt, ist noch voller Kompromisse. Die Fuldaer Bischofskonferenz hat im Namen der Katholischen Kirche schwere Geschütze aufgefahren: Wer die patriarchale Autorität in der Familie ablehne, stelle sich gegen die Heilige Schrift. Und so schreibt das Gleichberechtigungsgesetz in vielen Punkten die »natürliche Aufgabenverteilung« zwischen Männern und Frauen fort: Sie sei zur Haushaltsführung verpflichtet, er zum Unterhalt der Familie. Frauen dürfen jetzt zwar ihr in die Ehe eingebrachtes Vermögen selbst verwalten, aber zu einem Ausgleich der während der Ehe erworbenen Versorgungs- und Rentenansprüche kann man sich nicht durchringen. Zwar können Ehefrauen künftig auch ohne Einwilligung des Mannes einer Erwerbstätigkeit nachgehen, aber diese muss »mit ihren Pflichten in Ehe und Familie vereinbar sein«. Die arbeitsrechtliche Gleichstellung bleibt fast gänzlich ausgeklammert. Bis heute verdienen Frauen bei gleicher Arbeit etwa ein Viertel weniger als Männer.

Auch in der DDR tut man sich mit der von Hilde Benjamin geforderten »Erziehungsarbeit« an den Männern schwer. Insgesamt aber wird die Gleichberechtigung im Erwerbsleben weitaus konsequenter verwirklicht – der Arbeitskräftebedarf der Volkswirtschaft und das sozialistische Leitbild eines werktätigen Lebens fördern das.

Im wiedervereinigten Deutschland konnten Frauen aus den neuen Bundesländern schnell wieder vom Arbeitsmarkt verdrängt werden. Der Erfolgsgeschichte der Ravioli-Dosen tat das keinen Abbruch. Bis heute ist der Klassiker ein Verkaufsschlager: Vierzig Millionen Dosen wurden noch 2007 verkauft – in Zeiten »prekärer Beschäftigungsverhältnisse« entwickelte sich das preiswerte Essen zum Hit für die wachsende Zahl von Mini-Jobbern und Niedriglöhnern.

Gummibärchen und Godesberg

1959

So schreibt man Gründerlegenden: Was 1922 in einer Hinterhofküche in Bonn beginnt, wo Hans Riegel die ersten drollig geformten »Tanzbären« herstellt, wächst in nur wenigen Jahren zu einem soliden mittelständischen Unternehmen mit einigen Hundert Mitarbeitern heran, fängt 1946 nach dem Krieg wieder mit einem Sack Zucker neu an und ist heute ein weltweit operierendes Unternehmen, das in 14 Ländern täglich hundert Millionen Gummibärchen produziert.

HAns RIegel BOnn hat die Anfangsbuchstaben seines Namens und seines Heimatortes zu dem künftigen Markennamen verschmolzen: Haribo. Den bis heute gültigen Werbespruch »Haribo macht Kinder froh!« kauft der Firmengründer einem fliegenden Händler für zehn Reichsmark ab, in den 1960er Jahren wird er um die längst gewonnene Zielgruppe erweitert: »... und Erwachsene ebenso!«

Gummibärchen bestehen aus Fruchtgummi. Glukose, Zucker, Gelatine, Zitronensäure und Farbstoff aus Früchten und Pflanzen werden mit Aromastoffen gemischt. Diese Masse wird durch Hitze verflüssigt und dann in eine Form aus Stärkepuder gegossen. Anschließend werden die Goldbären mit Bienenwachs »geputzt«, bis sie glänzen, so kleben sie in der Tüte nicht zusammen.

Heute leben Millionen von Gummibärchen als geschätzte Zeitgenossen unter uns. Nur für Vegetarier und für Muslime sind sie nichts, enthalten sie doch Gelatine, die aus tierischen Produkten, meist vom Schwein – aus Knochen, Knorpel, Haut und Sehnen –, gewonnen wird, um die Bärchen zwar fest, aber gleichzeitig auch elastisch werden zu lassen.

Fest bleiben und doch elastisch sein – so könnte man auch die Aufgabe beschreiben, vor der die Sozialdemokratische Partei Deutschlands steht, als sie im November 1959 zu einem außerordentlichen Parteitag in Bonn zusammenkommt. Neidvoll müssen die Delegierten auf das benachbarte Gummibärchen-Unternehmen geschaut haben, dem es gelingt, allem gesellschaftlichen Wandel zum Trotz das gleiche Produkt immer wieder erfolgreich zu verkaufen. Eben das gelingt der Partei nicht.

Die Partei leidet. Bei der letzten Wahl 1957 hat sie, mit Erich Ollenhauer an der Spitze, gerade einmal drei Prozent zugelegt. Sie ist demoralisiert – erst die Illegalität und Verfolgung im Dritten Reich, nun die wiederholte Niederlage bei den bisherigen Bundestagswahlen. Dabei haben viele Sozialdemokraten geglaubt, dass ihnen nach dem Versagen der bürgerlichen Parteien im Nationalsozialismus die Führung geradezu in den Schoß fallen müsse. Aber das undankbare Volk sieht das anders. Konrad Adenauer, der alterslose Patriarch, erhält die absolute Mehrheit.

Nun aber will die SPD heraus aus ihrer Ecke – sie will »rein« ins Kanzleramt, wie es später einer der ihren formulieren wird. Dafür allerdings muss sie sich aus dem Gefängnis der Dogmen befreien, die ihr Parteiprogramm fest im Griff haben. So denkt die Partei über ein Grundsatzprogramm nach, mit dem sie sich neu erfinden kann, ohne den Kern ihrer Identität, ohne ihre »Marke« aufzugeben. Das Ergebnis ist das Godesberger Programm – ein Neuanfang. Neues lässt sich nicht erzwingen. Einer seiner wichtigsten Geburtshelfer ist der Entschluss, das Gestrüpp an alten Klischees zu lichten, mit Feindbildern aufzuräumen, mit Sätzen wie diesen beispielsweise: »Das Ziel der Arbeiterklasse kann nur erreicht werden durch die Verwandlung des kapitalistischen Privateigentums an den Produktionsmitteln in gesellschaftliches Eigentum«. Solche Sätze prägen das Parteiprogramm, das noch aus der Weimarer Republik stammt.

In der SPD ist es eine Kerngruppe, die an die Schalthebel der Macht will und die Neuorientierung durchsetzt – die Zustimmung zur Bundes-

wehr und zur Wehrpflicht, die Versöhnung mit der Kirche und dem Staat, die Hinwendung zu einer sozial gebundenen Marktwirtschaft, den Abschied vom Klassenkampf. Die alte Arbeiterpartei behält noch einige Rituale bei – für die Anrede »Genossinnen und Genossen« bekommt Erich Ollenhauer bei seiner Begrüßungsrede schon stürmischen Beifall, ehe er zur Sache geredet hat –, bekennt sich jetzt aber zu ihrer seit Jahren schon veränderten Struktur: Die klassische Klientel der Arbeiter verliert ihren dominanten Status in der Partei. »Volkspartei« will die SPD jetzt heißen. Die hohen Wachstumsraten des wirtschaftlichen Aufschwungs haben längst zu einem tiefgreifenden sozialen Wandel geführt: Von einer wachsenden »nivellierten Mittelstandsgesellschaft« spricht der Soziologe Helmut Schelsky, die die alten Klassenbindungen zunehmend auflöse.

Nach langem Hin und Her trennen sich die Delegierten von der Forderung nach einer Sozialisierung der Großindustrie und halten fest: »Das private Eigentum an Produktionsmitteln hat Anspruch auf Schutz und Förderung, soweit es nicht den Aufbau einer gerechten Sozialordnung hindert.« In Zeiten des Kalten Krieges kommen solche Erklärungen besser an als kämpferische Ankündigungen von Verstaatlichung.

Damit ist auch der Abschied vom »marxistischen Charakter« der Partei vollzogen, die Sozialdemokratie ist nicht länger Weltanschauungspartei. Am 15. November endet der Parteitag, das neue Programm, mit dem sich die SPD der Zeit des Wirtschaftswunders, des Aufschwungs anpasst, wird mit großer Mehrheit verabschiedet. Nach langem Zögern stimmt auch Herbert Wehner, damals Repräsentant der Linken in der Parteiführung, für die »Volte«. Jetzt gehe es darum, drängt er, »die politische Macht zu erringen«. Zehn Jahre später ist es so weit: Mit Willy Brandt wird der erste Sozialdemokrat Kanzler der Bundesrepublik. Das Kalkül von Godesberg ist aufgegangen. Nicht von ungefähr kann man bei der Partei heute rote Gummibärchen als Give-away erstehen, um damit neue Mitglieder einzuwerben.

1960

Fischstäbchen oder der neue Lebensrhythmus

Was ist, richtig zubereitet, außen knusprig und innen saftig – 90 mal 26 mal 13 Millimeter groß und wiegt 30 Gramm? Richtig: ein Fischstäbchen. Es besteht zu zwei Dritteln aus einem Stück Seelachsfilet, der Rest ist eine Panade aus Kartoffelstärke, Mehl, Gewürzen, Salz und Semmelbröseln. Im Prinzip ist das Fischstäbchen eine Variante des Backfischs, mit dem entscheidenden Unterschied, dass Backfisch »just in time« und vor Ort aus frischem Fisch zubereitet wird, während das Fischstäbchen ein Industrieprodukt ist, das unabhängig von Zeit und Ort hergestellt und genossen werden kann. Aus dem frischen Fisch wird das pure Versprechen auf »Frische«. Heute würde man sagen, Fischstäbchen sind Backfisch 2.0. Die Aufhebung von Raum und Zeit ist ohne physikalischen Einsatz nicht zu haben. Um aus dem Fisch ein Stäbchen werden zu lassen, ist auf einer Strecke von mehreren Tausend Kilometern – vom Fang bis zur Pfanne – eine konstante Temperatur von minus 18 Grad Celsius erforderlich: die Kühlkette.

Anfang der 1960er Jahre nimmt das Leben Fahrt auf: Im Juni läuft der deutsche Sprinter Armin Hary als erster Mensch die 100 Meter in gestoppten 10,0 Sekunden und gewinnt wenige Wochen später in Rom olympisches Gold. Aber nicht nur auf der Aschenbahn ist der Kampf um die Zeit entbrannt. »Zeit ist Geld« wird zum Sinnspruch einer wachsenden Wirtschaft. Refa, der 1924 gegründete »Reichsausschuß für Arbeitszeitermittlung«, später umbenannt in »Verband für Arbeitsstudien und Betriebsorganisation«, bestimmt die Kalkulationen. Akkordarbeit wird in den Betrieben zum Taktgeber der Wirtschaft. Die Gewerkschaften begegnen der steigenden Produktionsgeschwindigkeit mit der Forderung nach Einführung der 40-Stunden-Woche.

Die Zerlegung der Arbeit in Zeiteinheiten, die Taktung der Arbeitsprozesse, der Beat der Maschinen, das »Rock around the clock« des Drei-Schicht-Systems wird im Westen zum Lebensrhythmus. Die Welt legt an Tempo zu, man muss schnell sein, will man den Anschluss nicht verpassen. »Die Zeit der Dorfmusik ist vorbei«, kündigen Plakate auf der Reeperbahn die ersten Auftritte der »Beatles« im Hamburger Star-Club an. Wenige Schritte davon entfernt, unten am Hamburger Fischmarkt, oder auch am Columbus-Pier in Bremerhaven, wo Elvis Presley zwei Jahre zuvor deutschen Boden betreten hat, scheint die technische Entwicklung der Tiefkühlindustrie das Gesicht einer ganzen Region zu verändern.

Die Fischereiwirtschaft steckt Anfang der 1960er Jahre in einer selbstverschuldeten Krise. Über einhundert Trawler dampften noch einige Jahre zuvor von Bremerhaven aus ins Nordmeer und machten Jagd auf Hering, Heilbutt und Kabeljau. Nach dem Krieg war der Hunger auf die natürliche und eiweißreiche Ressource Fisch riesig. Werften und die Fischverarbeitungsindustrie blühten auf, ebenso aber auch die Überfischung der Bestände. »Gammelprämien«, Geld für ungenießbaren Fischabfall aus »Backfisch«, das heißt Jungfischen, verführte dazu, mit engmaschigen Netzen alles wegzufischen, was im Meer schwamm – und ließ die bis dahin unerschöpfliche Nahrungsquelle allmählich versiegen.

Immer mehr Heringslogger kommen nach ihren zweimonatigen Fahrten mit leeren Lagerräumen zurück. Jetzt baut man statt der kleinen Logger riesige Fabrikschiffe, die nicht mehr küstennah, sondern weltweit

auf hoher See agieren und den Fisch nicht nur fangen, sondern gleich verarbeiten. Die Fische werden aus dem Meer gezogen, ausgenommen, filetiert, durchleuchtet und zu Blöcken schockgefroren. Bis zu acht Monate bleiben die Schiffe auf See, so lange bis sie ihre Kühlräume voll haben. An Land werden die gefrosteten Fischblöcke zersägt, kurz frittiert, damit die Panade haftet, und verpackt, bis zu 400 000 Stück pro Stunde in Fertigungstrassen. Tausende der bisher bei der Fischfrischverarbeitung nötigen Frauen, Hunderte Fischer auf den Trawlern werden arbeitslos. Vom Kühlhaus gelangen die genormten Fischteile dann per Kühltransporter, Kühltresen und Kühltruhe in die heimische Pfanne oder den Backofen, wo sie »frisch« zubereitet werden. Man isst keinen Heilbutt, Kabeljau oder Dorsch mehr, sondern Fischstäbchen. Der Fisch, ein Nahrungsmittel, das dem Koch oder der Hausfrau Kenntnisse und Fingerspitzengefühl abverlangt, um es von Gräten zu befreien, zu pochieren, zu dünsten oder zu braten, wird zu einem Schnellgericht, bei dem nichts mehr schiefgehen kann.

Damit können auch die kritischen Fragen der Verbraucher: »Ist er frisch? Hat er Gräten?« zufriedenstellend beantwortet werden. Der Tiefkühlfisch wird zur Innovation. So wie die Fußball-Weltmeisterschaft von 1954 den Absatz von Fernsehern, die Beatles den Absatz von Plattenspielern befördern, bringen Fischstäbchen, gefrorener Spinat und Erdbeeren den Absatz von Kühltruhen auf Touren. Plötzlich fühlt man sich für einen Moment als Herr über Zeit, Raum und Frische. Die Gefahr, etwas saisonal verpassen zu können, scheint durch Kühltechnik gebannt.

Während der »Backfisch«, wie man 1960 noch die halbwüchsige Tochter nennt, vor dem Zehn-Platten-Wechsler mit Catharina Valente vom »Itsy Bitsy Teenie Weenie Honolulu-Strand-Bikini« träumt und zum Teenager wird, zaubert die Mutter ganz schnell und nebenbei in der Küche »tischfertige« Fischstäbchen zum Kartoffelsalat, rechtzeitig zum Fernsehkrimi, dem der Vater entgegenfiebert. »Das Halstuch« von Francis Durbridge wird 1962 der absolute Quotenhit. Auch da zerlegt man den »Fisch« – sprich: die Suche nach dem Mörder – in die mundgerechten Stücke eines Fernseh-Mehrteilers. Wie der Heilbutt zum immer gleichen Happen wird, gerät das Leben in den Takt der Serie.

1961

Coca-Cola, Mauerbau und Menschenhändler

Länger als vermutet ist Coca-Cola in Deutschland schon beheimatet. Die erste Flasche wird 1929 in Essen abgefüllt, der Durchbruch kommt mit den Olympischen Spielen 1936 in Berlin. Selbst im Krieg läuft das Geschäft, bis die Rohstoffe knapp und die Produktion 1942 eingestellt werden muss. Da hat die deutsche Coca-Cola-Gesellschaft schon ein neues Produkt auf den Markt geworfen: Fanta – von »fantastisch«.

Für die amerikanische Muttergesellschaft in Atlanta ist der Krieg ein großes Geschäft: Zehn Milliarden Flaschen Coke haben die GIs zwischen den Waffengängen geleert; mehrere Dutzend Abfüllstationen sind auf Regierungskosten rund um den Globus errichtet worden. Coca-Cola wird zur Konsummacht Nummer eins.

Eine Woche nach der deutschen Kapitulation vom Mai 1945 nimmt auch in Deutschland die erste Coca-Cola-Fabrik wieder die Arbeit auf. Ein Colonel J. Nash meldet angeblich von Nürnberg nach Atlanta: »Ich habe die Kriegsverbrecher-Prozesse besucht, sehr interessant. Mein Vorschlag, einen Cola-Automaten im Verhandlungssaal zu installieren, wurde bedauerlicherweise abgelehnt.«

Die Abfüllfabriken der Army sind ein solider Grundstock für das Netzwerk von Coca-Cola Deutschland. Die Konzession für Hamburg und Umgebung erhält Ex-Boxweltmeister Max Schmeling – eine Presselizenz, die Schmeling zusammen

mit Axel Springer beantragt hat, wird ihm von den Alliierten verweigert, Schmeling habe sich schließlich für die Nazi-Propaganda einspannen lassen.

In den 1960er Jahren erliegen die Bundesdeutschen endgültig der Verführung zur »Cokeness« – die Jungen setzen sich ab von den »Alten«, von Schlips und Kragen, dem »Malochen« von morgens bis abends, dem bescheidenen Sicheinrichten im Reihenhäuschen. Die Freizeit wird entdeckt: »Mach mal Pause – trink Coca-Cola«.

Von Juni bis September 1961 weilt Billy Wilder, der vor den Nazis nach Amerika geflüchtet ist, zu Dreharbeiten seiner satirischen Komödie »Eins, zwei, drei« in Berlin – eine fiktive Geschichte über den Direktor der deutschen Coca-Cola, McNamara, der ehrgeizige Pläne hat: Er will die braune Brause auch hinter dem Eisernen Vorhang in der Sowjetunion vertreiben. »Eins, zwei, drei« ist eine Komödie über den Kalten Krieg, er wolle, sagt Wilder bei Drehbeginn, damit »einmal wenigstens für meinen Teil die ideologischen Nebel vertreiben, die unsere Welt vergiften.« Doch es kommt anders: Die Zelluloid-Komödie wird eingeholt von einer echten Tragödie – der Bau der Berliner Mauer am 13. August 1961 unterbricht die Dreharbeiten. »Wir hatten die Tage zuvor am Brandenburger Tor gedreht und dabei, entsprechend dem Drehbuch, Ballons mit der Aufschrift ›Russki go home‹ aufsteigen lassen. Was wir dort an jenem 13. August erlebten, hielten wir für einen bösen Scherz. Der Mauerbau, der mitten in meine Dreharbeiten fiel – dieser frostigste Kälteeinbruch im Kalten Krieg – machte meine Komödie für Jahre überflüssig.« Als er in die Kinos kommt, floppt der Film. »Billy Wilder findet das komisch, was uns das Herz zerreißt», schimpft die Berliner Boulevardzeitung B.Z. beim Filmstart.

An jenem Sonntag im August riegeln Grenztruppen der DDR, unterstützt von »Kampfgruppen der Arbeiterklasse«, in den frühen Morgenstunden alle Übergänge nach Westberlin ab. Wenig später werden auch die Bewohner der DDR eingeschlossen: In den folgenden Monaten entsteht von der Ostsee bis nach Bayern, zwischen Ost- und Westberlin und schließlich um ganz Westberlin herum ein insgesamt 1400 Kilometer langer Grenzwall. Damit soll der nicht abnehmende Strom an »Republikflüchtlingen« gestoppt werden. Denn jedes Jahr verliert die DDR mehrere Hunderttausend Menschen an den Westen. Zwei Monate vorher hat Walter Ulbricht, Generalsekretär der SED, noch auf einer Pressekonferenz erklärt: »Niemand hat die Absicht, eine Mauer zu errichten.«

Jetzt werden Straßen zugemauert, Menschen zwangsumgesiedelt, Familien und Freunde getrennt. Die Berliner sind fassungslos und müssen doch dem Mauerbau ohnmächtig zusehen. Auch dem Regierenden Bürgermeister Willy Brandt bleiben nur Appelle an die Westmächte. Doch die wollen keinen militärischen Konflikt mit den Sowjets riskieren. Denn inzwischen verfügt auch Moskau über Atombomben und weitreichende Raketen.

Betonmauern, Gräben, abgerichtete Wachhunde, Wachtürme und Schützenstellungen machen die »Staatsgrenze« fast unüberwindlich. Trotzdem gelingt es in den folgenden Jahren noch einigen Hundert Menschen, oft mithilfe professioneller Fluchthelfer, zu fliehen. Die Vorbereitungen dafür sind aufwändig und kosten Geld – falsche Pässe, und technische Ausrüstung müssen bezahlt werden. »Menschenhändler« tobt die DDR-Propaganda.

Über »Menschenhändler« und »Abwanderung« erregt sich in diesem Jahr auch die bundesdeutsche Presse und meint damit die millionenschweren spanischen und italienischen Clubs der Fußballprofis, die die Stars der bundesdeutschen Nationalmannschaft, Helmut Haller, Karlheinz Schnellinger, Horst Szymaniak und Uwe Seeler, »entführen« wollen. Als erster deutscher Spieler gibt Szymaniak dem Werben von drei Funktionären des sizilianischen Calcio Clubs nach, die eines Tages bei ihm auftauchen und 100 000 D-Mark in bar auf den Tisch werfen. Dann wird Helmut Haller vom FC Bologna abgeworben. Für Haller, der mit acht Geschwistern aufgewachsen ist und das Kicken barfuß auf der Straße zwischen zerbombten Häusern erlernt hat, ist das Angebot aus Bologna »wie ein

Sechser im Lotto«. Allerdings muss sein neuer Verein ihm zusichern, ihn jederzeit freizustellen, wenn der Deutsche Fußballbund ruft. Trotzdem erhält er nach seinem Wechsel viele Briefe, die ihn als »Vaterlandsverräter« beschimpfen. Für ihn selbst aber eröffnet sich eine neue Welt: Nach einem halben Jahr muss er sein erstes Interview auf Italienisch geben, er lernt, sich in eine ihm fremde Kultur und Gesellschaft zu integrieren und sich auf internationalem Parkett zu bewegen. Die Globalisierung hat auch den Fußball erreicht.

Danach lockt Internazionale Mailand den Hamburger Kicker Uwe Seeler mit einem Angebot von 1,2 Millionen Mark. Da aber grätscht Bundestrainer Sepp Herberger robust dazwischen. Die heile Fußballwelt droht aus den Fugen zu geraten. »Eher kriegen die mich als den Uwe«, empört sich Herberger und besorgt »uns Uwe« eine Tankstellenkonzession und ein Darlehen, um ihn im Land zu halten.

Es ist der letzte Abwehrkampf der »guten alten Zeit«, mit allem, was ihr als heilig gilt, gegen das Neue, das nicht mehr aufzuhalten ist. Die Nachkriegszeit neigt sich ihrem Ende zu. Alte Formen und Zwänge lockern sich. Die Jungen hören nicht mehr widerspruchslos auf die Alten. Herbergers Spieler tragen, wenn sie jetzt zu Lehrgängen anreisen, Jeans, das Markenzeichen der Lässigen. Die Jugend hat sich einen amerikanischen Lebensstil zugelegt: Kino und Coca-Cola, Minirock und Rock'n' Roll. Und Geld natürlich, viel Geld – besonders »die Italiener« werfen damit großzügig um sich.

Aber im deutschen Fußball ist es verpönt, Sportler für ihre Leistungen zu bezahlen. Nicht das Geld soll zählen, sondern immer noch der »Geist von Spiez«, die Tugenden, mit denen die hoch favorisierten Ungarn 1954 im Weltmeisterschaftsfinale besiegt wurden: Freunde, Freude, Kameradschaft und der Einsatz fürs Vaterland. Aber im europäischen Wettbewerb, den Spanien, Italien und England durch ihre Profi-Ligen immer mehr dominieren, drohen die Deutschen ins Hintertreffen zu geraten. 1962 setzen sich die Neuerer durch: Die Bundesliga wird gegründet.

Senfeier und das »Sturmgeschütz der Demokratie«

1962

Sein trauriges Nischen-Dasein als sauer-langweilige Bratwurst- oder Kochfleischbeigabe (»mittelscharf«) fristet der Senf völlig zu unrecht. Die ebenso geschmack- und gehaltvolle wie bekömmliche Schärfe aus den weißen, braunen oder schwarzen Senfkörnern ist in Wahrheit eine kulinarische Vielzweckwaffe, ein »Sturmgeschütz der Küche«, mit dessen Hilfe sich auch heute manch fades Gericht anschärfen ließe. Leider geriet die mild- bis scharf-würzige Paste, die in der europäischen Küche über Jahrhunderte – neben dem Meerrettich – der Scharfmacher schlechthin war, etwas in Vergessenheit, als Pfeffer und Chili ihr für jedermann leicht entflammbares, dafür nuancenarmes Feuer entfachten. Aber hat jemand schon einmal von Pfeffer- oder Chili-Eiern gehört? Nein.
Ausgerechnet in den Senfeiern, diesem ursprünglichen Arme-Leute-Essen, das vielleicht nur zur Ostereier-Verwertung erfunden worden ist, hat sich etwas von dem einstigen Geschmacksreichtum erhalten. Die Schärfe der Senfsauce, die auf einer klassischen, in diesem Fall mit Milch verlängerten Mehlschwitze beruht, ist praktisch beliebig variabel und macht die damit übergossenen, hartgekochten Eier unverwechselbar. Dazu werden Salzkartoffeln oder Kartoffelbrei

gereicht, wodurch sich das Ganze auf dem Teller zu einer Gaumen und Psyche schmeichelnden Pampe vermusen lässt: weich, würzig, nahrhaft, kindlich-elementar. Gerade wer von nervöser Unruhe befallen ist oder sich deprimiert fühlt, sollte einmal Senfeier versuchen. Die wachsharten Eier in Kombination mit den in der Sauce zerdrückten Kartoffeln oder dem mit der Sauce vermengten Kartoffelbrei sind Seelennahrung und Nervenkost zugleich.

Und die Nerven liegen in diesem Jahr, 1962, bei vielen sogar völlig blank. An den neu errichteten Grenzanlagen zur DDR kommt es zu zahlreichen Zwischenfällen. Sprengstoffanschläge, Schusswechsel, geglückte und missratene Fluchtversuche ziehen die Öffentlichkeit in ihren Bann. Der vielleicht tragischste Vorfall ereignet sich am 17. August in Berlin, wo man den ersten »Mauertoten« beklagt. Der 18-jährige Bauarbeiter Peter Fechter hatte die Mauerkrone bereits erreicht, als er von DDR-Grenzsoldaten angeschossen wird. Verletzt kippt er ins Niemandsland zwischen die Stacheldrahtzäune, wo er, um Hilfe rufend, öffentlich verblutet, weil sich die »Grenzschützer« auf beiden Seiten nicht einzugreifen trauen. Jede noch so kleine Provokation, so fürchtet man, könnte einen Krieg heraufbeschwören.

Wie realistisch solche Befürchtungen sind, erweist sich dann tatsächlich Ende Oktober. Die Sowjetunion gibt bekannt, auf Kuba eine Raketenabschussbasis errichten zu wollen, von wo aus mit atomaren Sprengköpfen bestückte Raketen jede Stadt der USA erreichen könnten. US-Präsident John F. Kennedy versetzt sein Militär in Alarmbereitschaft und verhängt eine Seeblockade um Kuba. Die Welt hält den Atem an, ein Militärschlag scheint unmittelbar bevorzustehen. Der Angstpegel steigt aber offenbar auch in der sowjetischen Führung um Nikita Chruschtschow, die dann doch überraschend einlenkt, den Bau der Basis einstellt und damit eine direkte Konfrontation im letzten Moment verhindert.

Solche Atomkriegsszenarien sorgen auch in Deutschland für erhöhte Nervosität, schon vor der Kuba-Krise. Am 10. Oktober veröffentlicht

»Der Spiegel« unter dem Titel »Bedingt abwehrbereit« einen Bericht über ein NATO-Manöver, in dem die atomare Strategie des Verteidigungsministeriums (»preemptive strike« statt »flexible response«) als untauglich und friedensgefährdend kritisiert wird. Kanzler Adenauer ist empört, sieht einen »Abgrund an Landesverrat« und ermutigt seinen Verteidigungsminister, Franz Josef Strauß, gegen solch unbotmäßige Berichterstattung vorzugehen. Und das ist ganz nach dem Geschmack des Bayern. Kritische Journalisten sind ihm schon längst ein Dorn im Auge. Endlich sieht er eine Chance, den »publizistischen Terror« insbesondere dieses unliebsamen Hamburger Nachrichtenmagazins, das selbsternannte »Sturmgeschütz der Demokratie«, zu stoppen.

Ohne den FDP-Justizminister zu informieren, setzt Strauß die Ermittlungsbehörden in Gang, die in der Nacht vom 26. auf den 27. Oktober die Redaktionsräume des »Spiegels« und mehrere Privatwohnungen durchsuchen. Unter dem Vorwurf des Landesverrats werden sechs »Spiegel«-Leute verhaftet, darunter der Autor des inkriminierten Artikels, Conrad Ahlers, und der Herausgeber Rudolf Augstein, Verlag und Redaktion werden geschlossen, alle Schreibmaschinen beschlagnahmt. Schluss, aus und vorbei? Nicht ganz!

Ein derart obrigkeitsstaatliches Vorgehen tritt eine unerwartete Welle der Empörung los. Überall im Lande kommt es zu spontanen Sitzstreiks und Demonstrationen: »Spiegel tot – Freiheit tot«. Sogar die weitgehend adenauertreue Presse – darunter auch der Springer-Verlag – solidarisiert sich mit dem »Spiegel«. Man stellt Redaktionsräume und Druckmaschinen zur Verfügung, so dass das Blatt weiterhin erscheinen kann. Die oppositionelle SPD wie auch der Koalitionspartner FDP verlangen Aufklärung im Bundestag. Stück für Stück kommt nun heraus, dass die gesamte, auf den Verteidigungsminister zurückgehende Aktion nichts anderes war als eine dreiste Rechtsbeugung. Kein Verdacht lässt sich auch nur im mindesten erhärten.

Noch im November treten daraufhin alle fünf FDP-Minister von ihren Ämtern zurück, die »Spiegel-Affäre« führt zur Staatskrise. Nachdem am 30. November schließlich auch Franz Josef Strauß seinen Hut zu nehmen gezwungen ist, muss Konrad Adenauer seine Regierung komplett neu bilden. In den Koalitionsverhandlungen besteht die FDP darauf, dass auch Konrad Adenauer selber im Herbst 1963 als Kanzler zurücktritt. »Der Spiegel« als demokratische Kontrollinstanz hatte buchstäblich Politik gemacht.

Die festgenommenen Journalisten werden nach und nach aus der Untersuchungshaft entlassen – zuletzt Rudolf Augstein nach 103 Tagen – und als Helden der Pressefreiheit gefeiert. Das Hamburger Nachrichtenmagazin steigert seine Auflage um 200 000 auf nun 700 000 Exemplare und rechtfertigt seinen Kampfnamen »Sturmgeschütz der Demokratie« auch in den Folgejahren, in denen die Freiheitsrechte gegenüber dem Staatsinteresse zunehmend an Gewicht gewinnen.

Insofern ist die »Spiegel-Affäre« eine Sternstunde sowohl des kritischen Journalismus als auch der Meinungs- und Pressefreiheit – mit unabsehbaren Folgen für das politische Klima. Fortan geben die selbstbewusster gewordenen Journalisten zu allen politisch-gesellschaftlichen Fragen und Entscheidungen ihren schärfer werdenden Senf dazu – was aber, im Unterschied zu den Senfeiern, in keinem Fall eine beruhigende Wirkung entfaltet.

Erbswurst und Kanzlerwechsel

1963

Das Fast-Food-Gericht der Nachkriegsgenerationen ist die Erbswurst – eine in Plastik, früher in Pergamentpapier – gezwängte Trockenmasse aus Erbsenmehl, Rinderfett, Speck, Salz, Zwiebeln und Gewürzen, aus der sich minutenschnell mit heißem Wasser eine nahrhafte Erbsensuppe zaubern lässt. Das erkennen auch weitsichtige preußische Militärs, als ihnen der Koch und Konservenfabrikant Johann Heinrich Grüneberg aus Berlin 1867 seine Erfindung für 35 000 Taler anbietet. »Fütterungsexperimente« an Soldaten zeigen die Kriegstauglichkeit der Wurst, die sich als handlich, lagerungsfähig, nahrhaft und billig erweist. 1870, bei Ausbruch des Deutsch-Französischen Krieges, wird auf Staatskosten eine Fabrik errichtet, in der bis zu 65 Tonnen Erbswurst täglich produziert werden. 1889 übernehmen die Brüder Knorr in Heilbronn die Produktion der Fertigsuppe.
Grüneberg war nicht der einzige Erfinder einer pflanzlichen Wurst. Mitten im Ersten Weltkrieg bekommt er ernsthafte Konkurrenz: Konrad Adenauer, damals Stellvertretender Oberbürgermeister von Köln, Jahrzehnte später erster Kanzler der Bundesrepublik, meldet eine Soja-Wurst beim Berliner Patentamt an. Es ist weder seine erste, noch seine einzige Erfindung – das »innenbeleuchtete Stopfei«, das »Kölner Brot«, ein »Verfahren zur Entnebelung von Großstädten« gehören, neben anderen Neuerungen, dazu; mit seiner »Reaktionsdampf-

maschine« sieht sich Adenauer zeitlebens als der eigentliche Erfinder des Raketenantriebs. Nun, im Krieg erweist er sich vor allem als einfallsreicher Organisator von Lebensmitteln, die er der hungernden Bevölkerung zu beschaffen weiß. Dazu gehört auch die Sojawurst, die »Wurst mit Friedensgeschmack«.

Wegen seiner leidvollen Erfahrungen mit dem Berliner Patentamt, das sich schon mehrfach geweigert hat, seine Erfindungen durch die Registrierung angemessen zu würdigen, nimmt Adenauer sich diesmal den erfahrenen Anwalt Dr. Julius Ephraim, der seine Interessen vor dem Amt vertreten soll. Doch auch Ephraim ist skeptisch, ob die Sojawurst – zu 40 Prozent aus billigem Sojamehl bestehend – wirklich patentwürdig ist, und weist seinen Klienten darauf hin, dass es mit der »bekannten Erbswurst« schließlich schon eine pflanzliche Wurst gebe. Damit, so antwortet Adenauer postwendend, sei seine Wurst nun »gar nicht zu vergleichen«, garantiere sie doch, dass der Fleisch gewohnte deutsche Wurstesser keinen Unterschied zu anderen Würsten registrieren werde. Einen befreundeten Klinikarzt bittet er um empirische Beweisführung, er möge die Wurst doch an seinen Patienten testen. Professor Stockhausen gibt es ihm schriftlich, dass die eiweißreiche Sojawurst von allen Kranken sehr gern gegessen worden sei. Aber selbst dieser Menschenversuch nützt nichts: Wieder reagiert das Patentamt abschlägig und bescheinigt Adenauers Erfindung »lediglich eine Geschmacksverbesserung der Mehle«. Das findet dieser geradezu beleidigend und meldet seine Erfindung trotzig in anderen Ländern an – auch in solchen, mit denen Deutschland zu dieser Zeit im Krieg liegt. Welch ein Triumph: Bald stapeln sich auf seinem Schreibtisch die Patenturkunden aus Österreich, Belgien, Ungarn und Großbritannien.

Am 15. Oktober 1963 tritt Konrad Adenauer vom Amt des Bundeskanzlers zurück, alles andere als freiwillig. Die CDU hat Ludwig Erhard, den populären Wirtschaftsminister, zu seinem Nachfolger bestimmt. Adenauer sträubt sich, verhöhnt Erhard, der »zu weich« sei und »keinerlei Führungsqualitäten« besitze. Vielleicht würde es für das Amt des Bundespräsidenten reichen, aber selbst dafür sei er, Adenauer, eigentlich der geeignetere Kandidat. Aber leider müsse er diese Option für sich ausschließen, denn in diesem Amt »würde ich nicht in der Lage sein, Herrn Kollegen Erhard dem Bundestage zur Wahl als Bundeskanzler vorzuschlagen«. Diese boshaften Winkelzüge beschädigen Adenauers Ansehen, verhindern kann er damit nichts: Erhard wird zweiter Kanzler der Bundesrepublik.

Er ist ein eigenwilliger Querkopf, dieser Dr. Konrad Adenauer, der 1949 mit einer Stimme Mehrheit, seiner eigenen, zum Kanzler gewählt wird. Da ist er mit seinen 73 Jahren schon im Rentenalter. »Wenn die anderen glauben«, sagt er, »man ist am Ende, so muss man erst richtig anfangen.« Wer von seinen Parteifreunden glaubt, der »Alte« sei eine Übergangslösung, mit dem man leichtes Spiel habe, muss schnell seinen Irrtum erkennen. »Machen Sie sich erst einmal unbeliebt, dann werden Sie auch ernst genommen« – danach handelt er.

Adenauer ist machtbewusst und entschlossen, die Westdeutschen in die Gemeinschaft westlicher Demokratien zu zwingen. Westwärts und aufwärts soll es gehen mit der Bonner Republik. Viele von seiner Statur, die Gnade vor den Augen der alliierten Besatzer finden, gibt es nicht im besiegten Nachkriegsdeutschland. Leicht haben es die Besatzungsmächte aber nicht mit ihm.

Als er seinen Antrittsbesuch als Kanzler macht, um sich die ersten Gesetze genehmigen zu lassen, stehen die Vertreter der Siegermächte auf einem kostbaren Perserteppich. Die Deutschen sollen vor dem Teppich Aufstellung nehmen. Doch Adenauer hält sich nicht daran, sondern tritt zur Verlesung seines Textes ebenfalls auf den Teppich – ein unerhörter Verstoß gegen das Protokoll: Das besiegte Land auf gleicher Augenhöhe mit den Siegern? Der neue Kanzler kommentiert solche Situationen gern mit seinen eigenen Lebensweisheiten: »Es gibt zwei Wege für den Aufstieg: Entweder man passt sich an, oder man legt sich quer.«

Quer legt er sich auch innenpolitisch: Ständig beschneidet er die Kompetenzen anderer – das Recht des Bundespräsidenten, höchstrichterliche Gutachten zu Verträgen einzuholen, lässt er eigenmächtig streichen; seinem forschen Verteidigungsminister Franz Josef Strauß droht er die Entlassung an, sollte der noch einmal von einer »atomwaffenfreien Zone in Europa« schwadronieren; im Kabinett räsoniert er, ob nicht »auf gesetzgeberischem Wege erreicht werden könne«, dass die Politik der Bundesregierung nicht immer wieder durch den Rundfunk »gestört« werde. Und der Bundestag, so erklärt er, sei »nicht dazu berufen, ständig in die Exekutive hineinzureden«. Auf Widerspruch stößt er nur selten. Der autoritäre Gestus der Adenauer-Republik wird durchaus von allen Seiten geteilt – von der Klasse der Politiker wie von den Bürgern. Unterordnung, Gehorsam sind die Deutschen gewohnt. Erst nach Adenauers Rücktritt entzündet sich gerade daran die Rebellion der jüngeren Generation.

Adenauer ist entschlossen, die Bundesrepublik zu einem souveränen und von anderen anerkannten Staat zu machen. Eine große Stütze findet der Kanzler in seinem Wirtschaftsminister Ludwig Erhard, dem Wegbereiter der »sozialen Marktwirtschaft«, der sich gern – wie Churchill – mit einer dicken Zigarre zeigt. Der wirtschaftliche Aufschwung, den das Land in seiner Amtszeit nimmt, erleichtert die Demokratisierung. Denn Erhard wie Adenauer achten darauf, dass nicht nur einige wenige von dem wirtschaftlichen Erfolg profitieren, sondern sozialer Ausgleich stattfindet.

Im europäischen Einigungsprozess, für den in den 1950er Jahren entscheidende Weichen gestellt werden, wird Adenauer selbst zu einer treibenden Kraft. Die Bundesrepublik soll die neue europäische Zukunft maßgeblich mitgestalten. Im April 1952 wird sie Gründungsmitglied der Europäischen Gemeinschaft für Kohle und Stahl, im Mai vollberechtigtes Mitglied des Europarates und am 26. Mai 1952, sieben Jahre nach Kriegsende, unterzeichnen die Außenminister der USA, Großbritanniens und Frankreichs den »Deutschlandvertrag«, der die Bundesrepublik – mit gewissen Einschränkungen – zu einem gleichberechtigten Staat im westlichen Bündnis macht.

Im September 1955 reist Adenauer nach Moskau. Er handelt mit dem sowjetischen Staats- und Parteichef Nikita Chruschtschow die Aufnahme

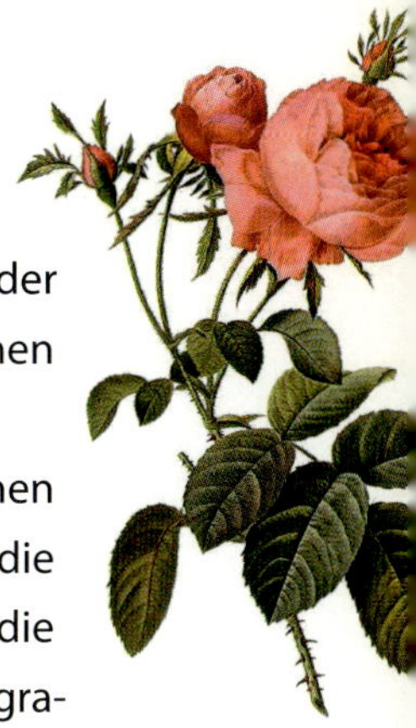

diplomatischer Beziehungen zwischen der Bundesrepublik und der UdSSR aus. Nun dürfen auch die letzten deutschen Kriegsgefangenen nach Hause – eine diplomatische Glanzleistung.

Im September 1958 trifft er in Paris erstmals mit dem französischen Premier Charles de Gaulle zusammen und legt den Grundstein für die deutsch-französische Aussöhnung. Außenpolitisch belohnen ihn die westlichen Demokratien für seine konsequente Politik der Westintegration damit, dass sie die Bundesrepublik – und nicht die DDR – als einzige rechtmäßige deutsche Regierung anerkennen. Das vertieft zwar die Kluft zwischen den beiden deutschen Staaten, aber ohnehin glaubt keiner mehr so recht daran, dass es eines Tages zur Wiedervereinigung zwischen ihnen kommen würde. Zu verschieden sind die Entwicklungen, die sie im Laufe der Jahre nehmen.

Adenauers Blick nach Westen hat seinen Preis: Mit der östlichen Hälfte Europas, mit den Polen etwa, die unter Hitler sehr gelitten haben, wird keine Aussöhnung erreicht. Die ungeklärte »Grenzfrage«, von den zahlenmäßig starken und politisch einflussreichen Verbänden der Vertriebenen immer wieder zum Thema gemacht, steht dem im Wege, aber auch der im Kalten Krieg sorgsam gepflegte Antikommunismus.

Ein halbes Jahr vor seinem Tod muss der »Alte« erleben, wie die Ära Adenauer endgültig zu Ende geht. 1966 wird Willy Brandt Außenminister einer Großen Koalition, Gustav Heinemann, im ersten Kabinett noch Adenauers Innenminister, der wegen des Streits mit seinem Kanzler über die Wiederbewaffnung der Bundesrepublik zurücktritt, wird Justizminister. Für beide werden diese Posten das Sprungbrett zu höheren Staatsämtern: 1969 wird Brandt Kanzler und Gustav Heinemann Bundespräsident.

Der »Machtwechsel« ist auch ein Paradigmenwechsel: Als Erfinder von Sojawürsten, Stopfeiern oder anderen den Bedürfnissen des Alltags zugewandten Nützlichkeiten ist kein hoher bundesrepublikanischer Politiker jemals wieder öffentlich hervorgetreten.

Smarties gegen Bildungsnotstand

1964

Kein Kindergeburtstag ohne Smarties. Die bunten, mit Zuckerguss umhüllten Schokolinsen, die die Firma Nestlé seit Anfang der 1960er Jahre auch in Deutschland auf den Markt bringt, kennt wohl fast jeder – eine Markenbekanntheit, die so leicht niemand erreicht.

Vorbei die Zeiten, als Kinder noch mit Sammelbildern als Zugabe von Süßigkeiten zufriedenzustellen waren, Spaß an den Schiebeschokotafeln hatten oder sich über einen billigen Ring an gelben oder rosafarbenen Marshmallow-Tieren freuten. Bunt und süß reicht nicht mehr – ein Mehrwert muss her, damit auch die Eltern im Kauf der Familiengroßpackung einen Sinn sehen.

Die neueste Werbestrategie vieler Naschereien, die möglichen Gewissensbissen der Käufer vorbeugen soll, heißt »brainfood«. Süßigkeiten sind Hirnnahrung – wussten Sie das nicht? Sie enthalten entweder »wertvollen Zucker« oder »gesundes Calcium«. Smarties toppen das, sie sind ganz auf der Höhe der Zeit: Smarties regen, glaubt man dem Konzern, die Kreativität und Fantasie von Kindern an. Eigentlich sind sie ein Bildungsgut, mit ihnen können schon die Kleinen anhand einer Vorlage die Mona Lisa legen, oder man führt sie mit den bunten Linsen in die Farbenlehre ein oder bringt ihnen das Zählen bei. Mit Smarties lässt sich jedenfalls erfolgreich Prophylaxe gegen ein künftiges PISA-Desaster betreiben. Denn in puncto Bildung ist Deutschland Notstandsgebiet.

Schon Jahrzehnte bevor PISA, das von der »Organisation für wirtschaftliche Zusammenarbeit und Entwicklung« (OECD) durchgeführte »Programme for International Student Assessment«, uns im Jahr 2000 landauf, landab mit seinen Ergebnissen schockiert, hat uns einer den Glauben an die Überlegenheit der deutschen Bildungs- und Kulturnation genommen.

Im Januar 1964 erscheint unter dem Titel »Die deutsche Bildungskatastrophe« eine vierteilige Artikelserie in der Wochenzeitung »Christ und Welt«. Ihr Autor, der Theologe, Pädagoge und langjährige Internatsleiter Georg Picht, übt heftige Kritik am deutschen Bildungssystem, das weder den Anforderungen einer modernen Gesellschaft gewachsen sei, noch den »Bestand der Wirtschaft« sichern könne: »Eines der tragenden Fundamente jedes modernen Staates ist sein Bildungswesen. Niemand müsste das besser wissen als die Deutschen. Der Aufstieg Deutschlands in den Kreis der großen Kulturnationen wurde im 19. Jahrhundert durch den Ausbau der Universitäten und der Schulen begründet. Jetzt aber ist dieses Kapital verbraucht: Die Bundesrepublik steht in der vergleichenden Statistik am untersten Ende der europäischen Länder neben Jugoslawien, Irland und Portugal. Die jungen Wissenschaftler wandern zu Tausenden aus, weil sie in ihrem Vaterland nicht mehr die Arbeitsmöglichkeiten finden, die sie brauchen. Noch Schlimmeres steht den Schulen bevor: In wenigen Jahren wird man, wenn nichts geschieht, die schulpflichtigen Kinder wieder nach Hause schicken, weil es für sie weder Lehrer noch Klassenzimmer gibt.« An diese Demarkationslinie sind wir heute fast gekommen.

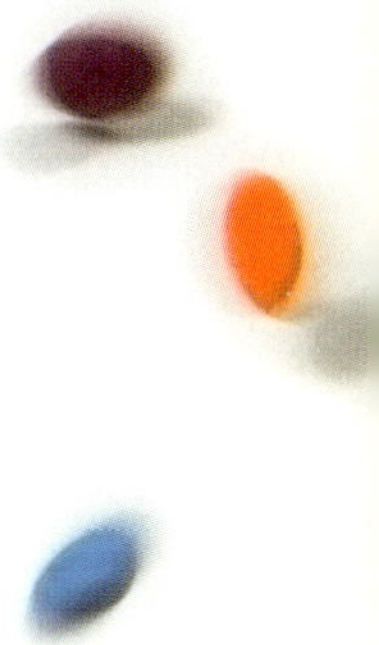

Pichts Aufschrei trifft den Nerv einer Gesellschaft, deren Selbstbewusstsein in erster Linie auf ihren wirtschaftlichen Erfolgen beruht. Sie habe beim Wiederaufbau das Bildungswesen völlig vernachlässigt – hier herrsche ein »Geist der Reaktion und Restauration«, der mit den Standards der »wissenschaftlichen Zivilisation« unvereinbar sei. Der bisherige wirtschaftliche Aufschwung, prophezeit Picht, werde »ein rasches

Ende nehmen, wenn uns die qualifizierten Nachwuchskräfte fehlen, ohne die im technischen Zeitalter kein Produktionssystem etwas leisten kann. Wenn das Bildungswesen versagt, ist die ganze Gesellschaft in ihrem Bestand bedroht.« Der »Bildungsnotstand« sei nur das Menetekel an der Wand, der Vorbote eines drohenden »Wirtschaftsnotstands«.

Seine Diagnose wirkt, die Öffentlichkeit ist schockiert, alle Parteien sind sich einig: Eine »aktive Bildungspolitik« muss her. Pichts »Notstandsprogramm« weist den Weg. Neue Universitäten und Hochschulen werden gegründet, das Personal im Bildungsbereich aufgestockt, Kapazitäten in Wissenschaft und Forschung verstärkt, die Ordinarienuniversität demokratisiert, die Lehrerausbildung verbessert, Zensuren durch Punkte ersetzt, Gesamtschulen gegründet. Die allerdings werden in den nächsten Jahren zum Schauplatz ideologischer Grabenkämpfe. Dennoch findet ein bemerkenswerter Bildungsschub statt. Während Mitte der 1960er Jahre noch vier von fünf Schulabgängern nur über einen Hauptschulabschluss verfügen, kann 30 Jahre später schon jeder Dritte das Abiturzeugnis vorlegen. 1960 nehmen knapp sechs Prozent der etwa 20-Jährigen ein Studium auf, heute sind es immerhin mehr als 30 Prozent.

Es ist die Zeit der Wachstumsgewissheiten der alten Bundesrepublik, die Zeit niedriger Arbeitslosigkeit und einer Fortschrittsgläubigkeit, die Pichts Bildungsreform Rückenwind verschafft. Die Bundesrepublik soll sich zu einer modernen, zunehmend technologiebasierten Arbeits- und Dienstleistungsgesellschaft entwickeln, verabschieden von dem autoritären Muff der Adenauerzeit und »mehr Demokratie wagen«. Bildung soll nicht mehr das Vorrecht der privilegierten Schichten sein, sondern das Recht jedes einzelnen Bürgers, um gerade auch den benachteiligten sozialen Gruppen Chancengleichheit und Emanzipation zu ermöglichen. Das »Bürgerrecht auf Bildung« wird ebenso wie eine staatlich gesicherte Grundbildung festgeschrieben. Das war's dann aber auch.

Seit der von Picht angestoßenen Bildungsreform haben wir trotz grundstürzender Wandlungen, die mehr als vier Jahrzehnte Zeitgeschichte mit sich bringen, bildungspolitisch die Langsamkeit entdeckt und sind heute gegenüber anderen Ländern ins Hintertreffen geraten. Die Zeiten sind vorbei, da andere Länder sich deutsche Schulen und

Universitäten zum Vorbild nahmen. Die frühe Auslese an deutschen Schulen – PISA hat uns das noch einmal bescheinigt – vergrößert soziale Ungleichheiten und macht die Schulen keineswegs leistungsstärker. Kaum ein anderer Industriestaat hat eine so große Gruppe schwacher Leser und Rechner wie wir. In den internationalen Rankings taucht keine deutsche Hochschule unter den ersten 40 auf.

Georg Picht, der 1982 gestorben ist, würde das alles nicht überraschen: »Inzwischen weiß ich, dass es, jedenfalls in Deutschland, nicht mehr möglich ist, die Schulformen einzurichten, die wir eigentlich bräuchten. Ich bin ziemlich schnell dahin geführt worden, zu sehen, dass der Schlüssel für die Kulturpolitik in der Finanzpolitik liegt, und da man 25 Jahre lang versäumt hat, hier etwas zu leisten, was in anderen Kulturstaaten selbstverständliche Norm ist, so ist der Zug nun abgefahren. Es ist objektiv nicht mehr möglich, in Deutschland ein Bildungssystem aufzubauen, was dem von uns beanspruchten Zivilisationsniveau entspricht, und die Folgen davon werden wir sehr bald zu spüren bekommen«.

Soll es dabei bleiben?

1965

Nutella und Ehrhards Pinscher

Nutella nimmt heute einen unangefochtenen Platz im Konsumwalhalla der Wohlstandsgesellschaft ein und zählt geradezu zur deutschen Leitkultur. Für die zwischen 1965 und 1975 Geborenen war der süße Brotaufstrich angeblich sogar so identitätsstiftend, dass er sie zu einer »Generation« zusammenschweißte, die den Widerstandsgeist ihrer Eltern – durchaus treffend – durch Genusssucht suspendierte.

Nutella ist allerdings keine deutsche Erfindung. Die Erfolgsgeschichte der Nuss-Nougat-Creme begann 1940 in der Kleinstadt Alba im italienischen Piemont, in Zeiten, als das Essen knapp wurde. Um teuren Kakao zu sparen, kam der Konditor Pietro Ferrero auf die Idee, eine mit Haselnüssen gestreckte Schokopaste herzustellen, die er »Pasta gianduja« (»gianduja« heißt Nougat) nannte. Später verfeinerte er Rezeptur und Namen, bis er seine »Crema« 1964 Nutella taufte (abgeleitet vom englischen »nut« und der italienischen Verkleinerungssilbe »ella«) – ob »die«, »das« oder »der« Nutella, ob mit oder ohne Butter genossen, ob gestrichen oder gelöffelt, bleibt jedem selbst überlassen. Heute verkauft Ferrero, nach wie vor im Familienbesitz und drittgrößter Süßwarenproduzent der Welt, allein in Deutschland mehr als 100 Millionen Gläser im Jahr – und hat natürlich viele Nachahmer gefunden. Aber: »Nur wo Nutella draufsteht, ist auch Nutella drin.« Der DDR

blieb die echte Kultcreme verwehrt, weshalb die Kinder dort mit »Nudossi« Vorlieb nehmen mussten – was vielleicht die Herkunft der Bezeichnung »Ossi« ein wenig erhellt. In der Bundesrepublik verschmierte die süße Revolution 1965 die ersten Kindergesichter, als die Elterngeneration ganz andere revolutionäre Gedanken zu hegen begann.

»Neuerdings ist es ja Mode, dass die Dichter unter die Sozialpolitiker und Sozialkritiker gegangen sind. (...) Die sprechen von Dingen, von denen sie keine Ahnung haben. (...) Nein, so haben wir nicht gewettet. Da hört der Dichter auf, da fängt der ganz kleine Pinscher an.« Bundeskanzler Ludwig Erhard ringt vergeblich um Fassung. Der »Vater der sozialen Marktwirtschaft« sieht sein Lebenswerk verunglimpft, als 25 namhafte Autoren, darunter Rolf Hochhuth und Martin Walser, in der vier Jahre zuvor gegründeten politischen Taschenbuchreihe rororo aktuell für eine neue Regierung plädieren. Ist das der Dank für »sein« Wirtschaftswunder und einen bislang unerreichten Wohlstand?

Gerade einmal 20 Jahre sind seit Kriegsende vergangen, in denen die westdeutsche Gesellschaft einen beispiellosen Aufschwung genommen hat. Und davon profitieren schließlich alle, ganz konkret. Die Schuhindustrie führt als erste Branche die 40-Stunden-Woche ein, und schon die Hälfte der Bundesbürger erfreut sich an mehrwöchigen Urlaubsreisen, vorzugsweise mit dem eigenen Auto nach Österreich, Spanien oder Italien.

Auch zu Hause braucht man auf die große weite Welt, auf Glimmer und exotischen Genuss längst nicht mehr zu verzichten. Jeder zweite Haushalt verfügt über einen Fernseher und vergnügt sich abends bei Lou van Burgs »Der goldene Schuß«, der derzeit beliebtesten Unterhaltungssendung, während sich morgens an den Frühstückstischen ein Vergnügen ganz neuer Art durchzusetzen beginnt: Honig und Marmelade erhalten ernsthafte Konkurrenz, als das im hessischen Stadtallendorf

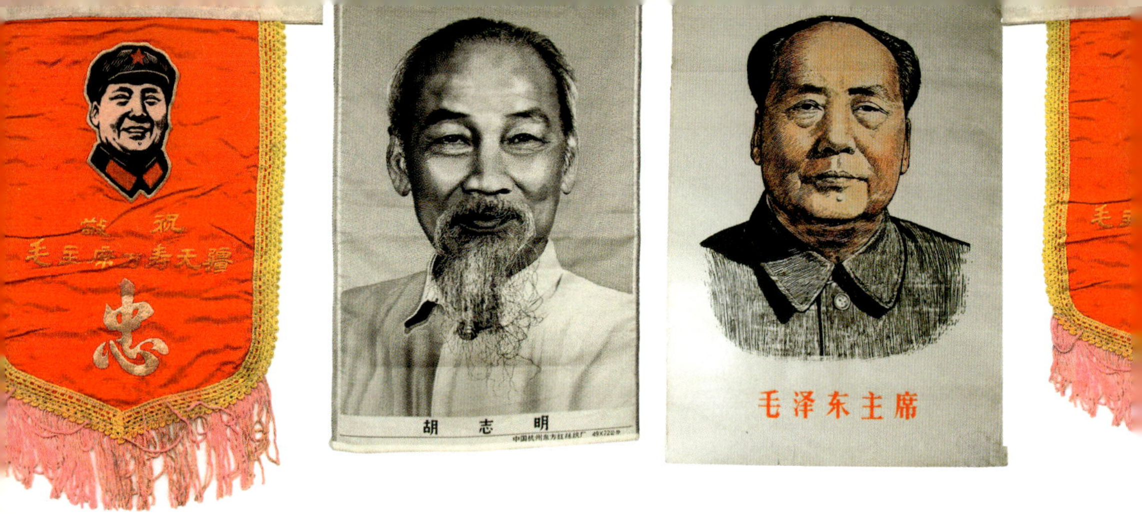

errichtete Ferrero-Werk die ersten Nutella-Gläser in die schöne neue Warenwelt entlässt.

Doch weder das abendliche Armbrust-Schießen noch die schmeichelnd süße Nuss-Nougat-Creme am Morgen können die Erhard'schen »Pinscher« besänftigen, die, im Gegenteil, sogar heftigen Zuspruch finden. Überall beginnt sich plötzlich Protest zu regen, der von den irritierten Autoritäten bald nicht mehr im Zaum zu halten ist – anders als in der DDR, wo ein kritischer Künstler wie Wolf Biermann zur gleichen Zeit ebenso mit einem Veröffentlichungsverbot belegt wird wie der »allzu« realistische Film »Spur der Steine«, in dem der Schauspieler Manfred Krug als unbequemer Brigadier Balla mit einem gar nicht planmäßigen Arbeitsalltag kämpft.

Ähnliche Maßnahmen treffen im Westen auf massiven Widerstand. So brechen an der West-Berliner Freien Universität tumultartige Konflikte aus, als der Schriftsteller Erich Kuby dort Redeverbot erhält. Und als der »linke« Politologe Ekkehart Krippendorff entlassen wird, sieht sich die Universitätsleitung erstmals mit »Go-ins« und »Sit-ins« konfrontiert. Immer neue Protestformen werden vor allem aus den USA importiert, wo eine kraftvolle Opposition gegen den Vietnamkrieg heranwächst, die auch unter westdeutschen Studenten immer mehr Anhänger findet. »Revolutionsführer« wie Mao Tse Tung, Ho Tschi Minh und Che Guevara werden zu Ikonen eines »progressiven« Widerstands gegen Imperialismus und Kapitalismus.

Aber auch innerdeutsche Entwicklungen lassen vor allem die junge Generation zunehmend aufbegehren. Vom vermeintlichen Aufschwung

eines »neuen Faschismus« ist die Rede. Und damit ist nicht nur die NPD gemeint, die sich im November 1964 gegründet hat und schon bald in die ersten Landtage einzuziehen droht. Auch die geplanten »Notstandsgesetze«, die der Regierung im Krisenfall geradezu autoritäre Vollmachten erteilen, fallen unter dieses Verdikt und führen dadurch, im seltsamen Verbund mit dem Vietnamkrieg, zu einer Massenmobilisierung – nicht nur an den Hochschulen. Dort, an den Universitäten, beginnt darüber hinaus ein Streit um die von Georg Picht im Jahr zuvor ausgerufene »Bildungskatastrophe«, als deren Ursache die Studenten und viele Assistenten unter anderem die »Ordinarienherrschaft« ausmachen, die es durch eine grundlegende Reform, durch »Demokratisierung«, zu überwinden gelte.

Auch der süße Brotaufstrich, der in diesem Jahr Einzug hält, wird die sich erhitzenden Gemüter bekanntlich nicht mehr zügeln können. Mit Nutella beginnt somit praktisch die Protestbewegung, und mit Nutella wird sie später auch endgültig zu Grabe getragen. Denn die ab 1965 Geborenen, also die Kinder der Protestbewegung, werden im artikulationsfähigen Alter, auf die Bühne treten, ihre Nutella-bestrichene Kindheit besingen und eine an sich durchaus heterogene Alterskohorte zu einer »Generation Golf« zusammenpappen. Diese »Generation« – aber das war eigentlich schon immer so – wird sich zum exakten Gegenentwurf ihrer allzu verständnisvollen, politisch engagierten, moralinsauren, »altlinken« oder »junggrünen« Elterngeneration stilisieren – und damit der alten Weisheit zur Ehre gereichen: Man ist, was man isst.

Die Welt verbessern? Wozu das denn? Spaß haben wir auch so genug. Das Leben ist wie ein langes, süßes Frühstück.

1966

Käse-Igel und Weltraumträume

Mit steigendem Wohlstand ebbt die Fresswelle immer mehr ab. Die Menschen streben nun zunehmend nach Lebensqualität, nach Leichtigkeit und Individualisierung. Eine Suche nach dem Neuen bricht an und schlägt sich bald in allen Bereichen des Alltags nieder, verwandelt Wohnzimmer, Kleidung und Essgewohnheiten. Die typische deutsche Hausmannskost – Eintöpfe, Kartoffeln mit Sauce, Stullen – kommt jetzt seltener auf den Tisch als in den Jahren zuvor. Stattdessen lässt man sich in den vielen neuen Delikatessläden von einer bislang ungeahnten Vielfalt inspirieren.
Essen ist nicht mehr bloß Nahrungsaufnahme, sondern wird zur Freizeitgestaltung. Und in seiner Freizeit lädt man gern auch einmal Gäste ein, denen man dann mit allerlei exotischen Naschereien die eigene Modernität demonstriert. Avocados mit Dip, Delikatess-Salate, Rauchschinken und Putenfleisch sowie die obligatorischen Salzstangen, Erdnuss-Flips und Kartoffelchips, deren Hersteller rasant steigende Umsätze melden, machen aus jeder Party ein extravagantes Stelldich-

ein. Und der unangefochtene Star dieser kalten Büfett-Pracht ist zweifellos der Käse-Igel, ein simples Wunderwerk kulinarischer Kreativität – und einfach hergestellt: Grob gewürfelten Käse (Emmentaler oder Gouda), abwechselnd mit Cocktailkirschen oder Weintrauben, auf bunte Plastikspieße pieksen und die Spieße anschließend auf einer (wahlweise mit Alufolie überzogenen) halben Melone, Grapefruit oder Ananas drapieren. Voilà! Zugegeben, weder ist der schlichte Käse-Snack besonders raffiniert, noch gewährt er dem Gaumen einen Kitzel. Dafür bietet er aber, zumindest ungeplündert, einen hübschen Blickfang.

Der Käse-Igel kann geradezu als eine Ikone des zeitgemäßen Lebensstils gelten, weil er zwei aktuelle Trends in sich vereinigt: Funktionalität und Futurismus. Das rundliche Party-Gebilde ist nicht nur praktisch, es sieht auch so aus, wie man sich ein Raumschiff vorstellen könnte. Tatsächlich beginnt das Weltall mit seinen unendlichen Weiten, sich in den Fantasieraum der Menschen und von dort ins Alltags-Design auszudehnen. Nachdem die irdischen Nöte der Nachkriegszeit überwunden sind, wendet sich der Blick sehnsuchtsvoll in andere Sphären. Und was sieht er dort? Einen Siegeszug der Technik, funktionelle Inneneinrichtungen, klare Linien, neuartige Materialien, eng anliegende Anzüge – Zukunft eben. Und die Realität scheint die Erwartungen einzulösen: Nachdem mehrere Missionen zuvor gescheitert sind, gelingt es den Amerikanern am 3. Februar 1966 erstmals, einen Flugkörper, »Luna 9«, kontrolliert auf dem Mond zu landen. Was soll uns jetzt noch aufhalten? Wir fliegen bald zum Mond – und von dort überallhin.

Zwar wird es noch drei Jahre dauern, bis »Apollo 11« ins All startet und der erste Mensch 1969 mit einem »kleinen Schritt« den Mond betritt, aber auf der Erde wird die Schwerkraft schon jetzt überwunden. Es gibt schließlich Fernsehen. Und das zeigt ab September, samstagabends nach der Tagesschau, was die Zukunft für uns bereit hält: »Raumpatrouille – Die phantastischen Abenteuer des Raumschiffes Orion«. Im Kampf gegen die gruselig fremden »Frogs« und andere Bedrohungen aus dem All muss die Besatzung um Major Cliff Allister McLane (Dietmar Schönherr), Leutnant Mario de Monti (Wolfgang Völz) und Leutnant Tamara Jagellovsk (Eva Pflug) zahlreiche Abenteuer meistern. Und da die Protagonisten dabei eine ungewohnt ironische Nonchalance an den Tag legen, werden die Serie und der am Grund des Meeres stationierte Raumkreuzer Orion schnell zum Kult.

Die Handlung ist dabei – mindestens im Rückblick – weit weniger wichtig als das Ambiente. Die von den Serienmachern detailliert ausgearbeitete Zukunftswelt – mit spektakulären Kunststoffkulissen, offener Raumgestaltung, verfremdeten Bügeleisen oder aus Bleistiftanspitzern gestalteten Plastik-Armaturen – ist stilbildend. Ganz ähnlich sieht es bald auch in vielen Wohnungen aus. Zwar wird der »Gelsenkirchener Barock« mit seiner Plüsch- und Eichenfurnier-Gemütlichkeit gewiss nicht flächenhaft verdrängt, aber immer mehr Menschen passen ihr Heim jetzt an die eckige Orion-Optik an: klare Formen, knallige Farben. Glas und Kunststoffe halten Einzug in die Wohnzimmer; schwerfällige Möbel werden durch leichte, bewegliche ersetzt, praktische, variable »Möbelsysteme« bieten individuelle Gestaltungsmöglichkeiten; und an den Wänden kleben Vinyl- oder Strukturtapeten, deren geometrische Muster einen schwindeln lassen. Überhaupt ist Geometrie angesagt: Alles wirkt so, als sei es am Zeichentisch eines Architekten entstanden.

Auch in der Mode ist der Futurismus stilprägend. Kleider und Hosenanzüge aus silbernem Brokatstoff machen aus jungen Frauen »Mondmädchen«, lange schwarze – häufig falsche – Wimpern lassen die Augen wie Sterne erstrahlen. Und Kleider und Röcke sind selbstverständlich kurz, so kurz wie der wenige Jahre zuvor von der britischen Modeschöpferin Mary

Quant eingeführte »Minirock«, der mindestens zehn Zentimeter über den Knien zu enden hat. 1962 erstmals in der »Vogue« abgebildet, ist das zunächst als skandalös empfundene Kleidungsstück, vom Papst höchstselbst als »unzüchtig« gegeißelt – der Vatikan verweigert Frauen im Mini lange den Zugang zum Petersdom – innerhalb von nur vier Jahren zum weltweiten Verkaufsschlager geworden sowie zum Symbol eines neuen Selbstbewusstseins der Frauen. Das erkennt nun auch das englische Königshaus an und zeichnet Mary Quant für ihren trendsetzenden Mut mit dem »Order of the British Empire« aus. Zur Verleihung im Buckingham Palace erscheint die Modeschöpferin selbstredend im Minirock.

Zu diesem Zeitpunkt werden allerdings auch schon die ersten Schattenseiten der neuen Beinfreiheit offenkundig. Durch die Mini-Mode setzt sich ein Schönheitsideal durch, wie es insbesondere das britische Mannequin Twiggy verkörpert. Damit sich die Frauen deren jungenhaft schlanker Figur annähern können, bieten die Modejournale verstärkt Diäten an und verursachen damit eine wahre Hungersnot unter den Teenagern, die jeden Käse-Igel von nun an meiden oder ihn höchstens noch als »Deko« akzeptieren. Denn der Käse-Igel ist nicht nur, er macht auch rund. Aber der Wohlstandsspeck, eine für Reichtum stehende Rundlichkeit, ist out – sowohl im Raumschiff wie auf Erden.

Außer natürlich beim Fußball – diesem runden Etwas, das von den Akteuren ins »Eckige« zu befördern ist. Das gelingt den Engländern im Endspiel der diesjährigen Fußball-Weltmeisterschaft im Londoner Wembley-Stadion besser als den Deutschen. Sie gelangen allerdings erst durch ein äußerst umstrittenes Tor auf die Siegerstraße. Als Geoff Hurst den deutschen Torhüter Hans Tilkowski mit einem strammen Schuss überwindet, knallt der Ball gegen die Unterkante der Latte und springt von dort auf die Torlinie. Wohlgemerkt: auf die Torlinie, nicht dahinter! Dennoch entscheidet der Schiedsrichter nach kurzer Rücksprache mit seinem Linienrichter auf Tor: 3 : 2 – und damit das Spiel. Dass den Engländern in den Schlusssekunden sogar noch das 4:2 gelingt, mindert die Ungerechtigkeit nicht im Geringsten. Danach ist zumindest den Fußballfreunden für lange Zeit nicht nach Käse-Igel-Partys zumute. Viel lieber möchten sie den Schiri dahin schießen, wo er hingehört: zum Mond, in den Orbit.

Chili con Carne und der Beginn des »roten Jahrzehnts«

1967

Rot ist die Liebe. Rot ist die Revolution. Und so rot und feurig wie viele junge Rebellen auf der ganzen Welt ist auch das Chili con Carne, kurz »Chili« genannt. Dabei ist es geradezu antirevolutionär entstanden, nämlich aus einer Konservierungsmethode: Mit scharfen Gewürzen, Salz und Fett bestrichenes und bei leichter Hitze getrocknetes Fleisch – Rind, Schwein oder Wild – bleibt lange haltbar und eignet sich deshalb sehr gut als Reiseproviant, der sich, in Würfel geschnitten, über dem Feuer mit Wasser und Mehl zu einem würzigen Eintopf verarbeiten lässt. Zum Beispiel während der langen Viehtrecks durch den Süden der USA. Ja, Chili ist ein echtes Cowboy-Essen. Es stammt, trotz seines Namens, nicht aus Mexiko, sondern aus der Gegend um Arizona, New Mexico und Texas – wo das Chili 1977 sogar zum »Staatsgericht« (State Dish) ernannt wurde.

Die einzigen obligatorischen Zutaten gibt der Name vor: Chili, frisch oder getrocknet, und Fleisch. Alles andere, Zwiebeln oder Knoblauch, Oregano, Kreuzkümmel oder Koriander, Honig, Schokolade oder Kakao, Tomaten oder Mais, kann nach Geschmacksvorlieben variiert werden. Ein ursprüngliches Chili »Texas Style« enthält übrigens keinerlei Gemüse und hat eine bräunliche Färbung. Wie und wo die uns bekannte »feuerrote« Variante mit Tomaten und schwarzen Bohnen entstanden

ist, verliert sich im geschichtlichen Dunkel. Möglicherweise dienten die eiweißhaltigen Bohnen in Notzeiten als Fleischersatz, aber das ist mittlerweile längst nicht mehr wichtig. »Unser« Chili jedenfalls enthält Fleisch und Bohnen, und es ist rot: So rot wie die Liebe, so rot aber auch wie das Blut, das in diesem Jahr vergossen wird – nicht nur in Vietnam oder bei den »revolutionären« Kämpfen in Südamerika, auf Kuba oder in China, sondern auch in Berlin, hinter der Oper.

Der Schah von Persien, Reza Pahlewi, und seine Frau, Kaiserin Farah Diba, sind zu Besuch in Berlin. Obwohl die kaiserlichen Staatsgäste von vielen Deutschen als orientalisches Traumpaar bewundert werden, gilt in der Stadt die höchste Sicherheitsstufe. Die Behörden rechnen mit Protesten. Vor allem unter den politisch aktiven Studenten ist der sich gern mit Pomp umgebende Herrscher aus dem Morgenland verhasst, weil er in seiner Heimat jede Kritik an seinem diktatorischen Regierungsstil gewaltsam unterdrückt.

Die Stimmung ist äußerst gereizt. Nachdem tags zuvor der aus Persien, dem heutigen Iran, geflohene Schriftsteller Bahman Nirumand im Audimax der Freien Universität das verbrecherische Regime in seiner Heimat angeklagt hat, versammeln sich am Abend des 2. Juni vor der Deutschen Oper in Berlin etwa 3000 zumeist junge Menschen, um gegen den Schah zu demonstrieren. Mit zivilen Greiftrupps – »Füchse jagen« – und Knüppeleinsätzen geht die Polizei sofort brutal gegen die Ansammlung vor, es kommt zu bürgerkriegsähnlichen Zuständen. Steine, Knüppel und Fäuste fliegen, viele Demonstranten und einige Polizisten werden zum Teil schwer verletzt, die Situation gerät außer Kontrolle. Da fällt unweit der Oper, auf einem Garagenhof der Krummen Straße, ein folgenschwerer Schuss.

Die Kugel aus der Dienstwaffe des Polizeiobermeisters Karl Heinz Kurras trifft ihr Opfer von hinten in den Kopf. Tödlich. Noch bevor Hilfe eintrifft, erliegt der 26-jährige Germanistik-Student Benno Ohnesorg seiner Verletzung. Das Einzige, was er sich an diesem Abend hat »zuschulden«

kommen lassen, ist der Protest gegen ein Unrechtsregime – und dagegen, dass deutsche Politiker und Behörden dessen oberstem Vertreter alle Ehren eines Staatsgastes angedeihen lassen.

Der Schuss an der Krummen Straße ist eine der Ursachen für eine sich schnell aufschaukelnde und über die nächsten Jahre rollende Gewaltwelle. Nachdem ein friedlicher Demonstrant von einem Angehörigen der Staatsmacht brutal niedergestreckt wurde, brechen bei einigen, vorwiegend jungen Unzufriedenen die politischen und zivilisatorischen Dämme. Sie erklären die Gewalt zur »legitimen« Ausdrucksform ihres Protests und wähnen sich nunmehr im Krieg – wie die Guerillas, die »Verdammten dieser Erde«, die in den ehemaligen Kolonien gerade weltweit um ihre Unabhängigkeit kämpfen. »Freiheit« ist auch das vorgebliche Ziel derer, die jetzt hierzulande Stück für Stück in einen trostlosen Untergrund abtauchen – Freiheit wovon oder wofür ist auch im Rückblick nicht zu erkennen.

Zunächst richten sich die Aktivitäten der selbsternannten »Stadt-Guerilla« gegen »Sachen« – etwa gegen ein Frankfurter Kaufhaus im Frühjahr des folgenden Jahres oder gegen Einrichtungen des US-Militärs –, um, wie es in kerniger Revolutionsprosa heißt, »die unterdrückten Massen zum bewaffneten Kampf zu ermutigen«. Die Massen wollen aber partout nicht hören und finden es mehrheitlich sogar richtig, dass die bald wegen Kaufhausbrandstiftung angeklagte Gruppe um Andreas Baader verurteilt wird. So kommen deshalb bald andere Mittel zum Einsatz und stürzen die Republik in ein, wie es der Historiker Gerd Koenen genannt hat, »rotes Jahrzehnt«.

Banküberfälle, Schießereien, Bombenanschläge, Ermordungen und Entführungen erschüttern in der Folge den Staat, seine Institutionen und die Mehrzahl seiner Bürger. Polizisten wie Terroristen verlieren ihr Leben in einem aberwitzigen Kampf, der am Ende keine Gewinner kennt. Selbst als Andreas Baader und Ulrike Meinhof im Juni 1972 gefasst und in Haft genommen werden, ebbt der Terror nicht ab, sondern eskaliert weiter, nun, um die »Kampfgenossen« freizupressen.

Erst zehn Jahre nach dem Schuss vom 2. Juni 1967 an der Krummen Straße in Berlin wird es wiederum ein tödlicher Schuss sein, der das

Anarchistische Gewalttäter

– Baader/Meinhof-Bande –

Wegen Beteiligung an Morden, Sprengstoffverbrechen, Banküberfällen und anderen Straftaten werden steckbrieflich gesucht:

Meinhof, Ulrike, 7. 10. 34 Oldenburg

Baader, Andreas Bernd, 6. 5. 43 München

Ensslin, Gudrun, 15. 8. 40 Bartholomae

Meins, Holger Klaus, 26. 10. 41 Hamburg

Raspe, Jan-Carl, 24. 7. 44 Seefeld

Stachowiak, Ilse, 17. 5. 54 Frankfurt/M.

Jünschke, Klaus, 6. 9. 47 Mannheim

Augustin, Ronald, 20. 11. 49 Amsterdam

Braun, Bernhard, 25. 2. 46 Berlin

Reinders, Ralf, 27. 8. 48 Berlin

Barz, Ingeborg, 2. 7. 48 Berlin

Möller, Irmgard, 13. 5. 47 Bielefeld

Mohnhaupt, Brigitte, 24. 6. 49 Rheinberg

Achterath, Axel, 15. 4. 35 Hannover

Hammerschmidt, Katharina, 14. 12. 43 Danzig

Keser, Rosemarie, 24. 8. 47 Ebersberg

Hausner, Siegfried, 24. 1. 52 Selb/Bayern

Brockmann, Heinz, 1. 3. 48 Gütersloh

Fichter, Albert, 18. 12. 44 Stuttgart

Für Hinweise, die zur Ergreifung der Gesuchten führen, sind insgesamt 100 000 DM Belohnung ausgesetzt, die nicht für Beamte bestimmt sind, zu deren Berufspflichten die Verfolgung strafbarer Handlungen gehört. Die Zuerkennung und die Verteilung erfolgen unter Ausschluß des Rechtsweges.

Mitteilungen, die auf Wunsch vertraulich behandelt werden, nehmen entgegen:

Bundeskriminalamt – Abteilung Sicherungsgruppe –
53 Bonn-Bad Godesberg, Friedrich-Ebert-Straße 1 – Telefon: 02229 / 53001
oder jede Polizeidienststelle

Vorsicht! Diese Gewalttäter machen von der Schußwaffe rücksichtslos Gebrauch!

»rote Jahrzehnt« beendet. Um den Staat ultimativ unter Druck zu setzen, starten die Terroristen einen letzten dramatischen Freipressungsversuch: Am 13. Oktober 1977 entführt ein palästinensisches Terror-Kommando die in Mallorca gestartete Lufthansa-Maschine »Landshut«, ermordet den Piloten und droht mit der Erschießung aller achtzig Geiseln. Die Bundesregierung setzt daraufhin ihre Sondertruppe GSG9 in Marsch, die das in Mogadischu gelandete Flugzeug in der Nacht zum 18. Oktober erfolgreich stürmt. Es gelingt, die Geiseln zu befreien, drei der vier Kidnapper werden bei der Aktion erschossen. Als nur wenig später im fernen Deutschland die Beamten der Strafvollzugsanstalt Stuttgart-Stammheim gegen acht Uhr morgens die Zelle von Andreas Baader öffnen, finden sie den Häftling leblos in seinem Blut. Neben ihm liegt eine – zuvor ins Gefängnis geschmuggelte – Pistole, die der ehemalige RAF-Anführer in den frühen Morgenstunden auf sich selbst abgefeuert hat. Seine Genossen Gudrun Ensslin und Jan Carl Raspe haben sich ebenfalls umgebracht. Der aus Köln entführte Arbeitgeberpräsident Hanns Martin Schleyer wird einen Tag später im Kofferraum eines Autos tot aufgefunden.

So blutig, wie das »rote Jahrzehnt« begonnen hat, so blutig endet es auch. Die Liebe war unterwegs längst verlorengegangen. Und die Revolution? Die ist natürlich ausgeblieben. Darüber sind die meisten wohl auch ganz erfreut. Und die wenigen anderen? Nun ja, zumindest einige warten vermutlich nach wie vor auf den richtigen Augenblick – und kühlen ihr Mütchen derweil vielleicht an einem scharfen Chili. Das ist immerhin rot.

Tomaten und der Abschied vom Staubsauger

1968

Tomaten stehen ganz oben auf der Hitliste unserer Gemüse – kein anderes kann bei den 22 Kilogramm mithalten, die wir pro Nase davon jährlich verzehren. Die Azteken und Maya nannten sie »xictomatl«, äußerlich allerdings hatten die ersten Tomaten, die Christopher Kolumbus von seinen Entdeckungsfahrten mit nach Europa brachte, mit unseren heutigen aufgedunsenen Supermarkt-Exemplaren wenig zu tun: Sie waren klein und gelbschalig; die Italiener nennen Tomaten nicht zufällig pomodori – Goldäpfel.

Erst der Erste Weltkrieg und die Hungersnot ließen die Tomate in unseren Hausgärten heimisch werden, wegen des hohen Vitamingehalts wurde ihr Mark fester Bestandteil der Heeresverpflegung. Jahrhunderte lang hatten die Deutschen die Tomate nur als Zierpflanze, als eher gefährliches Nachtschattengewächs gekannt, eng mit der Kartoffel und dem Tabak, aber auch mit giftigen Pflanzen wie dem Stechapfel

verwandt, ihre prallen Früchte verfütterte man höchstens an die Schweine. Denn die Tomate, volkstümlich auch Paradiesapfel genannt, stand unter dem Verdacht, »Liebeswahn« hervorzurufen. Und bibelfeste Männer wussten seit Adam, was das bedeuten konnte: die Vertreibung aus dem Paradies.
1968 spielten Tomaten eine symbolträchtige Rolle bei der »Selbstbefreiung der Frau« – nicht mehr als Liebesapfel, sondern als Wurfgeschoss, mit dem die Männer aus dem Patriarchat vertrieben wurden.

Als einzige Frau darf die Berlinerin Helke Sander auf der Delegiertenkonferenz des Sozialistischen Deutschen Studentenbundes am 13. September 1968 eine Rede halten. Sie kritisiert die mangelnde Gleichberechtigung, die Unterdrückung und Diskriminierung der Frauen – aller egalitären Rhetorik zum Trotz geben Männer in der Studentenbewegung den Ton an. Die Genossen interessiert diese Kritik nicht sonderlich, sie haben Größeres im Auge: die Befreiung der Geknechteten, der Ausgebeuteten dieser Erde; gemessen daran ist die »Frauenfrage« bestenfalls ein »Nebenwiderspruch«. »Genossen«, kündigt Helke Sander daraufhin an, »wenn ihr zu dieser Diskussion nicht bereit seid, dann müssen wir allerdings feststellen, dass der SDS nichts weiter ist als ein aufgeblasener konterrevolutionärer Hefeteig. Die Genossinnen werden dann die Konsequenzen zu ziehen wissen.« Und das tun sie: Als das ausschließlich von Männern besetzte Podium zur Tagesordnung übergehen will, holt »Genossin« Sigrid Rüger drei Tomaten aus der Tasche und feuert, zwei davon treffen den »Obergenossen« Hans-Jürgen Krahl.

Tohuwabohu, die Konferenz muss ergebnislos vertagt werden. »Die Reaktion der Männer«, schreibt die damals noch zum »Establishment« gehörende Journalistin Ulrike Meinhof in ihrer »konkret«-Kolumne, zeige, dass erst noch »ganze Güterzüge von Tomaten verfeuert werden müssen, bis da etwas dämmert«. Die Konsequenz könne

nur sein, empfiehlt sie, dass »mehr Frauen sich organisieren, ihre Sache aufarbeiten und formulieren lernen und dabei von ihren Männern erst mal nichts anderes verlangen, als dass sie sie in dieser Sache in Ruhe lassen und ihre tomatenverkleckerten Hemden mal alleine waschen«.

Der Wurf der Tomaten gilt als eine Art Geburtsstunde der Frauenbewegung – eine überfällige Provokation, denn auch die selbsternannten 68er-Revolutionäre bevorzugen Gefährtinnen, die ihnen den Rücken freihalten, die Wäsche waschen, die Flugblätter tippen und dabei möglichst so attraktiv aussehen wie Uschi Obermaier, Gespielin des Kommunarden Rainer Langhans. Nach dem Flug der Tomaten ändert sich vieles im Verhältnis der Geschlechter. Nicht nur bei uns.

Zur Bibel der weltweiten Frauenbewegung wird Simone de Beauvoirs »Das andere Geschlecht«, dessen zentrale Botschaft Millionen von Frauen beeinflusst: »Man wird nicht als Frau geboren, man wird dazu gemacht«. Vor allem zur Hausfrau. »Dr. Oetkers Schulkochbuch«, das unbestritten die Deutungshoheit über Deutschlands Kochtöpfe und Küchen hat, liefert mehr als Rezepte und Anleitungen zur Zubereitung von Speisen – nämlich eine ganze Liste von Do's und Dont's, deren einzige Adressatin die Hausfrau ist. »Es gehört ein nicht geringes Maß von Kenntnissen und Erfahrungen dazu, um eine Küche nach gesundheitlichen und wirtschaftlichen Gesichtspunkten richtig führen zu können«, wird die Leserin belehrt. »Es ist Pflicht jeder Hausfrau, sich dieses Wissen in allen Einzelheiten anzueignen; denn sie soll ihre Familie nicht nur satt machen, sondern gesund und leistungsfähig erhalten.« Die Küche ist dementsprechend kein Ort familiären Zusammenkommens, sondern der Arbeitsplatz der Vollzeit-Hausfrau, die darauf zu achten hat, dass alle Küchenmöbel (»Anstrich hell und abwaschbar«) dem Gebot der Optimierung folgend angeordnet sind, damit »unnötige Schritte beim Arbeiten vermieden werden« – eine Mahnung, die sich angesichts der winzigen meist cremefarbenen Einbauküchen der Nachkriegsneubauten erübrigt haben dürfte. In ihr hat ohnehin nur eine Person Platz.

Dass Frauen sich diese Rolle aufdrängen lassen und sich ihr fügen, bezeichnet die amerikanische Soziologin Betty Friedan als »Weiblichkeitswahn« und ruft zum Ende der Selbstbescheidung auf: »Frauen, ihr habt nichts zu verlieren als euren Staubsauger«. Eine weibliche Gegenkultur entsteht: Verlage mit feministischer Literatur, Buchhandlungen, Zeitungen, Weiberräte oder Frauenselbsterfahrungsgruppen und Cafés werden gegründet, zu denen Männer keinen Zugang haben. Frauen verbrennen öffentlich ihre BHs und sagen dem Patriarchat den Kampf an: »Wir entscheiden selbst, wie wir leben, lieben und aussehen wollen!«

Ins Zentrum der »Befreiung der Frau« rückt die selbstbestimmte Sexualität. 1961 hat das Pharmaunternehmen Schering die »Antibabypille« auf den Markt gebracht, die aber nur an verheiratete Frauen ausgegeben wird. Ihre Einführung hat in der verklemmten Nachkriegsgesellschaft heftige Kontroversen ausgelöst: Ausschweifende Sexualität, Promiskuität und der Verfall moralischer Sitten würden damit befördert. Aber mit der Pille wird eine sexuelle Revolution losgetreten, an der sich breite Kreise der Bevölkerung, nicht nur die Studenten, beteiligen. Der Journalist Oswalt Kolle veröffentlicht in der Boulevard-Illustrierten »Neue Revue« seine Serie »Das Wunder der Liebe«, die später als Buch ein Bestseller wird, und klärt die Nation über geschlechtsspezifische Differenzerfahrungen im Sexualverkehr auf. Seine Bücher »Der Mann, das unbekannte Wesen« wie auch »Die Frau, das unbekannte Wesen« werden Verkaufsschlager.

Durch die zunehmende sexuelle Libertinage sieht sich auch der bisher als reformfreudig geltende Papst Paul VI. im Juli 1968 veranlasst, in seiner Enzyklika »Humanae vitae« zur Frage der Empfängnisverhütung Stellung zu nehmen: Künstliche Verhütungsmittel verstoßen gegen die natürliche Ausrichtung der Sexualität auf Fortpflanzung. Erlaubt ist katholischen Ehepaaren deshalb nur die sogenannte »natürliche Familienplanung«, bei der die unfruchtbaren Tage der Frau bestimmt und zum Geschlechtsverkehr genutzt werden. Er löst damit einen Sturm der Entrüstung auch in der Kirche aus.

Die Frauen, auch die unverheirateten, wissen sich die Pille zu beschaffen, die ihnen nicht nur ein selbstbestimmteres Liebesleben ermöglicht, sondern auch die Angst vor ungewollter Schwangerschaft nimmt. Denn

noch gilt der berüchtigte Paragraph 218 aus dem Reichsstrafgesetzbuch von 1871, der Abtreibung mit Zuchthaus bis zu fünf Jahren ahnden kann. Er hat dazu geführt, dass Hunderttausende von Frauen – häufig unter lebensgefährlichen Umständen und mit schweren körperlichen Folgen – eine heimliche Abtreibung vornehmen lassen. Ihn wollen die Frauen endgültig abschaffen.

Die Journalistin Alice Schwarzer organisiert 1971 die Kampagne »Ich habe abgetrieben«; 374 Frauen bekennen öffentlich in der Zeitschrift »stern«, abgetrieben zu haben. Sie setzen damit nicht nur ihren Ruf und ihre Karriere aufs Spiel, sondern müssen auch mit juristischen Konsequenzen rechnen. Innerhalb weniger Wochen unterschreiben Tausende von Frauen das Bekenntnis und erzwingen damit eine neue Gesetzgebung.

Noch auf einem anderen Feld zeitigt die Pille Langzeitfolgen. 1968 erscheint der erste »Familienbericht« der Bundesregierung, der mit einiger Sorge darauf hinweist, dass sich viele Paare nur noch zwei bis drei Kinder wünschen; sollte sich dieser Trend fortsetzen, warnt die für den Bericht zuständige Experten-Kommission, werde künftig eine zahlenmäßig schrumpfende Arbeitsbevölkerung den Lebensunterhalt für einen rapide wachsenden Anteil älterer Menschen aufzubringen haben. Der Pillenknick in der Geburtenrate ist mitverantwortlich für den »demografischen Wandel«, der der Politik vier Jahrzehnte später so viel Kopfzerbrechen bereiten wird.

1969

Makkaroni und die Anleitung zum Ungehorsam

»Makkaroni« wurden die italienischen Gastarbeiter in den 1950er, auch noch in den 1960er Jahren genannt, als man sich noch die eine oder andere politische Unkorrektheit erlauben durfte. Die meisten von ihnen kamen aus dem armen Süden Italiens, aus Kalabrien und Apulien, seltener von der Insel Sizilien, in deren Küche bis heute unter den Nudeln die Makkaroni dominieren.

»Machoirionon« ist griechisch und eine Bezeichnung für lange, hohle Grashalme, um die der Pastateig gewickelt wird. Wenn er getrocknet ist, kann man den Halm herausziehen und gewinnt jene aus Hartweizenmehl, Salz und Wasser geformten Röhrennudeln, die sich besonders bei Kindern großer Beliebtheit erfreuen, eignen sie sich doch zu mancherlei Experimenten, die früher – »Mit dem Essen spielt man nicht!« – streng verboten waren. Mit den Makkaroni-Röhren kann man beispielsweise Cola schlürfen, kleine Degenkämpfe ausfechten oder dem Nebenbuhler einen Stich in den Po versetzen. Den antiautoritär aufwachsenden Kindern der »68er«, die in neu gegründeten Kinderläden eine »repressionsfreie Erziehung« genießen, ist so etwas erlaubt. Niemand macht ihnen Vorschriften. Sie sollen nicht die von »Autoritäten« aufgestellten Regeln befolgen, sondern den Abschied vom »autoritären Charakter« einüben.

Als am 1. Dezember 1969 die Fernsehreportage »Erziehung zum Ungehorsam. Kinderläden berichten aus der Praxis der antiautoritären Erziehung« ausgestrahlt wird, löst besonders eine nur Sekunden währende Sequenz heftige Empörung bei den Zuschauern aus: Ein Kind hüpft fröhlich auf einem Klavier herum. Auf dem Klavier! Und keiner der Erzieher greift ein!

Die öffentlichen Meinungen über das pädagogische Experiment der Kinderläden, die in Frankfurt, Stuttgart, Nürnberg, Erlangen, Berlin und anderswo meist auf Initiative engagierter APO-Aktivistinnen gegründet werden, gehen weit auseinander: Was für die einen der nachahmenswerte Versuch ist, die Kultur des Gehorsams aufzubrechen, ist für andere nackte Anarchie. Antiautoritäre Erziehung ist ein bewusstes pädagogisches Experiment, ein Traditionsbruch, eine gewollte Anleitung zum Ungehorsam und eine Kampfansage an alles, was den Älteren als Inbegriff jeder Erziehung gilt – Gehorsam und Disziplin, Ordnung, Sauberkeit und Triebunterdrückung – eben das, was die Kriegsgeneration in den Augen ihrer rebellierenden Kinder so anfällig für den »Führer« und die nazistische Ideologie gemacht hat.

Mit dieser Auffassung stehen sie nicht allein: Max Horkheimer, Theodor W. Adorno und andere Mitglieder des nach New York verlegten Frankfurter Instituts für Sozialforschung haben in der Zeit ihrer amerikanischen Emigration mitten im Zweiten Weltkrieg an einer sozialwissenschaftlichen Studie zum »autoritären Charakter« gearbeitet, um die individuellen Wurzeln des Antisemitismus zu ergründen. Die autoritäre Persönlichkeit bewundert die Mächtigen und die Starken, unterwirft sich ihnen, will sich selbst aber auch andere gefügig machen. Sie folgt konformen Regeln, ist fremdenfeindlich und destruktiv. Ihre Grundlagen werden in der Erziehung gelegt. Noch radikaler drückt es der ebenfalls nach Amerika emigrierte Wiener Psychoanalytiker Wilhelm Reich aus: Für ihn ist die bürgerliche Kleinfamilie die Keimzelle des autoritären Staates, sie gilt es, hinter sich zu lassen.

In den neuen Kinderläden wird antiautoritär erzogen: Schließlich sollen diese Kinder keine »Arschkriecher« werden, sondern kritische, selbstbewusste »Neue Menschen«, die Feind jeder Autorität und fähig sind, eine »Kultur ohne Unterdrückung und Verdrängung« (Herbert Marcuse) aufzubauen. Staatliche Kindergärten taugen dazu nicht. Sie sind Bewahranstalten, in denen zu gesellschaftlicher Anpassung erzogen wird: Händewaschen vor dem Essen, Toilettenbesuch zu geregelten Zeiten, kollektiver Mittagsschlaf. Es wird gegessen, was auf den Tisch kommt, man darf sich nicht schmutzig machen und lernt lauter Verbote – »Messer, Gabel, Schere, Licht, sind für kleine Kinder nicht«. Wer Widerrede gegenüber Erwachsenen leistet, gilt als ungehorsam, wer Sachen liegen lässt, als unordentlich, wer nuckelt, ist ungezogen und bekommt eins auf die Finger. Und ganz schlimm ergeht es jenen, die bei »Doktorspielen« erwischt werden.

Die Hamburger Psychologin Anne-Marie Tausch hat herausgefunden, dass 82 Prozent dessen, was Erzieherinnen in diesen Institutionen zu ihren Schützlingen sagen, Befehle sind: »Sitz still!«, »Putz die Nase!«, »Halt den Mund!«. In den neuen Kinderläden darf der Nachwuchs, was er anderswo nicht darf: Hände in Farbtöpfe tauchen und Wände beschmieren, auf den Tischen herumhüpfen, im Kartoffelbrei matschen, mit Feuer zündeln; schreien, wenn ihm nach Schreien ist; Fremden die Zunge herausstrecken und überhaupt »Aggressionen ausleben«, auch gegen Erwachsene, selbst gegen die eigenen Eltern.

Die »Kommune 2«, eine der ersten neu gegründeten Wohngemeinschaften, in der auch zwei Kinder leben, fordert die Auflösung der »völlig verrotteten« Familie; sie sei die »bedeutsamste Sozialisationsinstanz des kapitalistischen Herrschaftssystems«, die »durch autoritäre und lustfeindliche Erziehung den herrschaftskonformen, passiven bürgerlichen Charakter formt«. An ihre Stelle soll jetzt das Kollektiv treten, das Kind nicht mehr dem Liebesentzug und der Sanktionsgewalt seiner eigenen Eltern ausgesetzt sein, sondern »Autonomie und Widerstandsfestigkeit gegen die Erwachsenen entwickeln«. In den minutiösen Protokollen, mit denen die Fortschritte der Kinder festgehalten und anschließend in der Gruppe diskutiert werden, wird triumphierend als »Befreiungs«-Erfolg verbucht, dass die beiden Kommunekinder sich zunehmend an ihre Kinderladen-Gruppe halten und »die aggressiven Regungen gegen ihre Eltern aktiv« demonstrieren. »Nessim, der früher keine Aggressionen

gegen seinen Vater zu zeigen wagte, äußert heute offen seine negativen Affekte gegen Eike. Er schlägt ihn, will ihn erschießen oder äußert Todeswünsche, indem er ihm versichert: ›Du hast nur noch einen Tag zu leben‹. Bei dieser Befreiung hat mit Sicherheit die Kindergruppe und die Kommune einen günstigen Einfluss gehabt.«

Eine »Befreiung« darin zu sehen, dass ihr Kind zum mentalen Vatermörder wird, ist selbst unter APO-Eltern nicht mehrheitsfähig. Viele Väter und Mütter, die der antiautoritären Erziehung mit Sympathie gegenüberstehen, denken gar nicht daran, die Verantwortung für ihr Kind an ein »sozialistisches Kollektiv« abzugeben. Eher orientieren sie sich an den Idealen des britischen Pädagogen Alexander S. Neill, der in seiner Schule Summerhill eine liebevolle und zwangfreie Erziehung erprobt: Du sollst dein Kind nicht verprügeln! Du sollst dein Kind nicht herumkommandieren! Du sollst deinem Kind nichts verbieten (es sei denn, es geht einfach nicht anders)! Du sollst dein Kind als autonome Person achten! Sei lieb zu deinem Kind! Die für ein Gemeinschaftsleben unerlässliche Disziplin, so Neills Überzeugung, würden die Kinder sich schon selbst beibringen.

Nicht immer zeitigt der neue Stil auch das gewünschte Ergebnis – zuweilen werden aus den Kinderläden-Kindern durchaus unsolidarische Karrieristen, muffige Spießer, die ihre Eltern um keinen Preis hatten sein wollen, oder gar Drogensüchtige, Skinheads oder vollgekiffte Aussteiger. Kinder sind nun einmal kein Spalierobst, das sich in jungen Jahren in jede gewünschte Richtung biegen und ziehen lässt. Wohl aber hat sich – trotz aller überzogenen sozialistischen Experimente – das Verhältnis zu Kindern in jenen Jahren in Deutschland grundlegend gewandelt. Regeln werden – in der Regel – nicht mehr eingebläut, Abstraf-Rituale verabscheut; physische Gewalt gegenüber Kindern wird geächtet; und Kinder werden als Persönlichkeiten mit eigenen Rechten gesehen. Mit ziemlicher Sicherheit ist den antiautoritär erzogenen Kindern eine glücklichere Kindheit als ihren Eltern beschieden.

Die Makkaroni allerdings werden nicht mehr gebraucht. Spaghetti haben ihren Platz eingenommen. Die sind dünner und weicher.

Sauerkraut und der König von Deutschland

1970

Ob mit Rippchen wie in Hessen oder mit Eisbein wie im Berlin-Brandenburgischen, ob als überregionaler Klassiker mit Bratwurst oder als Beilage zur bayerischen oder schwäbischen Schlachtplatte – das Sauerkraut gilt vor allem im Ausland geradezu als Nationalgericht der Deutschen, als deutscheste aller Speisen. Und eine Übersetzung ist zumeist nicht erforderlich: Neben »Kindergarten«, »Angst« und »Weltschmerz« gehört »Sauerkraut« zu den wenigen deutschen Worten, die Eingang in andere Sprachen gefunden haben. Dabei ist der feingeschnittene und durch Milchsäuregärung konservierte Weißkohl so wenig deutsch wie die Kartoffel – hier irrten Ludwig Börne oder Heinrich Heine, die das Sauerkraut für eine »deutsche«, gar »altgermanische« Erfindung hielten. Gesäuerte und dadurch haltbar gemachte Kohlstreifen waren schon im frühen China sowie in der griechischen und römischen Antike

bekannt. Die Konservierungsmethode hat sich dann vermutlich mit den Mongolenzügen im 13. Jahrhundert auch im mittleren Europa durchgesetzt, wo das Sauerkraut in die jüdische Küche Einzug hielt, um von dort aus seinen Siegeszug nach Westen und Norden anzutreten. Gerade hier, in den kühleren Regionen, konnte der Vitaminprotz seinen ganzen Segen entfalten. Denn durch seinen hohen Nährstoffgehalt ist der fermentierte Sauerkohl hervorragend geeignet, um in den Wintermonaten oder auf langen Schiffspassagen Mangelerscheinungen vorzubeugen. Und während dieser Prophylaxe sind dann offenbar vor allem die Deutschen so richtig auf den Geschmack gekommen. Deutschland wurde zum »Krautland« – und entwickelte sogar eine eigene »Krautmusik«, den Krautrock.

Nachdem Willy Brandt im Vorjahr zum Bundeskanzler einer sozialliberalen Koalition gewählt worden ist und in seiner ersten Regierungserklärung ein umfangreiches Reformprogramm für Staat und Gesellschaft angekündigt hat – »Mehr Demokratie wagen« –, beschleunigt sich der Zerfallsprozess der 68er-Protestbewegung. Im März gibt der Sozialistische Deutsche Studentenbund (SDS), eines der organisatorischen Zentren des Protests, seine Auflösung bekannt. Die meisten Studenten kehren daraufhin schlicht zu ihrem Studium zurück. Einige unter ihnen werden bald darauf ihren angekündigten »Gang durch die Institutionen« antreten, um die Veränderungen, die von außen nicht zu erzwingen sind, später auch von innen nicht recht vorantreiben zu können; andere suchen ihr Heil in alternativen Projekten und gründen Öko-Gruppen, Kinderläden, Kommunen oder esoterische Zirkel; wieder andere verlaufen sich in einer Vielzahl marxistischer oder maoistischer Gruppierungen. Der Proteststrom verzweigt sich in lauter kleine Bäche.

Nach dem wilden Rausch der Endsechziger folgt nun für nicht wenige der Kater – und die Verarbeitung der gerade erlittenen Ernüchterung in Literatur, Kunst und Musik. »Warum geht es mir so dreckig?« heißt durchaus treffend das erste Album der frisch gegründeten Rockgruppe Ton Steine Scherben, die mit ihren emotional-politischen Texten den Widerstandsgeist gegen das »Establishment« aufrechtzuerhalten versucht. Mit Liedern wie »Ich will nicht werden, was mein Alter ist« oder »Der Kampf geht weiter«, charismatisch vorgetragen von Frontmann und Sänger Ralph Moebius alias Rio Reiser, wird die Band bald zum populären Sprachrohr der linksalternativen Szene. Bereits bei ihrem ersten Konzert im September auf Fehmarn brennt die Bühne – und zwar nicht nur sinnbildlich, sondern auch buchstäblich: Ein verärgerter Reiser animiert das Publikum zur Randale, als ihm während seines Auftritts zu Ohren kommt, dass sich die Veranstalter des »Love-and-Peace-Festivals« mit den Eintrittsgeldern aus dem Staub gemacht haben. »Scheiß-Kapitalismus«.

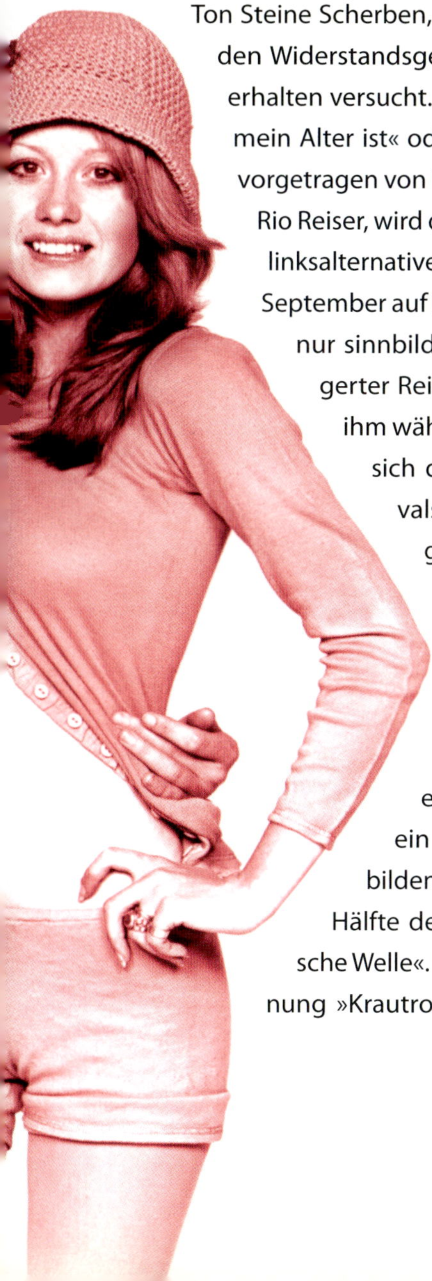

»Die Scherben«, wie sie kurz genannt werden, erlangen schnell Kultstatus. Und sie begründen, gemeinsam mit anderen Bands – wie Tangerime Dream, Birth Control, Agitation Free oder Kraftwerk, die ebenfalls konsequent auf Deutsch singen –, ein Genre, das als Krautrock berühmt und stilbildend wird, beispielsweise für die in der zweiten Hälfte der 1970er Jahre aufkommende »Neue Deutsche Welle«. Die auch selbstironisch verwendete Bezeichnung »Krautrock« geht vermutlich auf einen englischen

Radio-Moderator zurück, der damit anfangs sicher nichts Nettes im Sinn hatte. Das vom Sauerkraut abgeleitete »Krauts« war bei Briten und Amerikanern das gängige Schimpfwort für die deutschen Soldaten im Zweiten Weltkrieg gewesen. Nun aber machen die Krauts eine eigenständige und erfolgreiche Musik, die bald auch international Anerkennung findet.

Der große Erfolg von Ton Steine Scherben erhält allerdings in der Folgezeit einen gewissen bitteren Beigeschmack, da ein Grüppchen von Radikalen zu zweifelhafter Prominenz gelangt, die ein Scherben-Erfolgslied wie »Macht kaputt, was euch kaputt macht« allzu wörtlich zu nehmen scheinen.

Als am 14. Mai 1970 der wegen Kaufhausbrandstiftung inhaftierte Andreas Baader die Strafanstalt Berlin-Tegel unter Bewachung verlassen darf, angeblich um mit der Journalistin Ulrike Meinhof in dem Dahlemer »Zentralinstitut für soziale Fragen« an einem Buch zu arbeiten, wird er gewaltsam befreit. Ein Institutsangestellter erleidet schwere Schussverletzungen, an denen er später verstirbt. Die Schüsse auf Georg Linke sind eine Art Gründungsakt der sich kurz darauf formierenden »Rote Armee Fraktion« (RAF), die mit Anschlägen und Banküberfällen eine Spirale der Gewalt entfacht. Die Terroristen um Andreas Baader, Ulrike Meinhof und Gudrun Ensslin wollen das staatliche Machtgefüge durch Terror erschüttern, um das »unterdrückte Proletariat« zu befreien und zum bewaffneten Aufstand zu ermutigen.

Das hält nicht nur die übergroße Mehrzahl der zu »Befreienden«, sondern sicher auch der Krautrocker Rio Reiser für Irrsinn. Schon das zweite Album der Scherben trägt den legendären Titel »Keine Macht für Niemand« und wendet sich gegen die hybride oder gar faschistoide Arroganz selbsternannter Menschheitsbeglücker und ihre gefährlichen Herrschaftsfantasien. Von solcher Herrschaft dürfe man allenfalls in kindlicher Unschuld träumen. Und genau das erlaubt sich Rio Reiser später in seinem vielleicht berühmtesten Lied: »Die Socken und die Autos dürfen nicht mehr stinken / Ich würd jeden Morgen erst mal ein Glas Champagner trinken / Das alles und noch viel mehr / würd ich machen / Wenn ich König von Deutschland wär.« Reiser stirbt 1996 im Alter von nur 46 Jahren – als ungekrönter König von »Krautland«.

Marzipan und Ostpolitik

1971

Der spitzzüngige Hannoveraner Philosoph Theodor Lessing war kein Bewunderer von Thomas Mann – der sei doch kein Dichter, höhnte er, sondern ein »hochgezüchteter Marzipan-Mann aus Lübeck«. Diese Variante des Spotts kannte Thomas Mann schon: »Will nun einer an mir sein Mütchen kühlen und mir eins auswischen, so kann ich mit Sicherheit darauf rechnen, daß meine Lübecker Herkunft und das Lübecker Marzipan aufs Tapet kommt«.

Gekränkt fühle er sich dadurch nicht, denn »sieht man sich diese Süßigkeit genauer an, diese Mischung aus Mandeln und Rosenwasser und Zucker, so drängt sich die Vermutung auf, daß da der Orient im Spiel ist, daß man ein Haremskonfekt vor sich hat und daß wahrscheinlich das Rezept zu dieser üppigen Magenbelastung über Venedig nach Lübeck an irgendeinen alten Herrn Niederegger gekommen ist.«

Der »Herr Niederegger« kommt erst im Jahre 1800 ins Spiel, da aber hat das Marzipan – aus gebrühten und geschälten Mandeln, Zucker und Rosenwasser gefertigt – schon eine lange Geschichte hinter sich. Zu Beginn der Neuzeit wird das orientalische Konfekt überall in Europa hergestellt, allerdings gilt es als Medizin, ist apothekenpflichtig und wird nur zu therapeutischen Zwecken eingesetzt, an erschöpften Wöchnerinnen beispielsweise, die nicht wie ihre Männer wollen. Denn dem Süßstoff werden stimulierende Eigenschaften zugeschrieben, er wecke »die natürliche Begierde«.

Als die Zuckerbäcker den formbaren Stoff entdecken, verlieren die Apotheker ihr Monopol – nun werden »Spektakelstücke« für fürstliche Tafeln modelliert, Torten und Türme, Schlösser und Landschaften. Marzipan lässt sich in allen denkbaren Farben, mit Sandelholz rötlich, mit Safran gelb, mit der Kornblume blau »schminken«.
Um 1800 tritt Johann Georg Niederegger aus Ulm als Geselle in die Lübecker Conditorey Maret ein; wenige Jahre später ist er selbst »Marcipan-Fabrikant«. Bis zu seinem Tod 1856 hat sich Lübeck zur »Marzipanstadt« gemausert – bald wird das »Haremskonfekt« maschinell und nun in Zentnern und Tonnen produziert. Das Markenzeichen des »Lübecker Marzipans« wird die Stadt selbst, werden Rathaus, Kirchtürme, Stadtwappen, wird vor allem das Holstentor, das die weltweit vertriebenen Naschwerke schmückt. Seit 1996 ist die geografische Herkunftsbezeichnung, wie beim Champagner, durch die Europäische Union handelsrechtlich geschützt.
Nicht nur Thomas Mann war ein »großer Sohn« der Stadt. Dem Gedenken eines anderen, der wie Thomas Mann mit dem Nobelpreis ausgezeichnet wurde, hat Lübeck 2007 ein vornehmes Patrizierhaus in der Altstadt gewidmet, das Willy-Brandt-Haus. Eigentlich gehört er dort nicht hin, in die Königsstraße 21, wo sich Reichtum und Macht des hanseatischen Bürgertums spiegeln; denn Willy Brandt wird als uneheliches Kind unter dem Namen Herbert Frahm im Lübecker Arbeiterviertel St. Lorenz geboren. Den anderen Namen, unter dem er als Kanzler der Bundesrepublik Geschichte schreibt, hat er auf der Flucht vor den Nationalsozialisten in der Emigration angenommen und ihn Zeit seines Lebens nie mehr abgelegt.

Am 20. Oktober 1971 erörtert der Deutsche Bundestag den Haushalt für das Jahr 1972, da unterbricht Bundestagspräsident Kai-Uwe von Hassel plötzlich die Debatte und teilt dem Hohen Haus mit, soeben sei ein Telegramm eingetroffen: Bundeskanzler Willy Brandt erhalte für seine Versöhnungspolitik den Friedensnobelpreis. Dem großen Beifall im Deutschen Bundestag schließen sich auch einzelne Abgeordnete der Opposition an, die bis dahin alles getan hat, um die von Brandt erstrebte Aussöhnung mit den Ländern Osteuropas, besonders Polen und der Sowjetunion, zu vereiteln.

Für die Polen und Russen sind die Deutschen immer noch die Erben der Hitler-Diktatur, die Kriegsgegner von einst, unter denen sie gelitten haben. Auch das Verhältnis zwischen der Bundesrepublik und dem anderen deutschen Staat, der DDR, ist frostig. Mit »den Kommunisten von drüben« wollen die meisten Bundesbürger nichts zu tun haben.

Brandt hat sich vorgenommen, das zu ändern und auch das Verhältnis zu den »Ostblock«-Staaten zu entspannen. Er will nicht mehr wie seine Amtsvorgänger den Weg der polemischen Konfrontation gehen, sondern »Wandel durch Annäherung« herbeiführen. Wie macht man das? Man sucht das Gespräch.

Und so fährt der Kanzler 1970 in die ostdeutsche Stadt Erfurt und trifft sich dort mit dem DDR-Ministerpräsidenten Willi Stoph, schüttelt ihm die Hand und macht damit den ersten Schritt zu normaleren Beziehungen. Kein Bundeskanzler vor ihm hat das gewagt – denn populär war diese Annäherung an den anderen deutschen Staat nicht. Brandt aber, früherer Regierender Bürgermeister von Berlin, hofft, damit auch Reiseerleichterungen für die durch die Mauer »eingeschlossenen« Bürger in der DDR erreichen zu können. Und die Menschen der DDR wissen das zu schätzen. Als er sich in Erfurt am Fenster seines Hotels zeigt, jubelt die Menge unten auf dem Platz vor dem Hotel: »Willy, Willy!«. Die Staatssicherheit ärgert das, aber ob damit nun Brandt oder Stoph gemeint ist, die beide so heißen, ist nicht zu entscheiden.

Nach zwei Jahren verabschieden die beiden deutschen Staaten einen »Grundlagenvertrag«, der die Gleichberechtigung beider anerkennt. Damit verzichtet die Bundesrepublik auf den Alleinvertretungsanspruch deutscher Interessen, den sie bisher bei ihren internationalen Kontakten geltend gemacht hat. Aber so richtig verbindlich will auch sie die DDR nicht anerkennen. In beiden deutschen Staaten werden deshalb keine Botschaften, sondern lediglich »Ständige Vertretungen« eingerichtet.

Die nächste Station von Brandts Ostpolitik ist Polen: Zwischen beiden Ländern herrscht Eiszeit. Die Polen können die Verbrechen nicht vergessen, die die Deutschen ihnen im Zweiten Weltkrieg angetan haben und misstrauen auch der Bundesrepublik, die die polnische Westgrenze (Oder-Neiße-Linie) bisher nicht anerkannt hat. Brandt ist der erste deutsche Regierungschef seit dem Zweiten Weltkrieg, der das Land besucht – entsprechend hoch ist die öffentliche Aufmerksamkeit. Viele internationale Journalisten sind dabei. Am 7. Dezember 1970 steht der Kanzler vor dem Mahnmal in Warschau, das an den Aufstand im jüdischen Getto erinnert, mit dem sich die Juden 1943 gegen die Ermordung durch die Deutschen wehrten. Es ist nebliges Dezemberwetter. Brandt legt einen Kranz nieder, zupft noch an der Schleife herum, wie Staatsmänner das bei Kranzniederlegungen so machen – und dann ist plötzlich nichts mehr von ihm zu sehen. Ist er gestürzt? Oder einem Attentat zum Opfer gefallen? Die Fotografen drängen nach vorn. Und dann sehen sie, dass

Brandt auf dem kalten, nassen Boden vor dem Mahnmal kniet. Es ist eine spontane Geste, mit der er stellvertretend für sein Land um Vergebung bittet für die Verbrechen der Deutschen im Zweiten Weltkrieg – er, ein unehelicher Sozi, ein Emigrant, bekennt sich zu einer Schuld, zu der er persönlich nichts beigetragen hat.

Die Bundesregierung erkennt mit dem Warschauer Vertrag offiziell die Grenzen zu Polen an, die von Stalin, Churchill, Roosevelt als Teil der europäischen Nachkriegsordnung bestimmt wurden. Für die Polen wird damit ein lange überfälliger Schritt vollzogen, endlich wird ihre Westgrenze auch von den Bundesdeutschen bestätigt. Die Vertriebenenverbände laufen Sturm gegen dieses Abkommen, das den Traum von der Rückkehr in die »kalte Heimat« für immer zerstört. Pommern, Breslau, Stettin, Danzig, Schlesien, Posen und Ostpreußen sind zwar schon seit Kriegsende »verloren«, aber das hat die Bundesrepublik bisher offiziell nie akzeptiert. Brandt erhält Morddrohungen und wird als »Verräter«, als »Verzichtspolitiker« beschimpft: Durch seine Ostpolitik habe er die Teilung Deutschlands endgültig akzeptiert, die Vorstellung von der Wiedervereinigung aufgegeben und mit der Anerkennung der polnischen Westgrenze einen »Ausverkauf deutscher Interessen« betrieben.

International sieht man das ganz anders. Willy Brandt habe »die Hand zu einer Versöhnungspolitik zwischen alten Feindländern ausgestreckt«, heißt es in der Begründung des Komitees für den Friedensnobelpreis, und damit »einen hervorragenden Einsatz geleistet, um Voraussetzungen für den Frieden in Europa zu schaffen.« Die Oppositionsparteien, CDU und CSU, aber bringen im Bundestag einen Misstrauensantrag gegen ihn ein, sie wollen diesen Kanzler stürzen. Der Versuch scheitert, und die von der Regierung Brandt geschlossenen Verträge werden schließlich verabschiedet. Damit wird eine neue Realität geschaffen.

Das Königsberger Marzipan, das – anders als sein Lübecker Konkurrent – im Ofen gebacken wird und sich rühmt, auch heute noch vorwiegend bulgarische Mandeln zu verwenden und nur bei Ernteausfällen auf die üblichen kalifornischen zurückzugreifen, hat den Verlust der ostpreußischen Hansestadt überlebt. Es erfreut sich – lange schon vom Westen aus vertrieben – guter Geschäfte.

1972

Streit um die Dampfnudel und Schwarzer September

Die Dampfnudel, ein in Wasser, Dampf oder Milch gegarter Kloß aus Hefeteig, gibt an sich wenig Anlass zum Streiten. Sollte man meinen. Bayern und Pfälzer könnten uns da eines Besseren belehren. Denn zwischen ihnen ist eine veritable Dampfnudel-Auseinandersetzung ausgebrochen, seit das bayerische Landwirtschaftsministerium die Mehlspeise auf die Liste bayerischer Spezialitäten gesetzt hat. Und wahrlich, man wundert sich, was die Bayern so alles als »Food from Bavaria« geltend machen; etliches darunter, wie beispielsweise die »Schwäbischen Maultaschen«, würde wohl niemand unbedingt in Bayern beheimatet sehen.
Die Liste, so fürchten nun die Kollegen aus Rheinland-Pfalz, könnte der erste Schritt zu einer feindlichen Übernahme sein: Womöglich will Bayern die Dampfnudel EU-weit als bayerisches Produkt eintragen und schützen lassen. Dabei sei sie doch in der Pfalz geboren – die allerdings dereinst zu Bayern gehörte. Man werde im Streit um die Dampfnudel nicht kampflos Terrain aufgeben, verkündet der zuständige rheinland-pfälzische Minister. Im Gegenteil: Man werde »alle diplomatischen und juristischen Möglichkeiten« ausschöpfen, um das pfälzische Heimatrecht der Dampfnudel zu schützen. Zumal das Gericht auf eine heroische Geschichte verweisen

kann: Dem Bäckermeister Johannes Muck aus dem pfälzischen Ort Freckenfeld ist es mithilfe seiner Frau und einer Magd im Dreißigjährigen Krieg gelungen, eine ganze schwedische Schwadron mit Dampfnudeln zu besänftigen und den Ort so vor Plünderung und Brandschatzung zu bewahren. Das mit mehr als tausend steinernen Dampfnudeln verzierte Freckenfelder Tor zeugt davon.

Auch andere Völker als die Bayern und die Pfälzer kennen die Dampfnudel, wenngleich oft unter anderem Namen – in Böhmen kann man sie genauso verspeisen wie in China oder Vietnam. Auch in der Küche der sephardischen Juden, die vielerlei Traditionen aufgenommen hat, gibt es sie.

1972 hat die bayerische Hauptstadt München alle Spezialitäten des Landes aufgeboten, um Sportler aus 122 Ländern während der Olympischen Spiele zu bewirten. Am 26. August wird die Olympiade eröffnet. Erstmalig tritt Deutschland nicht mehr »gesamtdeutsch«, sondern auf Drängen der DDR mit zwei getrennten Mannschaften an. Denn hier, auf dem Feld des Sports, könnte sich der Sozialismus vielleicht endlich einmal als überlegen erweisen – Ostberlins Hoffnung wird nicht enttäuscht: Die DDR-Sportler holen 20 Medaillen, sieben mehr als die bundesdeutschen Athleten.

Doch von diesen kleinen System-Scharmützeln lässt man sich nicht die Stimmung verderben. »Heitere Spiele« versprechen die Offiziellen, sie sollen vergessen lassen, dass die letzte in Deutschland ausgerichtete Olympiade 1936 in Berlin von Adolf Hitler als Propagandaveranstaltung missbraucht wurde. Die Sicherheitsmaßnahmen sind begrenzt. Metalldetektoren und Wachhunde gibt es nicht, sie würden so gar nicht in das Bild der fröhlichen Spiele passen. Nur freundliche, unbewaffnete Polizisten gehen Streife im Olympiapark.

In den frühen Morgenstunden des 5. September 1972 sehen zwei Mitarbeiter der Post zahlreiche Gestalten in Sportkleidung über den Zaun im Olympischen Dorf klettern. Nachtschwärmer, vermuten sie, die einen draufgemacht haben – aber nur auf einige von ihnen trifft das zu: Es sind betrunkene amerikanische Sportler. Die anderen aber sind palästinensische Terroristen, die mit Handgranaten und Kalaschnikows in die Unterkunft der israelischen Mannschaft eindringen und neun Sportler als Geiseln nehmen. Sie geben sich als Mitglieder der Fatah-Kampfgruppe »Schwarzer September« aus und fordern die Freilassung der gerade erst inhaftierten RAF-Mitglieder Andreas Baader und Ulrike Meinhof, sowie die Entlassung von 200 Palästinensern aus israelischen Gefängnissen. Israels Ministerpräsidentin Golda Meir lehnt ab.

Die Münchner Organisatoren trifft der Überfall unvorbereitet, die Einsatzkräfte sind hoffnungslos überfordert. Stunde um Stunde wird verhandelt, ein Ultimatum nach dem anderen verstreicht. Verzweifelt sucht die Polizei nach einer Möglichkeit, die Terroristen zu überwältigen, ohne die Geiseln zu gefährden. Bundesinnenminister Hans-Dietrich Genscher, der bayerische Innenminister Bruno Merk und Münchens Polizeipräsident Manfred Schreiber bieten sich als Ersatzgeiseln an. Das palästinensische Kommando bleibt unbeeindruckt.

Über Fernsehen und Radio im Appartement ihrer Geiseln erfahren die Terroristen, wie Scharfschützen rund um die Unterkunft Position beziehen. Sie werden nervös und verlangen, mit den gekidnappten Israelis in ein arabisches Land ausgeflogen zu werden. Die Deutschen willigen ein – in der Hoffnung, die Täter am Militärflughafen Fürstenfeldbruck überwältigen zu können. Fünf Scharfschützen eröffnen dort das Feuer, treffen aber nur drei der Terroristen. Die zur Verstärkung angeforderten Panzerfahrzeuge stecken im Stau. Als sie endlich eintreffen und die Attentäter zur Aufgabe aufgefordert werden, zünden diese eine Handgranate

in einem der Hubschrauber, in dem die Geiseln sitzen, und feuern auf den zweiten – alle neun Israelis kommen ums Leben. Drei der acht Attentäter überleben und werden entwaffnet. Sie verbringen nicht einmal zwei Monate in deutscher Haft. Während der Entführung einer deutschen Lufthansa-Maschine werden sie ausgetauscht.

Die Olympischen Spiele werden für einen Tag unterbrochen, aber schon auf der Trauerfeier verkündet IOC-Präsident Avery Brundage: »The games must go on.«

Als Konsequenz aus dem fehlgeschlagenen Polizeieinsatz gründet das Bundesinnenministerium eine eigene Antiterror-Einheit, die GSG 9. Fünf Jahre später soll die Truppe unter Leitung ihres Kommandeurs Ulrich Wegener im somalischen Mogadischu die entführte Lufthansa-Maschine »Landshut« aus den Händen palästinensischer Terroristen befreien.

In Israel schwört man Rache. Die Regierung verspricht den Hinterbliebenen der Opfer, alle Attentäter zur Strecke zu bringen. Aber auch das misslingt. Das Geheimkommando, das dafür in Marsch gesetzt wird, bringt zwar mindestens ein Dutzend Palästinenser um, die meisten von ihnen gehören jedoch nicht zu den Drahtziehern der Aktion im Olympischen Dorf. Auch Abu Daud, der sich 1999 öffentlich zu dem Anschlag bekennt, den er vorbereitet habe, weil das Olympische Komitee die Teilnahme einer palästinensischen Delegation abgelehnt habe, erwischen die Männer des israelischen Geheimdienstes nicht, ebenso wenig die drei überlebenden Attentäter.

1973

Mit dem Döner aus der Ölkrise

Der Döner in Fladenbrot, so liest man immer wieder, sei in den 1970er Jahren in Berlin-Kreuzberg von türkischen Gastarbeitern erfunden worden. Das ist aber wohl weniger als die halbe Wahrheit, es klingt eher wie die 1002-Nacht-Geschichte. Tatsächlich war der orientalische Imbiss schon in den 1960er Jahren in Istanbul sehr beliebt. Und Anatolien-Reisende schwärmten bereits im 18. Jahrhundert von gegrilltem Hammelfleisch, das in Streifen vom Braten am Drehspieß geschnitten und mit Reis und scharfen Saucen serviert wurde. Von einer Berliner Erfindung kann also keine Rede sein. Wahr ist allerdings, dass Kreuzberg für die Verbreitung des Döners eine maßgebliche Rolle spielt. Denn mindestens die deutsche Erfolgsgeschichte dieses exotischen Fast-Food-Gerichts (türkisch: »Döner Kebap«, wörtlich übersetzt: »sich drehender Fleischspieß«) nimmt hier, im vielleicht ersten »Türken-Kiez«, ihren Anfang. Inzwischen hat das in dünnen Scheiben geschichtete, am Drehspieß gegrillte und im Fladenbrot mit verschiedenen Saucen und Salatbeilagen servierte Lamm-, Kalb- oder Geflügelfleisch längst die Republik – ach was, ganz Europa – erobert und ist bekanntlich zu

einem absoluten »Bestseller« geworden. Allein in Berlin gibt es mittlerweile über 1300 Dönerläden – mehr als in Istanbul. Und die Dönerindustrie macht heute europaweit mehr Umsatz als die Fast-Food-Giganten McDonald's und Burger King zusammen. Das hätte 1973 ganz bestimmt niemand zu hoffen gewagt. Denn die ersten Dönerköche sind weniger von Geschäftssinn und Gewinnstreben getrieben, sondern handeln aus der Not heraus. Der Döner ist ihr »Plan B«. Die nun anbrechende Dönerkonjunktur hat ihren Ursprung in handfesten Rezessionsängsten.

Als Israel im Anschluss an den vierten Krieg gegen seine arabischen Nachbarländer, den »Jom-Kippur-Krieg« vom 6. bis 25. Oktober, die Räumung besetzter Gebiete in Ägypten und Jordanien verweigert, setzen die Mitgliedsstaaten der Organisation der Erdöl exportierenden Länder (OPEC) das Öl als politische Waffe ein. Sie vereinbaren eine Drosselung der Produktion um fünf Prozent, woraufhin der Weltmarktpreis pro Barrel Erdöl sofort um 70 Prozent, von drei auf fünf US-Dollar zulegt. Politik und Wirtschaft der ebenso aufschwungverwöhnten wie ölhungrigen Bundesrepublik zeigen sich konsterniert. Die leichte Drehung an der Ölschraube stürzt das Land, wie die westlichen Industrienationen insgesamt, in die schwerste Krise seit 1929. Zukunftsängste greifen um sich, Produktion und Investitionen werden zurückgefahren, die Arbeitslosigkeit steigt auf bisher ungekannte Rekordhöhen (von 273 000 Arbeitslosen im Jahr 1973 auf 582 000 im Jahr 1974). Erstmals wird die gefährliche Abhängigkeit vom bis dahin praktisch alternativlosen Energieträger Erdöl schmerzlich bewusst. Auch die Regierung sieht sich deshalb zum Handeln genötigt, kann aber mit Fahrverboten, mit autofreien Sonntagen und einem zeitweise (bis März 1974) erlassenen Tempolimit (100 km/h auf Autobahnen) allenfalls symbolische Maßnahmen ergreifen.

Da sich die Ölabhängigkeit kurzfristig nicht reduzieren lässt, sollen wenigstens die durch die Energieverknappung entstehenden Beschäftigungsrisiken für die einheimische Bevölkerung gemildert werden. Aus diesem Grund untersagt die Bundesregierung am 23. November die weitere Anwerbung und Vermittlung von Gastarbeitern aus Nicht-EG-Ländern. Dieser bis heute gültige Anwerbestopp, der aus der Bundesrepublik de facto ein Einwanderungsland macht, führt sofort zu großer Verunsicherung unter den rund 2,5 Millionen legal beschäftigten Ausländern – zumal die meist ungelernten Arbeiter im Bergbau, in der Metall- und Bauindustrie häufig als Erste von Kündigung bedroht sind. Vor allem in der mit weit über 500 000 sozialversicherungspflichtig Beschäftigten größten Gastarbeitergruppe setzt ein Mentalitätswandel ein. Viele türkische Arbeitnehmer beginnen sich zu fragen: Was tun, wenn mein Betrieb mich vor die Tür setzt? Sie sind gekommen, um hier zu garantierten Tariflöhnen – inklusive Urlaubsanspruch, Krankheits- und Altersvorsorge – zu arbeiten und in wenigen Jahren möglichst viel Geld zu sparen, um dann in die Heimat, als dort Wohlhabende, zurückzukehren. Diese Lebensplanung gerät nun ins Wanken, ohne dass dadurch allerdings die Hoffnung auf Wohlstand begraben wird.

Viele Gastarbeiter suchen nach Alternativen für ihre bedrohten Jobs. Und sie werden fündig: Gab es bis 1973 unter den in Deutschland lebenden Türken gerade einmal hundert Selbstständige, in erster Linie Betreiber von kleinen Reisebüros oder Gemüseläden, so nimmt deren Zahl jetzt rapide zu. Und den Anfang macht ein Gründerboom in Berlin-Kreuzberg, wo plötzlich ein Dönerimbiss nach dem anderen eröffnet. Die neuen Selbstständigen verändern nicht nur das Stadtbild, sondern prägen bald die gesamte Infra- und Versorgungsstruktur der von Türken bewohnten Viertel. Bis 2005 wird sich die Anzahl der türkischen Unternehmen in Deutschland bereits auf über 65 000 erhöhen, davon rund 10 000 Dönerbuden. Mit einem Umsatz von knapp 50 Milliarden Euro und etwa 330 000 Mitarbeitern werden die türkischen Einwanderer damit zu einem nennenswerten Wirtschaftsfaktor.

Der Anwerbestopp von 1973 hat aber nicht nur kulinarische Folgen, sondern auch gesellschaftliche Auswirkungen, die bis heute spürbar sind.

Denn die damit verbundene veränderte Lebensplanung der ehemaligen Gastarbeiter fordert einen verstärkten Familiennachzug geradezu heraus, wie ihn das 1965 verabschiedete Ausländergesetz nun als einzig noch zugelassene Form der Zuwanderung vorsieht. Trotz Anwerbestopp verstärkt sich daher die türkische Zuwanderung in den Folgejahren sogar noch. Dadurch verlagert sich auch der Lebensmittelpunkt der einstigen »Gastarbeiter« zunehmend nach Deutschland. Erstmals wird die gelingende oder misslingende Integration zu einem politischen und gesellschaftlichen Thema.

Vor allem durch den Kindernachzug geraten in der Folge zunehmend schulische Probleme sowie Fragen der Bildungsintegration in den Vordergrund, die bis heute ungelöst sind, weil der Gesetzgeber über Jahrzehnte darauf bestanden hat, dass Einwanderung keine Einwanderung sei, sondern immer nur ein »befristetes« Aufenthaltsverhältnis. Dieses politisch motivierte, merkwürdige Selbstverständnis hat lange verhindert, dass verbindliche Einwanderungsregeln formuliert werden – ein Versäumnis, das auch mit dem erst im Januar 2005 in Kraft getretenen Zuwanderungsgesetz allenfalls lückenhaft behoben ist. Und immer noch gibt es »Ausländerbeauftragte«, die sich vielleicht öfter mal einen Döner holen sollten, um festzustellen, dass es sich bei den meisten Türken gar nicht mehr um »Ausländer«, sondern um türkischstämmige Inländer handelt.

1974

Die Boulette und der Spion

Eine, die es verstanden hat, sich den Zeitläuften immer wieder anzupassen und nichts von ihrer Popularität einzubüßen, ist die Frikadelle, die in Berlin »Boulette« und in Bayern »Fleischpflanzerl« heißt. Die »Boulette«, seinerzeit von Friedrich dem Großen als einfache, schmackhafte Kost zur Versorgung von Bevölkerung und Truppen in Kriegszeiten vorgesehen, geht auf die im 18. Jahrhundert nach Berlin und Brandenburg eingewanderten Hugenotten zurück. Ihre kriegerische Herkunft kann sie kaum verleugnen – »boulet« ist die Kanonenkugel, »boulette« das Kügelchen.

Inzwischen ist die Frikadelle längst zivil geworden und von schlichter, mit viel altbackenem Brötchen gestreckter Hausmannskost zum hippen Happen aufgestiegen, den man heute gern zum Champagner bei Stehempfängen serviert. Ob vegetarisch, aus Loup de Mer oder aus gehacktem Lamm zubereitet, den Global Player kennt man überall, in Osteuropa, in den USA und im Orient. Durch den Schauspieler Hans-Jörg Felmy, der in diesem Jahr zum ersten Mal als Essener Kommissar Haferkamp im »Tatort« antritt und keine Gelegenheit auslässt, seine Lieblingsspeise coram publico zu verspeisen, wird die Frikadelle zum Fernsehstar.

Ein ganz anderer »Tatort« erschüttert in diesem Jahr die Bundesrepublik – eine Geschichte von Misstrauen, Verrat und Kanzlersturz.

Er stürzt seinen Chef, leitet Dutzende von geheimen Schreiben weiter nach Ostberlin und löst eine mittlere Staatskrise aus. Am 24. April 1974 um 6.32 Uhr wird der Referent im Bundeskanzleramt und Spion der DDR, Günter Guillaume, verhaftet; 14 Tage später tritt sein »Chef«, Bundeskanzler Willy Brandt, zurück. Der »Bürger der DDR und Offizier«, wie Guillaume sich bei seiner Verhaftung bezeichnet, treibt ausgerechnet jenen deutschen Kanzler aus dem Amt, der mit seiner Ost- und Entspannungspolitik den ersten Schritt zu einer Normalisierung der Beziehungen zum zweiten deutschen Staat gemacht hat.

Monatelang rätselt die Öffentlichkeit, wie es dem Spionagedienst der DDR unter Führung von General Markus (»Mischa«) Wolf gelingen konnte, einen Agenten im Zentrum der Macht zu platzieren, zumal es schon Jahre vorher Hinweise auf Guillaumes wahre Identität gegeben hat. Die Staatssicherheitsorgane der DDR hingegen erkannten früh, was sie an diesem zwar etwas leichtsinnigen, aber überzeugten »Tschekisten« hatten.

Nach dem Krieg schlägt Guillaume sich erst als Fotograf durch, kommt dann beim Ost-Berliner Schulbuchverlag »Volk und Wissen« unter und fährt auf »Agitationseinsatz« nach West-Berlin und nach Bayern, um Streikende zu unterstützen. Mitte der 1950er Jahre siedelt er auf Geheiß der Stasi in die Bundesrepublik über. In Frankfurt eröffnet er mit seiner Ehefrau Christel – selbst eine erfolgreiche Agentin, jetzt aber von der Stasi auf den Platz an »Günters Seite« zurückgepfiffen – und seiner Schwiegermutter Erna Boom ein Schreib- und Kopierbüro und eine kleine Kaffeestube. Guillaume fungiert als Kontaktmann zu zwei SPD-Politikern, die ihm aus alter antifaschistischer Verbundenheit auf langen Spaziergängen davon berichten, was sich in der SPD so alles tut. Der Agent tritt selbst in die Partei ein und macht Karriere; er wird Wahlkampfmanager und Vertrauter von Georg Leber, damals Bundesverkehrsminister im Kabinett der Großen Koalition. Alles, was er über Georg (»Schorsch«) Leber aus dem Kiesinger-Brandt-Kabinett erfährt, berichtet er – über Funk und tote Briefkästen – nach Ost-Berlin an Markus Wolf.

Guillaumes große Chance kommt 1969, als Willy Brandt Regierungschef einer sozialliberalen Koalition wird. Leber empfiehlt Guillaume ins Kanzleramt. Die Sicherheitsbehörden melden Bedenken an, Guillaume

ist ihnen durch seine früheren Agitationseinsätze im Westen aufgefallen, zudem gilt der Verlag Volk und Wissen als Stasi-Schmiede. Außerdem habe der Untersuchungsausschuss freiheitlicher Juristen in einem Schreiben vom November 1955 bereits mitgeteilt, dass ein »Günter Guillaume, ca. 1925 geb., wohnhaft: Birkenwerder (SBZ), beschäftigt als Fotograf beim Ostberliner Verlag Volk und Wissen, der Agententätigkeit in Berlin (West) und der BRD verdächtigt wird. Im Juli 1956 soll Günter G. in die BRD geflüchtet sein. Personengleichheit kann vermutet werden«.

Aber der Verdacht bleibt vage, Guillaume wird eingestellt und macht sich im Kanzleramt bald unentbehrlich. Er ist immer dabei, ob auf Reisen mit Brandt, bei Gesprächen im Bundeskanzleramt, bei Sitzungen des SPD-Vorstandes und der Fraktion. Die DDR hat, wovon jeder Geheimdienst träumt: einen Mann in der Schaltzentrale der Regierungspolitik.

In Bonn toben zu dieser Zeit heftige Auseinandersetzungen um Brandts Ostpolitik, und die Stasi will alles genau wissen – wer kämpft hier gegen wen, wer intrigiert, wer schwankt. Markus Wolf schickt zur Unterstützung seines Top-Agenten zwei Helfer, »Arno« und »Nora«, die Guillaumes Berichte in die DDR leiten. Guillaume trifft sich zuweilen sogar in Bonner Promi-Restaurants mit ihnen – in der Höhle des Löwen, so versichert Guillaume seinen Helfern, sei es immer am sichersten.

Am 1. Dezember 1972 wird Guillaume Referent des Kanzlers und hat nun direkten Zugang zu Brandt. Bei der neuerlichen Sicherheitsüberprüfung gerät er zum zweiten Mal unter Verdacht. Er könnte der seit Jahren gesuchte Spion »G« sein, Beweise dafür aber gibt es nicht – und so darf Genosse Günter den Kanzler im Sommer 1973 in den Norwegen-Urlaub begleiten. Und dort – zu Beginn der Konferenz über Sicherheit und Zusammenarbeit in Europa (KSZE) in Helsinki – gehen haufenweise Geheimpapiere durch seine Hände: Botschafter-Berichte, Nato-Fernschreiben, ein Schreiben von US-Präsident Richard Nixon an Brandt, Einschätzungen des Warschauer Pakts. Guillaume sammelt die Preziosen alle im Wäschefach seines Kleiderschranks, nachdem der Kanzler sie gelesen hat. Bei der Abreise aus Norwegen packt er einen Phantom-

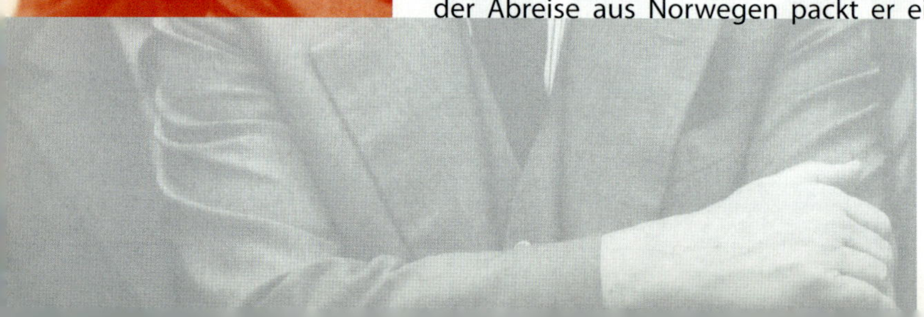

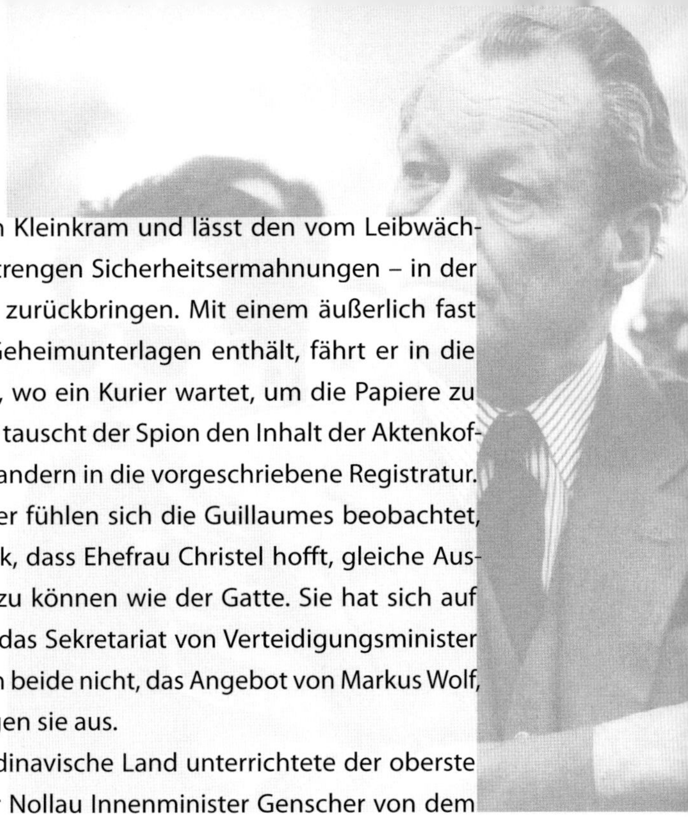

Aktenkoffer mit unwichtigem Kleinkram und lässt den vom Leibwächter Brandts – begleitet von strengen Sicherheitsermahnungen – in der Kanzlermaschine nach Bonn zurückbringen. Mit einem äußerlich fast identischen Koffer, der die Geheimunterlagen enthält, fährt er in die schwedische Stadt Halmstad, wo ein Kurier wartet, um die Papiere zu fotografieren. Zurück in Bonn tauscht der Spion den Inhalt der Aktenkoffer aus, die Geheimpapiere wandern in die vorgeschriebene Registratur.

Noch im gleichen Sommer fühlen sich die Guillaumes beobachtet, führen das aber darauf zurück, dass Ehefrau Christel hofft, gleiche Ausspähungsmeriten erwerben zu können wie der Gatte. Sie hat sich auf die Hardthöhe beworben, in das Sekretariat von Verteidigungsminister Georg Leber. An Flucht denken beide nicht, das Angebot von Markus Wolf, sich sofort abzusetzen, schlagen sie aus.

Vor der Reise in das skandinavische Land unterrichtete der oberste Verfassungsschützer Günther Nollau Innenminister Genscher von dem Verdacht gegen Guillaume, der wiederum gibt die Information an Brandt weiter, aber offensichtlich nicht so, dass der Kanzler das Ausmaß des Skandals wirklich erfassen kann. Genscher und Nollau schieben sich später gegenseitig den Schwarzen Peter für das Aufklärungsversäumnis zu.

Nach der Verhaftung wird Christel Guillaume zu acht Jahren, ihr Ehemann zu 13 Jahren Gefängnis verurteilt; am 1. Oktober 1981 werden sie in die DDR abgeschoben. In der sozialistischen Heimat wird der »Kundschafter des Friedens« belobigt, befördert und dennoch endet diese Geschichte für ihn persönlich in einem Scherbenhaufen: Seine Ehe zerbricht, sein Sohn geht in den Westen.

Willy Brandt übernimmt persönlich die politische Verantwortung für die Guillaume-Affäre und bittet den Bundespräsidenten, ihn aus seinem Amt zu entlassen. Verraten aber fühlt er sich nicht nur von dem Vertrauten Guillaume, sondern vor allem von zwei Genossen; Herbert Wehner, Zuchtmeister der SPD-Fraktion, hat während eines Besuchs in Moskau den Kanzler durch unverhohlen verächtliche Kommentare desavouiert, »der Herr« sei »entrückt«, »abgeschlafft« und »badet gern lau«. Und Helmut Schmidt hatte sich längst als entscheidungsfreudige Alternative zu Brandt empfohlen.

1975

Der Negerkuss im revolutionären Kampf

Kein Mensch spricht mehr von »Negerküssen«, diese Bezeichnung steht heute unter »Rassismus«-Verdacht. Das Wort »Neger« ist verpönt, es atmet den Geist des Kolonialismus. Es waren die Franzosen, die die bereits im 19. Jahrhundert auf den Markt gebrachten Mohrenköpfe »têtes de nègre« nannten: Sie wurden aus einer baiserartigen Masse gezaubert und mit einem Schokoladenguss überzogen. Einige Jahrzehnte später gab es sie dann auch in deutschen Konditoreien – sie hießen aber »Negerkuss«, abgeleitet von dem französischen »baiser«, der »Kuss«.
In der DDR galt die Bezeichnung »Negerküsse« nicht dem Schaumgebäck, sondern schwarzen Kindern, die die südafrikanische Befreiungsbewegung SWAPO schickte, um sie für den Kampf gegen die weißen Herren schulen zu lassen. Die Schokoküsse hießen hier »Grabower Küsschen« und wurden seit 1954 im »VEB Grabower Dauerbackwaren« produziert. Das »andere Deutschland« legte auch hier Wert auf den »kleinen Unterschied« und ließ den Schokoüberzug in einen kessen Zipfel münden. Nach der Wende gehörten die »Grabower Küsschen« zu den wenigen Ostprodukten, die sich auf dem gesamtdeutschen Markt behaupten konnten. Fast aber hätten sie den Erfolg durch opportunistische Anpassung verspielt. Der Zipfel war auf dem Weg in den Kapitalismus verloren gegangen, man hatte sich westlichem Geschmack anpassen wollen. Es hagelte Protestbriefe vonseiten ostdeutscher Fans, bis die Schokoküsse wieder mit Zipfel produziert wurden.

1975 spricht man nicht von »Schokoküssen«. Die »Bewegung 2. Juni« – der Name soll an die Erschießung des Studenten Benno Ohnesorg am 2. Juni 1967 während einer Demonstration in Westberlin gegen das Regime des persischen Schah erinnern – macht die Verteilung von »revolutionären Negerküssen« zu ihrem Markenzeichen beim »Banken«, beim Überfall auf Westberliner Geldinstitute.

An einem Mittwochmorgen im Juli 1975 passieren vier maskierte und bewaffnete Personen die Tür einer Westberliner Filiale der Sparkasse, nehmen im Schalterraum Aufstellung und bieten als Erstes der erschrockenen Kundschaft zur Beruhigung Negerküsse an (»Essen Sie!«), dann erst machen sie Kasse: knapp 100 000 Mark. Passanten wollen beobachtet haben, wie das Quartett Minuten später den Fluchtwagen, einen gestohlenen BMW, auf einem Parkplatz abstellt und »seelenruhig« mit einem weiteren Komplizen der nahen U-Bahn zustrebt. Wozu gibt es öffentliche Verkehrsmittel?

Einen Tag später das gleiche Spiel, das gleiche Team, diesmal im Westberliner Stadtteil Schmargendorf, wieder ist es die ohnehin schon gebeutelte Sparkasse, die »enteignet« wird. Auch hier werden der verängstigten Kundschaft »revolutionäre Negerküsse« angeboten. Zwei Minuten später ist die Bank um 100 000 Mark ärmer, dafür aber um ein Flugblatt reicher, auf dem die Anarchokassierer den Bankraub als ihren Beitrag zum kürzlich von der Bundesregierung aufgelegten »Konjunkturprogramm« zur Überwindung der Rezession einordnen: »Wo alle sagen, daß der Rubel wieder rollen muß ... will auch unsere Bewegung im Rahmen ihrer bescheidenen Möglichkeiten (...) einen Beitrag leisten.« Auf der Flucht begegnen die Bankräuber noch einem Streifenwagen der Polizei, der unterwegs zum Tatort ist, dabei aber leider die Sparkasse nicht lokalisieren konnte und über Funk um »neue Einweisung« bittet.

Da habe wohl »der Leibhaftige Regie geführt«, sinniert später ein Beamter der Berliner Polizei. Der Leibhaftige, damit ist Fritz Teufel gemeint, Mitglied der skandalumwitterten Kommune 1, der auf öffentlichen Fahndungsplakaten als einer der Entführer des Berliner CDU-Politikers

Peter Lorenz gilt. Lorenz war am Morgen des 27. Februar 1975 – mitten im Berliner Wahlkampf – auf dem Weg in sein Büro gekidnappt worden. Einen Tag später trudelte ein Polaroidfoto bei der Deutschen Presse Agentur ein, das den Entführten mit einem Plakat zeigte: »Gefangener der Bewegung 2. Juni«. Die Lorenz-Entführer verlangten die Freilassung und Ausreise von sechs inhaftierten Genossen in ein Land ihrer Wahl. Die Bundesregierung gab nach, um das Leben eines Mannes zu retten, der in jenen Tagen neuer Regierender Bürgermeister werden wollte.

Am 3. März wurden die Freigepressten mit einer Boeing 707, begleitet von Ex-Bürgermeister Heinrich Albertz, nach Aden im Jemen ausgeflogen. Nach seiner Rückkehr verlas Albertz eine Erklärung der Entführer im Fernsehen und sprach das vereinbarte Codewort »So ein Tag, so wunderschön wie heute«, mit dem die ausgeflogenen Terroristen an ihrem Zielort »grünes Licht« für die Freilassung von Lorenz signalisierten. Am 4. März saß der in Geiselhaft genommene Spitzenkandidat der Berliner CDU in Wilmersdorf, von seinen Kidnappern fürsorglich mit einigen Groschen versorgt, damit er seine Frau anrufen konnte.

Da war seine Partei bei der Wahl in Berlin erstmals stärkste Partei im Stadtstaat geworden. Die freudige Mitteilung hatte er in einem fensterlosen, schalldichten Kellerverschlag unter einem Secondhand-Laden in Berlin-Kreuzberg erhalten, wo sich Entführer und Geisel die Zeit mit Schachspielen vertrieben. »Sie sind ja wohl der nächste Bürgermeister«, gratulierten die Vermummten ihrem Opfer. Da allerdings irrten sie: Klaus Schütz von der SPD blieb mithilfe einer sozialliberalen Koalition Regierender Bürgermeister. Peter Lorenz wurde, nachdem Helmut Kohl 1982 zum Kanzler gewählt worden war, Parlamentarischer Staatssekretär beim Bundeskanzler und Bevollmächtigter der Bundesregierung in Berlin.

Wer fortan mit einer Lage Negerküsse in einer Bank auftauchte, wie in Essen und in München geschehen, lief Gefahr, einen Großeinsatz der Polizei auszulösen.

Erichs Krönung und Fernseh-Platzhirsche

1976

Was früher als Zeichen von Wohlstand galt und nur an Feiertagen auf den Tisch kam, ist uns längst zum unentbehrlichen alltäglichen Begleiter geworden. 150 Liter Kaffee trinkt der Bundesbürger jährlich – eine immer größere Menge davon außer Haus, häufig in einem der vielen Coffeeshops, die heute wie Pilze aus dem Boden sprießen. Kein Land – außer den USA – importiert so viele Tonnen Kaffeebohnen wie wir. Wir sind kaffeesüchtig.

Nach dem Krieg war Bohnenkaffee Mangelware. Man trank Muckefuck. Für diesen Ersatzkaffe wurden Eicheln, Bucheckern oder Zichorien geröstet, es durfte auch Hagebutte, Vogelkirsche, Kastanie oder Löwenzahn sein – egal, was man verwendete, es schmeckte scheußlich, erzeugte aber zumindest die Illusion des begehrten Heißgetränks. In der sowjetischen Besatzungszone sah es nicht besser aus, erst Anfang der 1950er Jahre wurde die schwarze Bohne aus der Sowjetunion importiert. Doch da Devisen in der DDR knapp waren, drehte Moskau den Kaffeehahn 1954 wieder zu.

Vieles mag uns, Ossis und Wessis, trennen – vor dem Kaffee aber sind wir ein Volk. Auch der DDR-Bürger pocht auf seinen Kaffee im sozialistischen Alltag. Offensichtlich wusste auch die Ostberliner Staatsführung um die sensible Bedeutung des schwarzen Getränks für die Volksseele. Im Export von Industriegütern erzielte Devisen investierte die DDR Mitte der 1950er Jahre in Tonnen von Rohkaffee. Um dessen Verarbeitung kümmerte sich ab 1957 das Haus Röstfein. Röstfrischer Kaffee fast wie im Westen, aber leider unerschwinglich, nur etwas für den Kaffeetisch am Sonntagnachmittag oder zum Geburtstag. Der

Verbrauch in Cafés und Gaststätten wird von der Arbeiter- und Bauerninspektion ABI genauestens rationiert. Exakt 6,5 Gramm pro Tasse gehören in den Brühautomaten – mehr nicht.
1976 nun explodieren die Preise für Rohkaffee auf dem Weltmarkt, eine Missernte in Brasilien droht die ohnehin labile Versorgungssituation gänzlich zusammenbrechen zu lassen. Krisensitzung im Politbüro. Ein »Mischkaffee« soll Abhilfe schaffen, der mit »Surrogaten« wie Zichorie, Rübenschnitzel und Getreide gestreckt wird. Der »Kaffee-Mix«, vom Volksmund »Erichs Krönung« genannt, ruiniert nicht nur viele Kaffeemaschinen, sondern auch das Vertrauen der DDR-Bürger in die Kompetenz ihrer Führung. Nach einer Eingabenflut gehen die Verantwortlichen auf Kaffeefahrt nach Angola und tauschen Maschinen und Munition gegen die begehrten Bohnen. Um den Kaffeefrieden langfristig zu sichern, sucht die DDR nach zuverlässigen Handelspartnern. Das sozialistische Bruderland Vietnam, bis dato eher für seine Kenntnisse im Anbau von Teesorten bekannt, muss ran: Anfang der 1980er sind die Kaffeeplantagen in dem asiatischen Land rar. Das ändert sich dank ostdeutscher Investitionen, 1989 sind die vietnamesischen Kaffeebohnen exportreif. Doch beim Handelspartner DDR hat man zu der Zeit andere Sorgen und muss sich gerade dann von dem Ostberlin besuchenden Moskauer Generalsekretär anhören: »Wer zu spät kommt, den bestraft das Leben.«

Mai 1976: Dagmar Berghoff moderiert auf NDR 2 die populäre Radiosendung »Von neun bis halb eins«. Telefon für dich, ruft ihr ein Kollege in einer Einspielpause zu. Karl-Heinz Köpke sei am Apparat – seit 1959 das Gesicht der Tagesschau. Köpke, der sich vom Schulfunksprecher bei Radio Bremen bis zum »Chef«-Sprecher der Tagesschau hochgearbeitet hat, ist längst eine Person des öffentlichen Interesses. Mit seiner sonoren Stimme wirkt er besonders seriös und verleiht der Tagesschau als Nachrichtensendung fast drei Jahrzehnte lang eine hohe Glaubwürdigkeit.

Angenehm ist es nicht immer, bekannt wie ein bunter Hund zu sein, Köpke bekommt das zu spüren. Angeblich erhält er täglich Hunderte Zuschriften von Verehrerinnen. Seine Krawatten und Anzüge werden in der Boulevardpresse debattiert und kommentiert. Einmal kommt er aus dem Sommerurlaub mit einem Oberlippenbärtchen zurück. Das findet die bundesdeutsche Öffentlichkeit nun gar nicht akzeptabel: Der Bart muss ab. So lästig kann öffentliche Popularität sein.

Nun also Köpke, der bei der kleinen Moderatorin Berghoff anruft. »Sie haben eine ganz angenehme Stimme, sehen Sie denn auch einigermaßen aus?« kommt er, den man selbst bei Berücksichtigung aller äußerlichen

Vorzüge nicht unbedingt als eine auffällig aparte Erscheinung einstufen würde, gleich auf den Punkt. »Wir wollen Sie für die Tagesschau testen.«

Zu der Zeit, muss man wissen, ist das Nachrichtengeschäft fest in männlicher Hand, und so führen sich die Männer auch auf – als Platzhirsche. Werner Höfer, Moderator des »Internationalen Frühschoppens«, der fest zum sonntäglichen Ritual in allen bildungsbürgerlichen Haushalten der Republik zählt, sieht auch dann keinen Grund, an seiner Standardanrede »meine Herren« etwas zu ändern, wenn – was selten genug vorkommt – auch eine Dame in der Runde von sechs ausgewählten Journalisten präsent ist. »Sie«, lässt er die Übergangene dann zuweilen benevolent wissen, »spielen im Moment gar keine Rolle«, es gehe »schließlich um Politik«.

Auch Köpke hält Frauen im Prinzip für ungeeignet, den Nachrichten-Job professionell zu erledigen. Zu groß die Gefahr, dass ihre Stimme bei schlechten oder schrecklichen Nachrichten zittern oder – horror horribile – eine empfindsame Seele womöglich gar vor laufender Kamera in Tränen ausbrechen könnte. Er ist überzeugt, dass keine Frau das Weltgeschehen sachlich und emotionslos in die bundesdeutschen Wohnzimmer übermitteln kann. Mann weiß ja, dass Frauen »die Sachlage« allzu »persönlich«, zu »subjektiv« betrachten, auf alles und jedes »betroffen« reagieren. Erst viel später entdecken Männer, dass es für sie vorteilhaft sein kann, in Talkshows von ihren Gefühlen zu sprechen, »Bauch« zu zeigen, anrührende Geschichten aus ihrem Leben, von ihren Kindern oder gescheiterten Ehen zu erzählen. Da machen sie dann der Tagesthemen-Moderatorin Sabine Christiansen ihren angeblichen Mangel an weiblicher Wärme, Fürsorge, Menschlichkeit zum Vorwurf – »Eisschrank der ARD« wird sie von männlichen Journalisten feixend genannt, für die anderen ist sie die »Blondmaus«.

Anders als die männlichen Medienkollegen haben die Zuschauer (-innen) keine Probleme mit weiblicher Professionalität. Wer sich in der Quotenkonkurrenz behaupten will, kommt um Frauen nicht herum. Am 16. Juni 1976 gibt Dagmar Berghoff ihren Einstand mit einer Meldung über die Entführung eines amerikanischen Diplomaten im Libanon. Auch ihr bleibt die öffentliche Debatte um ihre Frisur nicht erspart.

Sandwich und Discofieber

1977

Drei Scheiben geröstetes Toastbrot, gebuttert und mit Mayonnaise bestrichen, mit Hühner- oder Putenbrust, gebratenem Speck, Kopfsalat und, je nach Geschmack, Tomaten-, Gurken- und Käsescheiben belegt, alles übereinandergeschichtet und diagonal durchgeschnitten – fertig ist das »Club-Sandwich«, ein typischer Business-Lunch, vornehmlich eingenommen im ebenso typischen »American Diner«. Weil das so ist, kommt das Sandwich selbstverständlich in zahllosen Hollywood-Filmen vor – und was darin vorkommt, reüssiert nahezu zwangsläufig auch hier, wie ein Tanzfilm belegt, der dieses Jahr die Kinocharts stürmt. Allerdings wurde das Tanzen ebenso wenig in den USA erfunden wie das Sandwich.
Der Überlieferung nach geht der Toastbrot-Imbiss (ungeröstet, ohne Rinde) auf den englischen Earl of Sandwich, John Montagu, zurück. Den leidenschaftlichen Kartenspieler

soll 1762 während eines stundenlangen Spiels der Hunger gepackt haben. Da er das Spiel aber nicht für so etwas Banales wie die Nahrungsaufnahme unterbrechen wollte, soll er sein Dienstmädchen angewiesen haben, ihm ein Stück vom vorbereiteten Braten zwischen zwei Brotscheiben zu legen, woraufhin ein Mitspieler ebenfalls »ein Brot wie Sandwich« verlangt habe. So kam das Sandwich zuerst in die alte, dann in die neue Welt und von dort schließlich, wie so vieles, zu uns, wo es nun dem guten alten Butterbrot Konkurrenz macht. Als vollwertige Mahlzeit ist es unserer Stulle ja tatsächlich überlegen. Und schön bunt ist es obendrein. Es ähnelt eher dem Farbenspiel in einer Disco als dem Holzambiente in einem Gasthaus.

Zum traurigen Deutschen Herbst dieses Jahres würde allerdings eher ein schlichtes Graubrot passen, am besten aus Sauerteig. Nachdem im Februar bereits Generalbundesanwalt Siegfried Buback und im Juli der Vorsitzende der Dresdner Bank, Jürgen Ponto, von RAF-Terroristen erschossen wurden, eskaliert der Terror zu einem schrecklichen Showdown, in dessen Verlauf die Stammheimer RAF-Insassen Gudrun Ensslin, Jan Carl Raspe und Andreas Bader in ihren Zellen Selbstmord begehen und der Arbeitgeberpräsident Hanns Martin Schleyer von seinen Entführern ermordet wird.

Das dramatische Finale überreizt die Gemüter nun endgültig. Schon vorher haben sich immer mehr Jugendliche verständnislos von der Selbsterfahrungs-, Protest- und Gewaltkultur abgewendet. »Was soll der ganze verbissene Scheiß?« Nun begeben sich viele buchstäblich auf die

Flucht vor der Realität. »Wir wollen leben. Wir wollen Spaß. Wir wollen ein buntes, aufgebrezeltes Sandwich, keine langweilige Stulle. Wir wollen uns lieber frisieren, anstatt ständig zu diskutieren. Wir wollen wenigstens am Wochenende dem Alltagsmief entkommen.« Zum Beispiel »Saturday night« – so wie Tony Manero aus Brooklyn, der gerade im Kino für unglaubliche Furore sorgt.

So seltsam es klingt: Auf die Terrorwelle folgt die Discowelle, auf Lederjacken, Parkas und Jeans folgen weiße Anzüge und knappe Kleider – Musik, Mode, Lebensstil. Insbesondere die Pop-Musik hat sich schon seit etwa 1975 zu wandeln begonnen und eine neue Stilrichtung ausgebildet, den Disco-Pop. Darin ordnet sich der Gesang praktisch vollständig dem Rhythmus unter und setzt gewissermaßen nur noch musikalische Akzente. Unbelastet von jeder Botschaft geht es jetzt vor allem um »Tanzbarkeit«, um den Groove. Und wohl keine andere Band hat in diesem Jahr so viel Groove wie die Bee Gees, die mit ihrem Soundtrack zum Film »Saturday Night Fever« ein sensationelles Comeback feiern.

Denn eigentlich waren die Bee Gees längst abgetreten. Die Brüder Gibb, die in den sechziger Jahren sehr erfolgreich waren und als ernsthafte Konkurrenz der Beatles galten, hatten sich als Band 1969 aufgelöst. Nun gelingen den wieder vereinigten Robin, Maurice und Barry mit einem neuartigen Falsettgesang und Stücken wie »How Deep Is Your Love?«, »Night Fever« oder »Stayin' Alive« aus dem Stand gleich mehrere Mega-Hits.

Aber die Songs werden wohl auch deshalb so erfolgreich, weil John Travolta so hinreißend-aufreizend dazu tanzt. Im Film spielt der Nachwuchsschauspieler, der mit »Saturday Night Fever« seine Weltkarriere beginnt, den jungen Tony Manero aus Brooklyn. Tony ist 19 und im

Alltag eher ein Looser. Er hat keine Ausbildung, einen schlecht bezahlten Job, er wohnt noch zu Hause, wo er mit seinem arbeitslosen Vater ständig im Streit liegt. Abends hängt er mit seinen Freunden rum, die wie er aufgestylte Prolls sind und die Mädchen richtig mies behandeln. Eine ziemlich trostlose Truppe aus Antihelden. Aber wenn Tony samstagabends in die örtliche Disco geht, wenn er im weißen Anzug auf der Tanzfläche zu »Stayin' Alive« seine Hüften schwingt und den Zeigefinger gegen die Discokugel reckt, dann ist er der König, von den Jungs bewundert, von den Mädchen angehimmelt.

Auf ähnliche Art und Weise versuchen bald auch ungezählte Jugendliche in Deutschland, sich am Saturday Night Fever zu berauschen und tanzend ihren Alltag hinter sich zu lassen. Überall sprießen jetzt die Diskotheken aus dem Boden, werden Scheunen, Gasthöfe, Turnhallen am Wochenende mit wummernden Beats beschallt und mit Lichtorgeln in flackernde Farben gehüllt. Die Outfits sind schrill, die Haare frisiert, und die bunten Polyesterhemden glänzen ganz ohne Schweiß. Um sich näherzukommen, bedarf es keiner Worte – Reden ist ohnehin kaum möglich. Augenkontakt und Bewegung, und, wenn es gut läuft, eine gemeinsame Flasche Bier am Tresen stiften Kontakt, der häufig auf den einen Abend beschränkt bleibt: Saturday Night Fever eben.

Mittlerweile hat sich das Fieber bekanntlich längst wieder abgekühlt. Wer sich damals 18- bis 20-jährig auf der Tanzfläche ausgetobt hat, gilt heute unter Fachleuten als Angehöriger der – jawohl – »Sandwich-Generation«. Damit werden keine Essgewohnheiten angedeutet. Nein, die heute mittlere Generation sieht sich von Alt und Jung gleichermaßen in die Zange genommen, eingeklemmt zwischen deren Versorgungsansprüchen wie die Thunfischcreme zwischen zwei Toastbrot-Dreiecken. Die heute 40- bis 50-Jährigen tragen die Kosten einer alternden Gesellschaft: Sie müssen für den eigenen Ruhestand vorsorgen, die aktuelle Rentnergeneration durch immer höhere Beiträge versorgen und die immer länger gewordenen Ausbildungszeiten der eigenen Kinder finanzieren. Obwohl: Im Prinzip war das doch irgendwie schon immer so. Dennoch ist ein Club-Sandwich zweifellos bekömmlicher als die Sandwich-Lage der erwachsen gewordenen Disco-Kinder.

1978

Maultaschen und braune Vergangenheit

Den Schwaben verdanken wir Mercedes-Stern, Kehrwoche – und Maultaschen, ein klassisches Arme-Leute-Gericht, bei dessen Zubereitung früher Reste von Fleisch, Gemüse und Brot verwendet wurden. Glaubt man der Legende, wurden die kleinen mit Hackfleisch, Wurstbrät, Spinat, Zwiebeln, Kräutern und Speck gefüllten Teigtaschen von Mönchen des Klosters Maulbronn erfunden, die mit diesem Gericht vor dem Herrgott kaschieren wollten, dass sie in der Fastenzeit verbotenes Fleisch, versteckt in der Teigtasche, verzehrten. Verbürgt ist diese Geschichte nicht. Genauso gut können es die Waldenser, protestantische Glaubensflüchtlinge, gewesen sein, die aus den italienischen Tortellini ihrer Heimat an ihrem Zufluchtsort die »Schwabenravioli« machten.

Der sprachliche Ursprung der Maultaschen ist – nicht anders als die »Maulschelle« – der »klatschende Schlag aufs Maul«, in anderen Worten: eine Ohrfeige. Und die erhält in diesem Jahr ein Schwabe, der vergeblich Unrühmliches zu verbergen versucht.

Am 7. August 1978 muss der im »Musterländle« Baden-Württemberg beliebte Hans Filbinger von seinem Amt als Ministerpräsident zurücktreten. Der ehemalige Marinerichter hat noch 1945, in den letzten Wochen des Krieges, als der Untergang des Dritten Reichs schon absehbar war, Todesurteile unterzeichnet, auch gegen desertierende Matrosen. »Was damals Recht war, kann heute nicht Unrecht sein«, so rechtfertigt der Jurist sein Handeln und beruft sich auf »Befehlsnotstand«, bis er auch in seiner eigenen Partei die Unterstützung verliert.

Filbinger ist kein Einzelfall: Im Gegensatz zu den politischen Spitzen Nazi-Deutschlands können viele Beamte, Unternehmer, Juristen, Militärs, Mediziner, die dem NS-Regime gedient haben, ihre Karrieren in der Bundesrepublik fortsetzen. Auch Bundeskanzler Adenauer zögert nicht, auf ehemalige Nationalsozialisten zurückzugreifen, wie etwa Hans Globke, im Dritten Reich an der Ausarbeitung der »Rechtsgrundlagen« für die Judenverfolgung beteiligt und unter Adenauer Staatssekretär im Bundeskanzleramt: »Sie können schmutziges Wasser nicht wegschütten, wenn Sie noch kein neues haben«, pflegt der Kanzler seinen Kritikern zu entgegnen. In der ersten Zeit nach Kriegsende werden »Fachleute« gebraucht, gleich ob Nazis oder nicht; die Abrechnung mit den Tätern wurde vertagt und damit die kollektive Verdrängung begünstigt.

Schon die amerikanischen Besatzer scheiterten bei dem Versuch, die ehemalige »Volksgemeinschaft« nach 1945 umzuerziehen. Noch vor Kriegsende beschlossen die Alliierten im Kampf gegen Hitler – Stalin, Roosevelt und Churchill – im Februar 1945, »alle nationalsozialistischen und militärischen Einflüsse aus den öffentlichen Dienststellen sowie dem kulturellen und wirtschaftlichen Leben« zu entfernen. Nach dem Sieg über Hitler-Deutschland wurden sämtliche NS-Gesetze aufgehoben, Straßenschilder mit den Namen von NS-Größen entfernt, Bücher, Uniformen, Orden, die von der »braunen Vergangenheit« zeugten, mussten aus der Öffentlichkeit verschwinden. Und die Alliierten überprüften die politische Belastung und ideologische Grundeinstellung der Bevölkerung.

1946 verabschiedeten die Amerikaner das »Gesetz zur Befreiung vom Nationalsozialismus und Militarismus«; per Kontrollratsdirektive wurde es auf die anderen Zonen übertragen. In der sowjetisch besetzten Zone mussten Mitglieder der NS-Eliten mit Arbeitslager und Deportation nach Sibirien rechnen; die einfachen Parteigenossen hingegen ließ man überwiegend unbehelligt. Aber auch in den Westzonen drohten Hauptbelasteten Haft und der Verlust ihres Vermögens.

»Entnazifizierung« hieß das Programm, mit dem sie erfasst und aus dem gesellschaftlichen Leben ausgeschlossen werden sollten. Millionen von Fragebögen, zwölf Seiten mit 133 Fragen, wurden verteilt, auf denen Beamte, Unternehmer und Funktionäre in ganz Deutschland ihre Vergangenheit offen legen mussten. Aber die Amerikaner sahen sich bald mit einem Gespinst von Halbwahrheiten, Verdrehungen, Verfälschungen konfrontiert: Daten wurden frisiert, um der besonders strengen Bestrafung für frühe Parteimitgliedschaft zu entgehen; Einsprüche geltend gemacht, denn die wurden von deutschen Ausschüssen meist wohlwollend geprüft; wechselseitig »Persilscheine« – Entlastungszeugnisse – ausgestellt, um bestenfalls als harmloser Mitläufer zu gelten. Die Deutschen fühlten sich als Opfer obrigkeitlicher Willkür und erregten sich über das »Unrecht« der Besatzer. In einer bundesweiten vom Allensbacher Institut für Demoskopie durchgeführten Meinungsumfrage hielten die meisten Befragten die Entnazifizierung für eine Schikane der Besatzungsmächte.

Der Versuch, die Bürger des »Deutschen Reiches« mit den durch sie verursachten Verbrechen zu konfrontieren und zur Anerkennung ihrer Schuld zu bewegen, scheiterte; die Bilanz war kläglich: Von den mehr als 13 Millionen Deutschen, die in der amerikanischen Besatzungszone den Fragebogen ausfüllten, wurden bis in das Jahr 1949 hinein nur 1654 als

sogenannte Hauptschuldige ermittelt und verurteilt. Die Hinrichtung der letzten Kriegsverbrecher am 7. Juni 1951, unter ihnen auch leitende Offiziere der mörderischen mobilen Einsatzkommandos, die hinter der Front der Wehrmacht grausame Verbrechen an der Zivilbevölkerung der von den Deutschen eroberten Länder begingen, löste bundesweit heftigen Widerspruch aus.

Am 15. Dezember 1951 erließ der Deutsche Bundestag Richtlinien für den formellen Abschluss der Entnazifizierung. Wenige Jahre nach Kriegsende waren damit nahezu alle rehabilitiert. So blieben Alt-Nazis viele Schlupflöcher. 1968 ohrfeigte die ehemalige Sekretärin des Deutsch-Französischen Jugendwerks, Beate Klarsfeld, deren französischer Schwiegervater in Auschwitz ermordet wurde, auf einer Veranstaltung den damaligen Kanzler Kurt Georg Kiesinger, Vorgänger von Hans Filbinger als baden-württembergischer Ministerpräsident. Sie wollte auf den Skandal aufmerksam machen, dass viele ehemalige Parteimitglieder, wie Kiesinger, Ämter in der Bundesrepublik innehatten.

Die zornige Generation der 1968er hat den Deckel des Schweigens gesprengt, der auf den kollektiven Lebenslügen der bundesdeutschen Gesellschaft lastete, aber die Auseinandersetzung mit der »braunen Vergangenheit« zieht sich – bis heute – durch die bundesdeutsche Geschichte. Als Günther Oettinger, Ministerpräsident im »Ländle«, 2007 ein Requiem für den toten Hans Filbinger hält, bezeichnet er ihn in seiner Trauerrede, ganz den Behauptungen des Verstorbenen folgend, als »Gegner des NS-Regimes«. Die öffentliche Empörung erteilt auch ihm eine »Maulschelle« – Oettinger muss diesen Satz zurückziehen.

1979

Die Europäische Gemeinschaft als Bauernfrühstück

Was frühstücken eigentlich die Bauern? Das ist heute sicher so unterschiedlich wie im Rest der Bevölkerung. Früher, als es noch keine Kühlschränke gab, wäre die Antwort eindeutiger ausgefallen: Sie machen sich morgens die Reste vom Vortag warm. Auf ebendiese Weise haben vermutlich die wunderbaren, uns von vielen geneideten Bratkartoffeln Eingang in die deutsche Küche gefunden. Übrig gebliebene kalte Kartoffeln eignen sich hervorragend als Grundlage für ein einfaches und nahrhaftes Frühstück – das auch noch himmlisch duftet, wenn man es mit Zwiebeln, Bauchfleisch oder Speck verfeinert. Da aber auch andere Reste – Gemüse oder Fleisch – verwertet werden mussten, variierte man das Gericht mit unterschiedlichen Zutaten, die dann allesamt mit Ei gebunden und wie ein Omelette oder Rührei gegart wurden. Und so ist, was wir heute als Bauernfrühstück kennen, aus diesem kulinarischen Zweckbündnis, in Berlin »Hoppelpoppel« genannt, hervor-

gegangen. Damit es nicht mehr als billiges Resteessen daherkommt, verzichtet man inzwischen auf die Beigabe von »übrig gebliebenem« Gemüse und konzentriert sich aufs Elementare: Bratkartoffeln, Zwiebeln und Ei, Schinkenspeck oder Katenschinken – die Bayern dürfen mit Leberkäse aus der Reihe tanzen –, vielleicht ein wenig Lauch oder Schnittlauch und als saures Schmuckwerk eine Gewürzgurke. Nur daraus hat ein »echtes« Bauernfrühstück zu bestehen, wie es den Bauern aber allenfalls selten auf den Teller gekommen sein dürfte. Und ein Frühstück ist das Bauernfrühstück auch nicht mehr. Selbst die meisten Bauern werden solch schwere Kost wohl nur noch ausnahmsweise morgens zu sich nehmen, etwa wenn es nach einem feucht-fröhlichen Schützenfest die eigene Standfestigkeit wiederzugewinnen gilt.

Es gab Zeiten, da war das Bauernfrühstück so beliebt, dass es Beziehungen stiften konnte, die sprichwörtlichen »Bratkartoffelverhältnisse«. Als mit dem Fortschreiten der Industrialisierung immer mehr Menschen aus ländlichen Gebieten zur Arbeit in die Metropolen strömten, fanden viele von ihnen bei Witwen Unterkunft, die sich mit Kost und Logis ihre schmalen Einkünfte aufbesserten. Diese Damen fanden schnell heraus, dass sie ihre heimwehkranken »Mieter« an sich binden konnten, wenn sie ihnen ihr Lieblingsessen kochten, »wie bei Muttern«. Und weil die Liebe bekanntlich durch den Magen geht, entstand dadurch häufig mehr als nur ein Mietverhältnis. Auf viele Männer wartete aber zu Hause auf dem Land eine Familie, weshalb eine Heirat für sie nicht infragekam und sich die Liebste mit einer wilden »Bratkartoffelehe« zufriedengeben musste. Später, in den Nachkriegsjahren, gingen derlei »lose« Beziehungen eher von den Frauen aus. Diesmal kamen viele heimkehrende Soldaten wiederum bei Witwen unter, die aber auch im Liebesfall nicht auf ihre Witwenrente verzichten wollten, sondern Bratkartoffel-Zweckbündnisse bevorzugten.

1979 steht ein Zweckbündnis ganz anderer Art im Fokus der Öffentlichkeit – und auch hierbei spielen die Bauern eine besondere Rolle. Im Juni finden in den neun Mitgliedsländern der Europäischen Gemeinschaft (EG) erstmals direkte Wahlen zum Europäischen Parlament statt. Doch obwohl das scheinbar Unmögliche, ein vereintes Europa, das einige Menschen – wie etwa Winston Churchill, Jean Monnet oder Robert Schuman – nach dem Zweiten Weltkrieg zu denken gewagt haben, nun Realität zu werden beginnt, ist das europäische Einigungsprojekt ins Stocken geraten. Von einer »harmonischen Entwicklung des Wirtschaftslebens innerhalb der Gemeinschaft«, die laut EG-Vertrag von allen Mitgliedern zu fördern sei, kann in Wahrheit nicht die Rede sein. Und im Zentrum der Disharmonie steht – nicht zum ersten und nicht zum letzten Mal – die Landwirtschaft.

Gerade die »Gemeinsame Agrarpolitik« (GAP) ist ein Symbol sowohl der Integration als auch der Irrwege und einer immer lauter beklagten Intransparenz im europäischen Einigungsprozess. Was innerhalb der Gemeinschaft für alle beteiligten Länder von Nutzen sein soll, erweist sich nach außen als ein Instrument des Protektionismus und nach innen als ein Anreiz zu sinnloser Überproduktion. Um es allen recht zu machen, hat man schon 1966 einheitliche Preise für alle landwirtschaftlichen Produkte vereinbart und den Bauern eine Absatzgarantie gegeben. Sobald der Weltmarktpreis etwa für Getreide unter eine festgelegte Grenze absinkt, muss die EG zum garantierten Preis als Käufer einspringen. Marktmechanismen sind dadurch praktisch außer Kraft gesetzt: Was immer die Bauern auch produzieren, wird ihnen abgenommen. Das war anfangs, wegen der nationalen Unterschiede, vielleicht eine sinnvolle Vereinbarung, die die Bauern vor Billigkonkurrenz schützte und ihre Einkommen sicherte. Jetzt, nachdem die landwirtschaftliche Produktivität Jahr für Jahr steigt, häufen sich die Überschüsse an Getreide, Zucker, Butter, Milch und Wein ins Unermessliche und verkehren die Agrarpolitik ins Absurde.

Obwohl die Beteiligung an der ersten Europawahl mit durchschnittlich 62 Prozent erfreulich hoch ist, wächst der Unmut. Die Menschen

verstehen nicht mehr, wer, was und warum gefördert wird und wer sich warum immer mehr einheitliche Regeln und Normen ausdenkt, die nunmehr in allen Mitgliedsländern gültig sein sollen. Plötzlich geraten die Krümmungsgrade von Gurken und Bananen oder die Mindestlänge von Kondomen ins Blickfeld der Gesetzgebung. Von Überregulierung ist die Rede. Dass aber die meisten der in den Folgejahren tatsächlich vorgenommenen, teilweise abstrus anmutenden Normierungen gar nicht in Brüssel erdacht, sondern aus Gründen eines fairen Wettbewerbs von Industrie-, Bauern- und Handelsverbänden eingefordert wurden, ist den Kritikern des »europäischen Einerleis« entweder nicht bekannt oder wird von ihnen verschwiegen. Stattdessen steht immer öfter der »Moloch Europa« am Pranger, dessen wuchernde Bürokratie die gewachsene Vielfalt einzuebnen droht.

Diesen unzutreffenden Vorwurf hat sich die EG durch ihre Undurchsichtigkeit lange redlich verdient. Heute, da die Europäische Union bereits 27 Mitglieder hat, ist vieles besser geworden. Am wenigsten allerdings die Agrarpolitik, deren Kosten von rund 40 Milliarden Euro nach wie vor mehr als die Hälfte des EU-Haushalts verschlingen. Welcher Betrieb mit wie viel Euro – an Steuergeldern – subventioniert wird, stuft das Landwirtschaftsministerium aber bis heute als vertrauliche Information ein. Man wolle eine »Neiddiskussion« vermeiden. Viel eher als Missgunst würde jedoch vermutlich die Sinnfrage aufkommen. Denn nachdem andere Länder die Subventionsbezieher öffentlich gemacht haben, bestätigt sich einmal mehr die alte Weisheit, wonach sich der Teufel immer den größten Haufen aussucht. So bezieht etwa Prinz Charles für seine Güter in Großbritannien ebenso Subventionen in Millionenhöhe wie der Schweizer Lebensmittelriese Nestlé für seine Anbauflächen in verschiedenen Ländern.

Was daran zu verstehen ist: Nicht die dümmsten, sondern die dreistesten Bauern ernten die dicksten Kartoffeln. So wird die EU zu einem Bauernfrühstück der besonderen Art – morgens, mittags und abends.

1980

Nudelsalat, Punks und Popper

Mit dem Dekadenwechsel beginnt eine Zeit voller Gegensätze. Viele Jugendliche der sechziger und siebziger Jahre hatten gegen ein autoritäres, verklemmtes, spießig-konservatives Eltern-Milieu aufbegehrt. Nun driftet das Gemeinsame dieses Protests in zahlreichen »Bewegungen« – Umwelt, Frieden, Frauen, Dritte Welt – auseinander. Gleichzeitig setzt von verschiedenen Seiten eine »Rebellion gegen die Rebellion« ein. Einige schwören in No-Future-Attitüde jeglicher Politik und jeglichem Kommerz ab, andere wenden sich demonstrativ dem Konsum zu. Und während sich die Ersteren angewidert geben und deshalb Hässlichkeit zum Programm erheben, begründen Letztere lustvoll eine Kultur des schlechten Geschmacks. Mögen Karottenhosen oder Leggings, ein schrilles Make-up und Fönfrisuren, Cowboystiefel und schmale Lederkrawatten in dieser Hinsicht vielleicht umstritten bleiben; unumstritten dürfte die Grausamkeit der Nudelsalate sein, die jetzt allenthalben in großen Schüsseln auf Partys getragen werden.

Selbstverständlich ist der Nudelsalat an sich keine Abscheulichkeit. Es gibt zahllose leckere, raffiniert gewürzte Varianten mit frischen Zutaten. Aber die kurzen, in Mayonnaise und einem Schuss Dosenmilch vermanschten und mit Dosengemüse »verfeinerten« Makkaroni, die jetzt als Mitbringsel in Mode kommen, sind nichts als eine Zumutung – und werden in Wahrheit auch als solche empfunden. Dennoch überschreitet dieser sogenannte Nudelsalat wegen seiner einfachen Zubereitung sogar die Grenzen der sich ansonsten in tiefer Feindschaft begegnenden Gruppen und kommt auf Punk-Konzerten ebenso zum Einsatz wie bei Protestveranstaltungen oder den Feten Hamburger Gymnasiasten.

Ab dem Frühsommer ereignen sich in mehreren Städten unerwartete Massenschlägereien. Im Mai stürmen Hunderte Jugendliche, viele von ihnen in fremdartigem Outfit, mit Sicherheitsnadeln, Hundehalsbändern und einem martialischen Irokesen-Haarschnitt geschmückt, das Hamburger Nobelviertel Pöseldorf, machen Jagd auf Gleichaltrige im Kaschmirpulli, zertrümmern Scheiben und demolieren teure Autos. Ähnliche Tumulte ereignen sich wenig später in der Berliner Hasenheide, wo eine Gruppe abgerissener Punks auf die wohlgekleideten Gäste eines Konzerts der Musikband »Die Popper« losgeht. Der Polizei gelingt es schließlich, den Tumult zu beenden, den die Presse anderntags zu einer Art »Klassenkampf unter Jugendlichen« hochstilisiert.

Richtig ist, dass sich Punks und Popper in inniger Feindschaft gegenüberstehen, weil sie radikal entgegengesetzte Lebenshaltungen kultivieren. Die aus der New Yorker und Londoner Musikszene hervorgegangenen Punks üben sich in offener Ablehnung der Gesellschaft, sie sind anarchisch, glauben an nichts und niemanden und

demonstrieren ihre Unangepasstheit durch ein provozierendes Äußeres. Ihr Credo ist der Refrain eines Songs der legendären Sex Pistols: »No Future«.

Ganz anders die sich zunächst aus Hamburger Bürgerkindern rekrutierenden Popper, über die das »Zeit«-Magazin erstmals im März 1980 berichtet: »Die mit der Tolle«. Gerade die »Poppertolle«, eine Seitenscheitel-Frisur mit rasiertem Nacken und langem, schräg ins Gesicht fallendem Pony, wird schnell zum Markenzeichen einer sich in vielen Städten ausbreitenden Jugendszene, die sich bewusst konformistisch, dezidiert unpolitisch und entschieden konsumorientiert gibt: Ästhetik statt Ethik! Die Anwaltssöhne und Arzttöchter haben genug vom gestrigen Dagegensein, von schlechten Manieren und nachlässiger Kleidung. Sie rauchen Dunhill-Zigaretten, zeigen sich ausschließlich in teuren Markenklammotten – etwa von Lacoste, Fiorucci oder Burlington –, schlürfen Mumm-Sekt und schwärmen für ihr musikalisches und modisches Vorbild Bryan Ferry, den Sänger der Gruppe Roxy Music. Die Popper stilisieren sich zu einer »Avantgarde der Angepassten«.

Das ist natürlich eine einzige Provokation, ein Affront: Während sich Tausende in der Anti-AKW-Bewegung engagieren und etwa im Juni den für das Atommüll-Endlager Gorleben vorgesehenen Salzstock mit einem Hüttendorf – »Freie Republik Wendland« – besetzt halten, während sich im März aus verschiedenen Öko-Gruppen und politischen Strömungen die Bundespartei der Grünen gründet, während der Kalte Krieg eine weitere Eskalationsstufe erreicht und der Bundestag sich im April wegen des sowjetischen Einmarsches in Afghanistan für einen Boykott der im Sommer in Moskau anstehenden Olympischen Spiele ausspricht, zelebrieren die Schnösel aus Blankenese oder Starnberg ihre aufreizend lässig-arrogante Gleichgültigkeit.

Insofern ist es kein Wunder, dass die Popper schnell zum übergreifenden Feindbild all der Öko-, Friedens- oder Frauenbewegten werden – und dass sie sich den Hass der Punks zuziehen, den diese dann in Hamburg, Berlin und anderswo auch ausagieren: »Schlagt die Popper platt wie Whopper«, »Warum die Zeit totschlagen? Es gibt doch Popper«.

Dabei sind die Punks anfangs ähnlich un- oder gar antipolitisch wie ihre vermeintlichen Gegenspieler. Wie die Popper sind sie Anti-Rebellen. Sie wollen nichts verändern, verbessern, sie verweigern sich. Aber diese Verweigerung lässt sich immerhin noch als Kritik an den bestehenden Verhältnissen deuten, weshalb die auch von den Punks verhöhnten Engagierten diese Subkultur eher tolerieren können. Die Popper hingegen, die sich in einer als unerträglich empfundenen Realität genüsslich einrichten und diese Realität sogar zu ihrem individuellen Lebens- und Luxusfest ausschmücken, sind durch und durch inakzeptabel.

So inakzeptabel wie der Nudelsalat, der nun praktisch auf jeder Party aufgetischt wird – und nicht selten unangetastet bleibt. Die Gäste verzweifeln lieber an dem gerade als »Spiel des Jahres« ausgezeichneten »Zauberwürfel« des ungarischen Architekten Erno Rubik als an der schwer verdaulichen Kost. Es bleibt deshalb ein ungeklärtes Rätsel, weshalb ausgerechnet diese Pampe die Grenzen der verfeindeten Milieus gewissermaßen transzendiert hat. Ob in Gorlebener Hütten, auf Friedensfesten oder in Grünen-Zirkeln, ob auf Punk-Gelagen, Studentenfeten oder Popper-Partys – die Mayo-Pasta-Mischung, genannt Nudelsalat, wird zum Dauerbrenner.

Da kann man im Nachhinein nur erleichtert feststellen: Manchmal ist es eben doch gut, wenn die Zeit vergeht. Zwar erleben die 1980er Jahre heute auf Revival-Partys ein skurriles Comeback, aber Nudelsalat bleibt dabei allenfalls auf eine Kölner Partyband dieses Namens beschränkt.

Müsli für eine bessere Welt

1981

Wer hat's erfunden? Ja, die Schweizer, genauer: Maximilian Oskar Bircher-Benner. Der Aargauer Arzt und Ernährungsreformer servierte den Gästen seines am Zürichberg gelegenen Sanatoriums »Lebendige Kraft« erstmals 1902 eine zunächst »Apfeldiätspeise« genannte Mischung aus Haferflocken, geriebenen Äpfeln, Zitronensaft, Haselnüssen (oder Mandeln) und gezuckerter Kondensmilch. Die als bekömmliches Abendessen gereichte Rohkostkreation, so war der Pionier der Vollwerternährung überzeugt, enthalte energiegeladene »Lichtquanten«, die dem Körper »Lebenskraft« zuführten. Nun ja, auch wenn sich Birchers Lichtteilchen nie nachweisen ließen, war das Bircher Müsli – durch seinen hohen Gehalt an den damals noch unbekannten Vitaminen und Ballaststoffen – zweifellos gesund. Richtig populär wurde es aber erst in den 1940er Jahren, nachdem die Elmshorner Firma »Peter Kölln« 1937 ihre »blütenzarten Köllnflocken« entwickelt hatte. Nun mussten die Haferflocken nicht mehr, wie zuvor,

über viele Stunden im Wasser quellen, bevor man sie ins Müsli einrühren konnte, sondern waren bereits nach kurzer Einweichzeit genießbar. So konnte das Müsli in seinen verschiedensten Variationen zu einem inzwischen festen Bestandteil unserer Frühstückskultur werden. Seinen weltweiten Durchbruch verdankt der Getreide-Obst-Joghurt-Mix hierbei einer neuen sozialen Bewegung, deren Anhänger sich anschickten, nicht nur den eigenen Körper und die eigene Lebensweise, sondern gleich die ganze Welt zu verbessern.

Mit Bussen und Sonderzügen strömen die Menschen am 10. Oktober nach Bonn und versammeln sich dort im Hofgarten zur bis dahin größten Friedensdemonstration in der Bundesrepublik. Mehr als 300 000 Teilnehmer treten für ein Ende des im Ost-West-Konflikt eskalierenden Wettrüstens ein und bekunden ihren Widerstand gegen die von der NATO geplante Stationierung atomarer Mittelstreckenraketen in Europa. Redner aus aller Welt halten umjubelte Vorträge und variieren darin das die festivalähnliche Kundgebung bestimmende Motto: »Frieden schaffen ohne Waffen!«

Gewerkschaften, Kirchen, Wissenschaftler, Politiker sowie Hunderte von Organisationen aus dem gesamten Spektrum der seit den 1960er Jahren entstandenen alternativen Szene – Friedensinitiativen, ökologische Protestgruppen, Frauenzentren, Landkommunen, Atomkraftgegner, Hausbesetzer – hatten ihre Anhängerschaft nach Bonn gerufen. Dadurch wird der Aufrüstungsprotest zugleich zu einem Fanal für eine andere, eine bessere Welt. »Das weiche Wasser bricht den Stein/ Wir wollen wie das Wasser sein.« Und der Stein, das sind nicht nur die gegeneinander gerichteten Waffensysteme, das sind auch Atomkraftwerke oder die Startbahn West des Frankfurter Flughafens, das sind Waldsterben, saurer Regen und ein rücksichtsloser, die Bedürfnisse von Natur und Mensch missachtender Kapitalismus.

Viele Demonstranten im Bonner Hofgarten haben nicht nur Angst vor einem Dritten Weltkrieg. Ihr Protest richtet sich zugleich gegen die

Verschwendungssucht einer Konsumgesellschaft, deren Überproduktion gerade die Europäische Gemeinschaft in ihre erste schwere Krise stürzt. Begriffe wie »Butterberg« und »Milchsee« machen die Runde, und es wird bekannt, dass unvorstellbare Mengen überschüssigen Obstes – alles potenzielle Müslizutaten – und überschüssigen Gemüses vernichtet oder verfüttert werden, während man anderswo auf der Welt Hunger leidet. Das alles zeige doch, dass die »Grenzen des Wachstums«, die der Club of Rome schon 1972 beschworen hat, längst erreicht seien.

Die Vielfalt der Protestmotive und der Umfang des Forderungskataloges sind sicher ein Grund, warum die machtvolle Bonner Demonstration keine unmittelbare Wirkung zeigt. Im Gegenteil: Die Sowjetunion installiert ihre SS-20-Raketen, die NATO ihre Cruise Missiles, und der Ost-West-Konflikt gewinnt sogar an Schärfe, als der polnische Ministerpräsident, General Wojciech Jaruzelski, am 13. Dezember das Kriegsrecht über Polen verhängt, die oppositionelle Gewerkschaft Solidarność verbietet und ihren Vorsitzenden, Lech Waleşa, unter Hausarrest stellt. In West-Berlin kommt es zu Straßenschlachten zwischen Hausbesetzern und Polizei; am Frankfurter Flughafen wird das Hüttendorf der Startbahn-West-Gegner gewaltsam geräumt; und auch die Subventionspolitik der EG erfährt keinerlei Veränderung.

Enttäuscht verlegen sich daraufhin viele Protestler bei ihrer am britischen Ökonomen Ernst Friedrich Schumacher orientierten »Rückkehr zum menschlichen Maß« aufs Private und suchen ihr Heil in alternativen Lebensentwürfen: »small is beautiful.« Sie schwören der Konsumgesellschaft ab, ernähren sich gesund, verhalten sich politisch korrekt, streben nach Harmonie zwischen Körper, Seele und Umwelt – und model-

lieren dadurch eine tatsächlich sehr vielfältige Gruppe nach und nach zum Klischee: zum Latz- oder Cordhose tragenden, Palästinenserschal geschmückten, ansonsten die eigene Erscheinung, inklusive der Frisur, der Natur überlassenden, Sojasprossen kultivierenden, Körner mahlenden, friedfertigen »Müsli«. Ihre Hymne findet diese Generation Müsli zwei Jahre später in einem Lied der Gruppe Gänsehaut: »Tief im Wald, zwischen Moos und Farn, / Da lebte ein Käfer mit Namen Karl. / Sein Leben wurde jäh gestört, / Als er ein dumpfes Grollen hört. / Lärmende Maschinen überrollen den Wald, / Übertönen den Gesang der Vögel schon bald. / Mit scharfer Axt fällt man Baum um Baum, / Zerstört damit seinen Lebensraum. / Karl der Käfer wurde nicht gefragt, / Man hat ihn einfach fortgejagt...«

Aber in ihrer seltsamen Rückwärtsgewandtheit machen sich die alternativ auch »Körnerfresser« oder »Ökos« Genannten zugleich als Spaßbremsen verdächtig – und bereiten damit ungewollt der Lach- und Eventkultur der ihnen nachfolgenden »Generation Golf« den Boden. Denn Korrektheit ist auf Dauer öde. Das wissen auch die »Müsli-Sympathisanten« recht früh. Ebenfalls in Bonn spielt die trotz schwerster Kölner Mundart gerade zu nationaler Popularität aufstrebende Rockgruppe BAP auf einem Konzert erstmals ihren Titel »Müsli-Män« – ein Lied über einen moralinsauren Alternativen, der aufs Gewissen drückt und einem alle kleinen Freuden des Alltags vermiest.

Andererseits wussten schon die alten Römer: Mens sana in corpore sano – nur in einem gesunden Körper wohnt ein gesunder Geist. Insofern hilft vermutlich auch das Müsli, wenn es nicht mit zu viel Zucker, Süßstoff oder Konfitüre verkleistert wird, die Welt ein bisschen besser zu machen.

1982

Überraschungseier und die »geistig-moralische Wende«

Knapp zehn Jahre, nachdem ein süßer Brotaufstrich namens Nutella seinen Siegeszug in der Bundesrepublik angetreten hatte, war dem Süßwarenkonzern Ferrero 1974 ein weiterer Coup gelungen: Spiel, Spaß und 20 Gramm Schokolade, eine »Kinder-Überraschung« in Eiform, außen braun und innen weiß, deren Hülle ein gelbes Plastikdotter umschließt, das eine Figur oder ein Spielzeug zum Zusammenbauen verbirgt. Waren die Überraschungseier zunächst mit einem spielenden Jungen in blauer Hose verziert, so erhalten sie jetzt, Anfang der achtziger Jahre, mit dem rotweißen Eiermann ihr bis heute prägendes Markenzeichen. Und noch eine weitere Neuerung macht die süßen Eier zum Kult. Enthielten sie bis dahin vorwiegend Plastikfiguren aus der Disney-Welt, so kommt nun die erste handbemalte, fortlaufende Figuren-Sonderserie ins Ei und löst einen wahren Sammelboom aus: »Erkennst du deinen Schlumpf?«. Die putzigen, friedfertigen, stets gut gelaunten, blauen Gnome mit ihren weißen Zipfelmützen, deren Abenteuer erstmals 1969 in Fix- und Foxi-Heften zu

bestaunen waren, machen zeitgleich gerade in einer Zeichentrick-Serie im Fernsehen Furore und stehen gewissermaßen auf dem Zipfel ihrer Beliebtheit. Weniger beliebt, aber ebenso erfolgreich, erklimmt in diesem Jahr auch der CDU-Vorsitzende Helmut Kohl seinen persönlichen Gipfel und wird, ohne vorherige Wahl, vom bundesdeutschen Parlament zum Kanzler ernannt. Und auch in der DDR ereignet sich Überraschendes.

»Sagt mal, wo kommt ihr denn her? Aus Schlumpfhausen bitte sehr!« so der wiederkehrende Refrain des Schlümpfe-Serien-Trailers. Dieses Schlumpfhausen ist der friedlichste Ort, den man sich vorstellen kann. Hier leben die Schlümpfe, milde angeführt vom weisen »Papa Schlumpf«, der sich durch seine rote Zipfelmütze von den anderen abhebt, in der denkbar harmonischsten aller Welten, in der Gewaltfreiheit ein verwirklichtes Ideal ist. Dieses Ideal, aber das ist gewiss die einzige Parallele, machen sich seit den späten sechziger Jahren auch immer mehr Menschen in der realen Welt zu eigen. Man ist des Kalten Krieges mit seinen Rüstungsspiralen überdrüssig. Überraschenderweise verschaffen sich die entsprechenden, in der Bundesrepublik bereits während zahlreicher Demonstrationen erhobenen Forderungen nun plötzlich auch in der DDR Gehör. Nachdem 35 Geistliche, Intellektuelle und Arbeiter auf Initiative von Pfarrer Rainer Eppelmann im Januar den »Berliner Appell – Frieden schaffen ohne Waffen« unterzeichnen und darin unter anderem den Abzug aller Besatzungstruppen aus ganz Deutschland fordern, versammeln sich am 13. Februar Tausende vorwiegend junge Christen zu einer ersten Friedensdemonstration in Dresden. Um eine Konfrontation mit Polizei und Stasi auf der Straße zu verhindern, lädt die Sächsische Landeskirche die Demonstranten in die Kreuzkirche ein, wo die zentrale Kundgebung stattfindet: »Schwerter zu Pflugscharen«. Anschließend ziehen viele Hundert Menschen an diesem Gedenktag für die Opfer der Bombardierung Dresdens im Jahr 1945 zur Ruine der Frauenkirche und entzünden dort ein Kerzenmeer. Aus dieser Friedensbewegung wird im Ostteil Deutschlands im Laufe der Zeit eine Oppositionskraft erwachsen, der insbesondere ein Politiker später seinen größten Triumph verdanken wird: Helmut Kohl, der »Kanzler der Einheit«.

Aber so weit ist es noch nicht. Zunächst einmal geht eine andere Ära zu Ende: Nach 13 Jahren an der Regierung zerbricht die sozialliberale Koalition. Arbeitslosigkeit und Staatsverschuldung führen zum offenen Streit zwischen SPD und FDP, durch den sich der lange erfolgreiche und allseits respektierte Bundeskanzler Helmut Schmidt schon im Februar gezwungen sieht, im Parlament die Vertrauensfrage zu stellen. Diesmal stimmen die FDP-Abgeordneten noch geschlossen für ihn. Hinter den Kulissen rumort es jedoch kräftig weiter, zumal zwei Skandale das politische Parteiensystem der Bundesrepublik erschüttern, woraufhin vor allem die regierende SPD dramatisch an Zustimmung verliert. Im Februar bringt »Der Spiegel« mit ersten Enthüllungen den Skandal um den SPD-nahen Gewerkschaftskonzern »Neue Heimat« ins Rollen; über Jahre hatten die führenden Genossen des Wohnungsbauriesens vor allem in die eigene Tasche gewirtschaftet. Kurz darauf wird auch noch eine Parteispenden-Affäre ruchbar: Am 24. Februar gibt die Staatsanwaltschaft Bonn bekannt, dass sie gegen den ehemaligen Forschungsminister Hans Matthöfer (SPD), gegen den aktiven Wirtschaftsminister Otto Graf Lambsdorff (FDP) sowie gegen andere Politiker aus der Regierungskoalition wegen des Verdachts der »Vorteilsannahme« ermittele. Die Verdächtigten hätten Steuerbegünstigungen für den Flick-Konzern erwirkt und dafür, insbesondere über den Flick-Manager Eberhard von Brauchitsch, illegale Spenden für ihre Parteien erhalten.

Der Anklage werden später (1987) einige Verurteilungen folgen. Zunächst aber schlägt die Stunde des ehemaligen rheinland-pfälzischen Ministerpräsidenten und jetzigen CDU-Partei- und Fraktionschefs Helmut Kohl. Mit seiner Forderung nach einer »geistig-moralischen Wende« trifft er nicht nur den Nerv der Zeit. Zugleich umwirbt er mehr oder weniger offen eine verunsicherte FDP, die sich dem Sog des Niedergangs der SPD zu entziehen sucht. Am 1. Oktober ist es dann so weit: Im Bundestag spricht eine Mehrheit aus CDU/CSU und FDP Bundeskanzler Helmut Schmidt ihr Misstrauen aus und wählt Helmut Kohl zum neuen Kanzler einer christlich-liberalen Koalitionsregierung.

Nach der Ära des Weltpolitikers Schmidt folgt nun die Ära des vermeintlichen Provinzpolitikers Kohl. Aber der anfangs oft als »Birne« oder schlicht »der Dicke« Verspottete und von vielen nicht recht ernst genommene Pfälzer wird sich als eine Art Überraschungsei entpuppen: als engagierter Europäer und geschickter Manager der deutschen Einheit. Nicht wenige politische Beobachter sehen in Kohl 1982 einen Übergangskanzler – der dann doch länger im Amt bleiben sollte, 16 Jahre, als alle seine Vorgänger.

Und noch ein »Mann« zieht in diesem Jahr die öffentliche Aufmerksamkeit auf sich und wird in der Folge mit »Überraschungen« aufwarten, die unser Leben nachhaltiger verändern, als es Regierende vermögen. Am 27. Dezember gibt das angesehene amerikanische Magazin »Time« seine Wahl für den »Mann des Jahres« bekannt. Nein, es ist nicht Helmut Kohl, es ist überhaupt kein Wesen aus Fleisch und Blut. Es ist der Computer.

1983

Pizza und Pazifismus

In den frühen 1980er Jahren explodiert der Verkauf der aus Mehl, Wasser, Hefe, Salz und Olivenöl hergestellten und danach mit verschiedenen Zutaten belegten dünn ausgezogenen Teigfladen namens Pizza. Die deutsche »Gesellschaft für Konsumforschung« verbucht eine Verdreifachung des Pizzakonsums – damit hat niemand gerechnet. Der Geist einer neuen Zeit ist angebrochen. Dass er sich gerade auch daran festmachen lässt, welche Speisen bevorzugt werden, wissen wir seit der bahnbrechenden Studie des Soziologen Norbert Elias über den Prozess der Zivilisation: Männlich besetzte Nahrungsmittel wie der deutsche Sonntagsbraten verlieren dabei an kultureller und statusunterscheidender Bestimmung, während Obst und Gemüse ebenso an Bedeutung gewinnen wie auch der Verzehr von ehedem als »weich« geltenden Gerichten, allen voran Nudeln und Süßspeisen, die nicht mehr mit dem Messer traktiert und zerbissen werden müssen. Dieses Stadium der Zivilisierung hat das bundesdeutsche Gemeinwesen erreicht.

Unsere Gesellschaft ist »postheroisch« geworden. Die ersten demonstrativen Anzeichen dafür sind die Massendemonstrationen gegen das Arsenal an Mittelstreckenraketen, mit dem »unsere amerikanischen Freunde« in den frühen 1980er Jahren die Bundesrepublik zupflastern wollen. Wortmächtig wird ihr Ansinnen unterstützt von dem damaligen Bundeskanzler Helmut Schmidt, der sich selbst gern als »Erfinder« des sogenannten »Nato-Doppelbeschlusses« bezeichnet, mit dem die Außen- und Verteidigungsminister der NATO-Mitgliedsstaaten 1979 den amerikanischen Rüstungsplänen zugestimmt hatten, um der Aufrüstung der damals noch existierenden Sowjetunion Paroli bieten zu können, deren SS-20-Raketen auch Europa im Visier haben. Schmidt wird 1982 gestürzt, seine Warnungen vor der »Angstmacherei« einer breiten Friedensbewegung, die sich über alle Partei- und Verbandsgrenzen hinweg etabliert, kommt in der Bevölkerung nicht gut an. Millionen von Bundesbürgern formieren sich zum Widerstand – bilden kilometerlange Lichter- und Menschenketten, funktionieren Kirchentage um, drängen sich zu Großdemonstrationen oder zu gewaltlosen Aktionen vor den Stationierungsorten. Hätte die Kaste der regierenden Politiker die Verbraucherstatistik des »Deutschen Instituts für Tiefkühlkost« studiert, insbesondere die Rubrik Pizza, hätte sie gewusst, was auf sie zukommt.

Als der Italiener Nicola di Camillo 1952 in Würzburg die erste Pizzeria eröffnete, war die deutsche Gesellschaft noch nicht reif für einen solchen zivilisatorischen Schritt. Auf deutsche Kundschaft durfte der Italiener kaum hoffen – die einen hielten die einst in der chronisch finanzschwachen Stadt Neapel erfundene »Speise der Armen« für einen Pfannkuchen, für die anderen waren Camillo und seine Landsleute noch »Makkaronifresser«, unzuverlässige Zeitgenossen, die den deutschen Frauen nachstellten, im Zweiten Weltkrieg als Verbündete die »Front« nicht hatten halten können und überdies Olivenöl verwendeten, vor dessen Verzehr und seinen Folgen (»Ölkrankheit«) zahllose Reiseberichte warnten. Da blieb der Deutsche doch lieber bei Muttis Sonntagsbraten.

Aber Camillo war auf deutsche Kundschaft auch gar nicht angewiesen. Er belieferte vorrangig US-Soldaten, die in den Würzburger Leighton Barracks stationiert waren und heimwehkrank dem populären amerikanischen Schauspieler Dino Paul Crocetti lauschten, Sohn eines italienischen Einwanderers, der unter dem Künstlernamen Dean Martin mit seinem Song »When the moon hits your eye/ like a big pizza pie/ that's amore…« die Charts eroberte.

Seit die Firma Oetker 1970 die erste Tiefkühlpizza auf den Markt geworfen hatte, konnte sie unablässig Geschmacksterrain hinzuerobern. Inzwischen bezeichnet jeder dritte deutsche Schüler sie als sein Lieblingsgericht. Die Frauen dieser Republik haben ihr den wohl entscheidenden Durchbruch verschafft: Sie haben viel dafür getan, ihre Söhne von den alten Mustern der Männlichkeit abzubringen. Ehre und Opfer, Sieger und Helden, Schmerz und Kampf – diese heroischen Attribute schmecken nach Blut, riechen nach Schweiß und klingen nach Krieg und Militarismus: einfach nicht mehr zeitgemäß. Sie wollen sensible Söhne, die solchen Idealen abgeschworen haben, die argumentieren, statt zu prügeln, den Kriegsdienst verweigern, sich am Abwasch beteiligen, täglich die Unterwäsche wechseln und schmutzige Fingernägel nicht länger für ein Zeichen von Virilität halten. Sie haben den männlichen Teil unserer Bevölkerung sozusagen weiblich runderneuert, sie zweifelsohne ziviler, damit aber offensichtlich – zumindest in der Wahrnehmung der Männer – auch »unmännlicher« gemacht. Kein Zufall, dass der kantige Hamburger Ex-Leutnant Helmut Schmidt

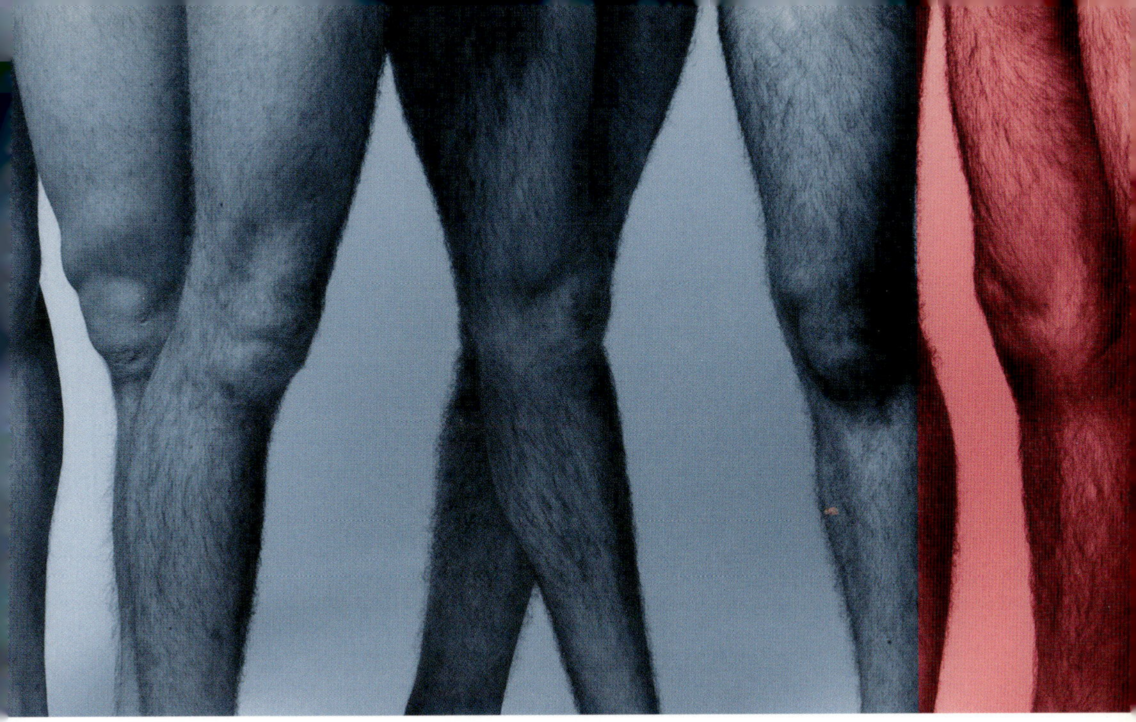

1982 dem niederrheinischen »Dicken«, Helmut Kohl, Platz machen muss, der später als Kanzler der Einheit, gleich nach dem Hauptstadtbeschluss, nach einem neuen »Lieblingsitaliener« scouten lässt, um auch in Berlin nicht auf seine Spaghetti verzichten zu müssen.

Die hiesige Wirklichkeit hat für die alten Männermuster keine rechte Verwendung mehr, mit denen Helmut Schmidt dereinst als Hamburger Innensenator die »Große Flut« in die Elbe zurücktrieb und sich den nicht unpassenden Beinamen »Schmidt Schnauze« verdiente. Außer bei den Hooligans oder bei den Rechtsradikalen hat diese Gesellschaft den Männern nichts mehr zu bieten, was ihre Sehnsucht nach unbestrittenem Führungsanspruch und nach einem kleinen blutigen Feldzug befriedigen könnte. Selbst Gerhard Schröder, der sich später gern noch hie und da als »Basta-Kanzler« in den Medien feiern lässt, mag nicht der säbelrasselnden Front von George W. Bush gegen die »Achse des Bösen« beitreten und in den Irak-Krieg ziehen.

Fürwahr: unsere Gesellschaft ist postheroisch geworden. Vielleicht aber sind wir bei diesem an sich begrüßenswerten Prozess der Zivilisierung doch zu weit gegangen. Denn inzwischen ist der Mann als solcher sich seiner nicht mehr gewiss: Mehr als ein Drittel aller deutschen Männer geben an, sie seien »unsicher«. Und immer mehr von ihnen wollen, sollten sie noch einmal auf die Welt kommen, lieber eine Frau sein.

1984

Waldsterben und Schwarzwälder Kirschtorte

Die Schönste im Land, verkündet der Spiegel der bösen Königin, sei ihre Stieftochter Schneewittchen – ein Mädchen »so weiß wie Schnee, so rot wie Blut und so schwarzhaarig wie Ebenholz«. Vielleicht ist die Schwarzwälder Kirschtorte so beliebt, weil sie uns an Schneewittchen erinnert – die Schönste im Tortenland ist sie allemal. Schneeweiße Sahne wird auf schwarzbraunen Schokoladenbiskuitboden gestrichen, der mit einem kräftigen Schuss Schwarzwälder Kirschwasser getränkt ist, und dann werden köstliche rote Kirschen darauf platziert.

Aber wer hat diesen Traum dereinst erdacht? Darüber gibt es Streit – bis heute. War es der Konditormeister Josef Keller aus Radolfzell am Bodensee, der behauptet, schon 1915 den ersten mit Kirschen und Sahne bedeckten Schokoladentortenboden seinen Café-Gästen präsentiert zu haben? Oder Erwin Hildenbrand, Konditormeister aus Tübingen, der in jüngeren Jahren in Freudenstadt im Schwarzwald gearbeitet hat und immerhin ein Foto aus dem Jahr 1936 vorweisen kann, das ihn mit dem schwarz-weiß-roten Prachtwerk zeigt?

Für jeden Schwarzwald-Patrioten ist die Sache ohnehin ausgemacht: Die Torte kann nur irgendwo auf den Hügeln des

Schwarzwaldes kreiert worden sein, denn nur an seinen vom Rhein klimatisch begünstigten Hängen gedeihen die prallen sauren und süßen Kirschen, aus denen auch der aromatische Kirschbrand hergestellt wird. Und schon im 19. Jahrhundert erfreute sich ein besonderes Dessert großer Beliebtheit – eine Schale Kirschkompott mit geschlagener Sahne, das zuweilen mit Schwarzwälder Kirschwasser verfeinert wurde.

Für alle von uns, die wir mit Märchen wie »Hänsel und Gretel« aufgewachsen sind, die sich im dunklen Wald verlaufen, mit Liedern wie »Der Mond ist aufgegangen«, in dem die schwarzen, schweigenden Wälder besungen werden, mit Geschichten von der Schlacht im Teutoburger Wald, mit Schwarzwaldmädel, Harzer Käse und der deutschen Eiche, ist der Wald die kollektive Gemütsheimat.

In diese bricht 1984 mit dem ersten Waldschadensbericht, einer Bilanz der vom Menschen verursachten Schäden am deutschen Wald, die Schreckensnachricht vom Waldsterben ein: Wir feuern zu viel Schwefeldioxid in die Luft und setzen zu viele Stickoxide frei, die den Boden versauern und den Wald dahinsiechen lassen. Nadelverluste, Fehlbildungen wie »Storchennester«, Angsttriebe, Kronenverlichtung sind erst die Vorboten der drohenden Apokalypse. Binnen weniger Jahre, so die Prognosen der Umweltschützer, werden wir auf glatzköpfige Bergkuppen starren, von denen nur noch einsame Baumskelette, wie auf den Bildern von Caspar David Friedrich, ihre kahlen Zweige mahnend in den Himmel recken. Unsere Enkelkinder werden in baumlosen Stadtparks spielen und die deutsche Eiche, Urbild von Kraft und Generationen überdauernder deutscher Standhaftigkeit, nur noch von den Ehrenurkunden der Bundesjugendspiele kennen – wenn nicht sofort gehandelt wird. Die Bundesregierung erlässt eine »Großfeuerungsanlagenverordnung«, die die Betreiber großer Kraftwerke zur Reinigung ihrer Abgase zwingt. Danach vermindert sich innerhalb von sieben Jahren die Schwefel-

dioxidemission der Kraftwerke um 90 Prozent. Um die Stickstoffbelastung der Wälder zu reduzieren, die hauptsächlich dem Autoverkehr zu verdanken ist, schlagen die Umweltverbände ein Tempolimit vor: 100 km/h auf der Autobahn, 80 auf den Landstraßen.

Ein unkluger Vorschlag. Denn nun sieht sich der Bürger vor eine tragische Entscheidung gestellt, ist uns doch auch das Auto ein Gemütswert, nicht nur eine kalte Maschine, mit der man sich von einem Ort zum anderen bewegen kann. Das Auto ist uns fast schon eine religiöse Offenbarung; an die Prosa des Irdischen mögen wir nicht erinnert werden, wenn wir uns einen Porsche Cayenne zulegen. Die Autoindustrie weiß das: Ihre Werbefotos zeigen meist menschenleere Landschaften, in denen kein Baum, kein Strauch wächst. In ihren Kathedralen in Stuttgart oder Wolfsburg verhökern sie nicht einfach BMWs oder Audis oder einen Mercedes, sondern gewähren uns mit der Übergabe des Gefährts den Eintritt in einen Orden.

Der ADAC ist noch nicht ganz auf der Höhe des Sakralen, aber sein Slogan »Freie Fahrt für freie Bürger!« wirkt. Bundeskanzler Helmut Kohl schwört: »Solange ich Kanzler bin, wird es ein Tempolimit nicht geben«. Verkehrsminister Dollinger, der sich durch den öffentlichen Druck genötigt sieht, zumindest einen Großversuch einzuleiten, kennt das Ergebnis schon vorher: »Ein Tempolimit bringt nichts.«

Der Wald oder das Auto – wir sehen uns nicht gern vor diese Alternative gestellt. Mit dem Katalysator haben wir uns arrangiert. Zugegeben: Er erspart dem Wald heute viel Stickoxid, unseren Lungen viel

Kohlenmonoxid, unserem Körper viel Blei. Das ist okay. Wir unterstützen auch die Forderung der Umweltschützer, dass der Waldschadensbericht fortgeschrieben werden muss. Denn wir wissen: Der Wald kränkelt auch weiterhin, ein Drittel der Bäume ist schwer geschädigt. Wir sind deshalb für »nachhaltige« Waldbewirtschaftung, wir beteiligen uns gern an allen Aktionen, mit denen hundert Bäume gepflanzt werden sollen oder die Miniermotte von den Blättern der Kastanie entfernt wird. Wir sammeln unsere Zeitungen im Altpapiercontainer und drucken unsere Texte doppelseitig aus. Wir geben zu, mit einem jährlichen Papierverbrauch von 230 Kilogramm pro Nase sind wir noch weit vom afrikanischen Standard (sechs Kilogramm) und vom papierlosen Büro entfernt. Wir werden auch unsere amerikanischen Freunde ermahnen, die noch ein Drittel mehr als wir verbrauchen. Und kann man nicht auch etwas tun gegen den skandalös hohen CO_2-Ausstoß der Chinesen? Die sollen endlich unsere Rußpartikelfilter kaufen! Auch die Vernichtung der Regenwälder sollte gestoppt werden – dass die Argentinier den für ihre Rinder, die Brasilianer für Ethanol abholzen, damit alle bei ihnen mit billigem Sprit fahren können, das finden wir nicht gut. »Rettet den Regenwald!« – wir kaufen schon lange keine Tropenhölzer mehr. Aber das Auto, liebe Umweltschützer, das müsst ihr uns lassen. Eher schon sind wir willens, auf die Schwarzwälder Kirschtorte zu verzichten und unseren Enkeln nur noch zu erzählen: »Es war einmal eine Torte, ihr Boden so schwarz wie Ebenholz, ihre Sahne so weiß wie Schnee, ihre Kirschen so rot wie Blut – sie war die Schönste im ganzen Tortenland…«

1985

Currywurst und Kohlepfennig

Die Sauce ist das Entscheidende. Wer als Imbissbetreiber auf sich hält, schüttet nicht einfach Industrie-Ketchup und Currypulver auf die in der Regel gepökelten und leicht geräucherten Brühwürste. Gute Currywürste werden vielmehr mit einer auf der Basis von Tomatenmark und Gewürzen selbst hergestellten Sauce veredelt, die warm über die geschnittenen Wurststücke gegeben wird. Ob mit oder ohne Darm, wie in Berlin, oder als kräftig gewürzte Bratwurst, wie im Ruhrgebiet, die Currywurst wird selbstverständlich immer mit Pommes genossen, möglichst »rot-weiß«, und für Kenner zusätzlich mit »scharfen Zwiebeln«.

»Gehse inne Stadt / wat macht dich da satt / ne Currywurst / Kommse vonne Schicht / wat Schönres jibt et nich / als wie Currywurst / mit Pommes dabei / ach, dann gebense gleich zweimal Currywurst …« Das Revier rockt, der Ruhrpott wird Kult – nicht nur wegen Herbert Grönemeyer und seiner Hymne auf die Currywurst.

Während der in Bochum aufgewachsene Grönemeyer gerade seine ersten großen Hits landet, steht eine andere Identifikationsfigur des Ruhrgebiets bereits auf dem Zenit ihrer Beliebtheit: Horst Schimanski, der von Götz George gespielte Tatort-Kommissar aus Duisburg. Rau, proletarisch, laut, unkorrekt und in seiner Impulsivität auch durch das charakteristische »Mensch Horst!« seines bürgerlichen Kollegen Christian Tanner nie aufzuhalten, hatte Schimanski die Fernsehöffentlichkeit gespalten wie kaum jemand zuvor. Nach der ersten Folge 1981 forderte die »Neue Ruhr Zeitung« ultimativ: »Werft den Prügel-Kommissar aus dem Programm«, während sich die »tageszeitung« enthusiastisch gab: »Solche Bullen braucht das Land!« Nun, vier Jahre später erscheint der erste von der ARD speziell für das Kino produzierte Film »Zahn um Zahn«, der erst zwei Jahre darauf als reguläre Tatortfolge gesendet wird. Und auch in diesem Fall, wie in fast allen 29 Schimanski-Einsätzen, gehören Currywurst, Pommes und Bier zu den unverzichtbaren Requisiten.

Die Currywurst, obwohl alternativ entweder 1949 von Herta Heuwer in Berlin-Charlottenburg oder bereits 1947 von einer unbekannten Imbissbetreiberin am Großneumarkt in Hamburg erfunden (woran heute an beiden Orten Gedenktafeln erinnern), passt einfach ganz wunderbar ins Milieu der Kumpel, Kleingärtner und Kneipengänger, wie es die Schimanski-Tatorte so unverwechselbar einfangen – und wird erst sehr viel später zu einem Lieblingsessen auch eines Kanzlers oder zum Touristenkult in den Berliner »Curry 36«-Filialen.

Im Schimanski-Kinofilm »Zahn um Zahn« geht es, wie auch in anderen Tatortfolgen vorher und nachher, um die sozialen, wirtschaftlichen und ökologischen Folgen eines rasanten Strukturwandels, wie er die Schwerindustrie gerade weltweit erfasst. Das Ruhrgebiet, seit dem 19. Jahrhundert ein Zentrum sowohl des Erz- und Kohleabbaus als auch der Eisen- und Stahlerzeugung, ist davon besonders betroffen. Trotz Subventionen in Milliardenhöhe und der Einführung eines »Kohlepfennigs«, der zwischen 1974

und 1995 als Preisaufschlag auf die Strompreise erhoben wird, um den Steinkohleabbau in Deutschland weiter finanzieren zu können, ist die heimische Schwerindustrie international nicht mehr wettbewerbsfähig. So wird 1985 etwa das traditionsreiche, 1902 von August Thyssen gegründete Hüttenwerk Meiderich bei Duisburg stillgelegt. 8000 Stahlarbeiter verlieren ihren Job, mehrere Zehntausend Kollegen und Kumpel aus anderen Hütten, Gruben und Betrieben teilen ihr Schicksal. Die einst so stolze Region verfällt in eine tiefe Krise, die auch äußerlich erkennbar wird: Industrieruinen, zerstörte Landschaften, Kühltürme, Hochöfen prägen ein deprimierendes Bild und werden erst später allmählich als Denkmäler der Industriekultur wiederentdeckt und durch gezielte Eingriffe neuen Nutzungsarten – Freizeit, Sport, Kultur, Erholung – zugeführt.

Dass der Ruhrpott seine Zukunft als klassischer Industriestandort hinter sich hat, davon zeugen aber auch noch andere Indizien. Vor allem um das Umwelt-Image der Region steht es nicht zum Besten. Denn der Betrieb der zum Teil in der Frühindustrialisierung entstandenen Anlagen ist nicht nur kosten-, sondern auch umweltintensiv. So ruft das Gesundheitsministerium von Nordrhein-Westfalen im Januar 1985 erstmals den Smogalarm der höchsten Stufe III aus, der ein absolutes Fahrverbot für private Autos und die Drosselung nicht lebensnotwendiger Industrieproduktion vorsieht. In Städten wie Duisburg, Essen, Oberhausen oder Bottrop geht nichts mehr, der Verkehr kommt total zum Erliegen.

Dennoch bleiben die Menschen erstaunlich gelassen und finden die Entscheidung mehrheitlich richtig. Seit die Grünen 1983 mit 27 Abgeordneten in den Deutschen Bundestag eingezogen sind, rückt die Umweltproblematik immer stärker in den öffentlichen Fokus. Und die Sensibilität für »grüne« Themen wächst weiter. So übernehmen die hessischen Grünen im Dezember 1985 erstmals Regierungsverantwortung. Nach einer Kabinettsumbildung durch Ministerpräsident Holger Börner (SPD) wird Josef (Joschka) Fischer hessischer Umweltminister. Und ein ganz wenig erinnert das neue Regierungsmitglied an den sensiblen Macho Horst Schimanski, zumindest äußerlich: Zu seiner Vereidigung erscheint Fischer in Turnschuhen und legerem Jackett, als hätte er auf dem Weg zu seiner Frittenbude – Curry rot-weiß – nur einen Zwischenstopp eingelegt.

1986

Soljanka und andere »Sowjet-Importe«

Nein, es war nicht alles schlecht in der DDR. Da gab es zum Beispiel eine in Flensburg oder Berchtesgaden nahezu unbekannte Delikatesse, die praktisch in jedem »gastronomischen Betrieb« auf der Speisekarte stand und sich in den östlichen Bundesländern bis heute großer Beliebtheit erfreut: die Soljanka. Ob dieses kräftige, säuerlich-scharfe Gericht nun ein Eintopf ist oder eher eine Suppe, ob es aus der Ukraine oder aus Russland stammt, ist selbst unter Kennern umstritten – weshalb wir uns hier der Einfachheit halber auf die Seite der Eintopf-Fraktion schlagen und die Herkunft als »sowjetisch« klassifizieren. Das ist geografisch korrekt, wenngleich politisch nicht ganz zutreffend, weil die Soljanka auch schon in vorsowjetischen Zeiten bekannt war, und zwar in allen Grundvariationen, das heißt sowohl als Fisch- wie auch als Fleisch-, Wurst- oder Pilzeintopf. Entscheidend sind ohnehin weniger diese Einlagen als vielmehr Salzgurken, Gurkenbrühe und zu guter Letzt ein Spritzer saure Sahne, wodurch der Eintopf seinen charakteristischen säuerlichen Geschmack erhält. Alle anderen Zutaten – Fisch, Fleisch oder Wurst, Gemüse, Kräuter und Gewürze – bleiben den individuellen Vorlieben, der Fantasie oder der Jahreszeit überlassen.

In diesem Jahr steht der Eintopf aus dem sowjetischen Bruderland unter keinem günstigen Stern; viele der frischen Zutaten für eine köstliche Soljanka sind plötzlich nur noch sehr eingeschränkt zu haben, weil ein anderer »Sowjet-Import« ihren Genuss zur Gefahr macht. Auch wenn die Behörden anfangs beschwichtigen, im Osten weit mehr noch als im Westen, sind die Menschen doch zutiefst verunsichert. Und die Ursache ihrer Angst ist weder sichtbar, noch kann man sie fühlen, riechen oder schmecken. Es sind Aerosole, radioaktiv geladene Partikel – etwa Cäsium 137 –, die der Wind aus östlicher Richtung herbeiträgt und der Regen auf Böden und Pflanzen spült, wo sie noch lange nachstrahlen und von wo aus sie möglicherweise in die Nahrungskette gelangen.

Plötzlich ist das Maß für die Aktivität einer Strahlenquelle, »Becquerel«, in aller Munde – ebenso wie der Name einer kleinen Stadt im Norden der Ukraine, unweit von Kiew: Tschernobyl. Im dort betriebenen Kernkraftwerk kommt es am 26. April zum bislang verheerendsten Atomunfall in der Geschichte. Massive Bedienungsfehler führen zu einer Kernschmelze, bringen den »Block IV« zur Explosion und setzen riesige Mengen radioaktiven Materials frei, das nun über die Atmosphäre weite Teile Europas zu kontaminieren droht. Auch in Deutschland werden erhöhte Strahlenwerte gemessen, ein solcher GAU, wie ihn die Kernkraftgegner seit Jahren fürchten, trifft die Behörden völlig unvorbereitet. Warnungen und Entwarnungen lösen einander ab und sorgen nur für Verwirrung und Verunsicherung. Eltern behalten ihre Kinder zu Hause, Bauern ihre Kühe im Stall, Frischmilchprodukte, Süßwasserfische, Pilze und Wildfleisch – alles nicht unwesentliche Soljanka-Zutaten – werden gemieden, Spinat und Salat gar als Sondermüll entsorgt. Das Kompetenzgewirr führt wenige Wochen später zur Gründung des Bundesministeriums für Umwelt, Naturschutz und Reaktorsicherheit, zu dessen erstem Minister am 6. Juni der bisherige Frankfurter Oberbürgermeister Walter Wallmann ernannt wird.

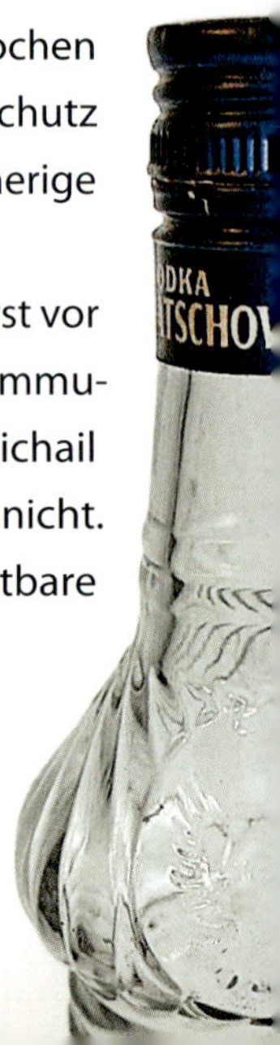

Aber auch das sowjetische Krisenmanagement, rund um den erst vor gut einem Jahr zum »Generalsekretär des Zentralkomitees der Kommunistischen Partei der Sowjetunion« (ZK der KPdSU) ernannten Michail Sergejewitsch Gorbatschow, verdient zunächst diesen Namen nicht. Dabei hatte der neue Partei- und Staatschef bereits einige sichtbare

Zeichen gesetzt und sich in kürzester Zeit das Image eines Machers und Reformers erarbeitet: Mit einer groß angelegten Anti-Alkohol-Kampagne, in deren Verlauf er Weinstöcke und Obstbäume vernichten ließ, hatte er unmittelbar nach Amtsantritt seinen Mut auch für unpopuläre Maßnahmen bewiesen – und zugleich klargestellt, dass seine Namensgleichheit mit einer berühmten Wodka-Marke tatsächlich nur zufällig ist. Darüber hinaus hatte er erst im Februar, auf dem 27. Parteitag der KPdSU, die Konzepte »Glasnost« (Offenheit) und »Perestroika« (Umgestaltung) zur offiziellen Politik erklärt und damit weltweit die Hoffnung auf eine Öffnung des Sowjetreichs genährt.

Zwei Monate später ist von einer solchen neuen Transparenz nichts zu spüren. Sowohl Anwohner wie auch die internationale Öffentlichkeit werden über den Reaktorunfall zuerst gar nicht, dann falsch, später unzureichend informiert. Viele Menschen verlieren deshalb ihr Leben und die neue sowjetische Führung einen Gutteil ihrer Glaubwürdigkeit. Zehntausende Helfer, sogenannte Liquidatoren, werden in den ersten Tagen nahezu ungeschützt auf das verstrahlte Gelände geschickt. Und erst zwei Tage nach der Katastrophe, nachdem bei Routinemessungen in Schweden und Dänemark ungewöhnlich hohe Radioaktivitätswerte registriert werden, meldet die Nachrichtenagentur TASS fast beiläufig einen »Unfall« im Atomkraftwerk von Tschernobyl. Das ganze Ausmaß des Schreckens wird aber erst nach und nach bekannt, als die sowjetische Führung erkennen muss, dass sie den schwelenden Block IV nur mit internationaler Hilfe unter Kontrolle bringen kann. Hunderttausende Menschen werden in der Folge evakuiert, und überall auf der Welt entbrennt erneut eine Diskussion um die Reaktorsicherheit und die Zukunft der Atomkraft, für die der schließlich mit einer meterdicken Betonschicht umhüllte, aber nach wie vor strahlende Block IV in Tschernobyl bis heute ein Menetekel ist.

Die Lehren aus dem Vorfall haben allerdings eine deutlich geringere Halbwertzeit als radioaktives Material. Der 2002 beschlossene Ausstieg aus der Atomenergie wird, trotz der weiterhin ungelösten Problematik der Endlagerung, inzwischen wieder infrage gestellt. Erderwärmung und Energieknappheit machen die Risiken der Kernkraft vergessen. Die Debatte beginnt von vorn. Zurück auf Anfang.

1987

Kieler Sprotten und ein Ehrenwort an der Waterkant

Die schleswig-holsteinische Landeshauptstadt Kiel war lange stilbildend. Von der Mitte des 19. bis in die erste Hälfte des 20. Jahrhunderts etwa wurden Generationen von Kindern, nach dem Vorbild der Söhne der englischen Königin Victoria und des deutschen Kaisers Wilhelm II., in den sogenannten »Kieler Anzug« gezwängt und auf zahllosen, inzwischen verblichenen Porträtfotos verewigt. Heute wird der Matrosenlook allenfalls noch zum Karneval wiederbelebt und hat sich lediglich bei den Mannschaftsdienstgraden der Marine erhalten – sowie bei Walt Disneys Comicfigur Donald Duck, dessen »Kieler Bluse« zum Markenzeichen geworden ist.

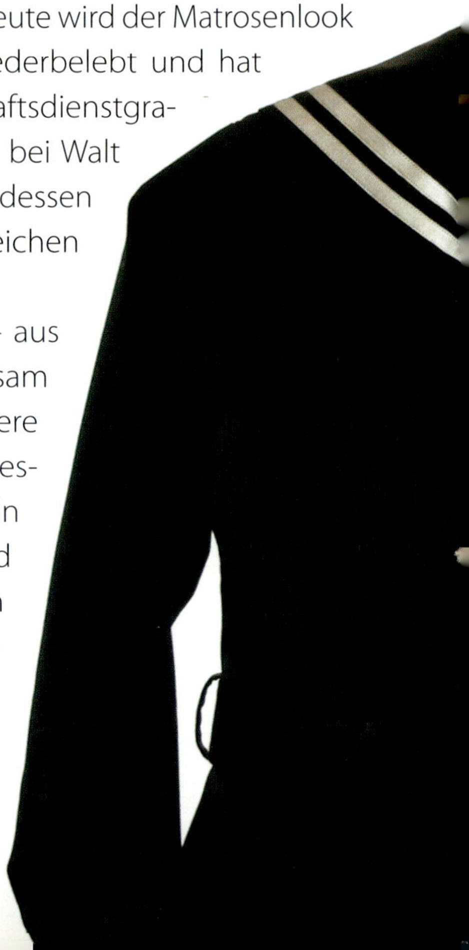

Als der Stern des Kieler Anzugs – aus heutiger Sicht berechtigt – langsam zu sinken begann, trat eine andere Stadtspezialität gerade ihren Siegeszug an: die Kieler Sprotte – ein kleiner mit Hering, Sardine und Sardelle verwandter Seefisch, auch Breitling genannt, der traditionell über Buchen- und Erlenholz geräuchert und von Kennern im Ganzen (»mit Kopp un Steert«) genossen wird. Wie der »Anzug«, der ursprünglich aus England stammt, kommen allerdings auch die Sprotten gar nicht wirklich aus Kiel. Sie werden dort lediglich verladen und nach ganz Europa exportiert. Geräuchert werden die kleinen Fische seit Anfang des 20. Jahrhunderts überwiegend im nahe gelegenen Eckernförde – und heute übrigens auch kaum noch in der Kieler Bucht gefangen, sondern vor allem in der Nordsee. Zweifellos aber gehören die Sprotten – wie etwa auch Büsumer Krabben, fangfrische Schollen oder zartes Deichlamm – zu den kulinarischen Highlights des nördlichsten Bundeslandes: herzhaft, nahrhaft, einfach, unverfälscht, »reell« eben.

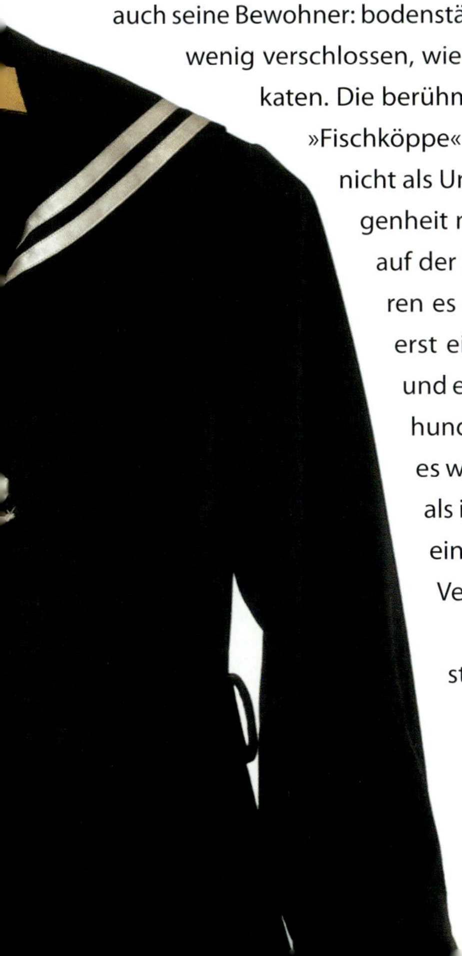

So unverfälscht wie seine Gerichte ist auch Schleswig-Holstein. Und so »unverstellt« wie das flache, windraue Land »zwischen den Meeren« sind auch seine Bewohner: bodenständig, ehrlich, in sich ruhend, vielleicht ein wenig verschlossen, wie die hinter den Deich geduckten Bauernkaten. Die berühmt-berüchtigte Wortkargheit der gern als »Fischköppe« verspotteten Nordlichter darf man aber nicht als Unsicherheit, Misstrauen oder gar Verschlagenheit missdeuten. Sie tragen ihr Herz nur nicht auf der Zunge, sondern in der Brust – und verlieren es deshalb nicht so leicht. Hat man jedoch erst einmal den »Küstenschutz« überwunden und ein wenig Nähe hergestellt, kann man sich hundertprozentig auf sie verlassen. Denn wo es windig ist, zählen Äußerlichkeiten weniger als innere Werte und Standfestigkeit, dort hat ein Ehrenwort weit mehr Gewicht als jeder Vertrag.

Ausgerechnet ein solches Ehrenwort stößt nun das Land wie die gesamte

Bundesrepublik in eine schwere politische Krise. In Schleswig-Holstein ist Landtagswahlkampf, und die seit 1950 ununterbrochen regierende CDU sieht erstmals ihre Mehrheit gefährdet. Der amtierende Ministerpräsident Uwe Barschel sichert sich deshalb Schützenhilfe aus dem Axel-Springer-Verlag und engagiert den Journalisten Reiner Pfeiffer als Medienreferenten. Dessen Aufgabe besteht darin, den politischen Gegner, allen voran den beliebten SPD-Spitzenkandidaten Björn Engholm, in ein schlechtes Licht zu rücken. Und der Herr Pfeiffer geht seine Aufgabe entschlossen an, kaum eine Denunziation ist ihm zu schmutzig. So sieht sich Engholm schon sehr bald wechselnden öffentlichen Anwürfen ausgesetzt: von Steuerhinterziehung ist die Rede, von Homosexualität, gar von einer AIDS-Erkrankung. Die eher dezenten und distanzierten Schleswig-Holsteiner erleben einen unschönen Kampagnenwahlkampf, der ihnen ganz und gar nicht geheuer ist.

Und das ungute Gefühl findet im Wahlfinale Bestätigung. Am Samstag vor der Wahl vom 13. September platzt eine Skandal-Bombe. Es werden Details aus einer am Montag darauf erscheinenden »Spiegel«-Titelgeschichte bekannt, wonach Engholm im Auftrag der CDU von Detektiven systematisch bespitzelt worden sei. Darüber hinaus habe man versucht, den SPD-Kandidaten durch eine anonyme Steueranzeige und andere Maßnahmen gezielt zu verunglimpfen. Als Kronzeuge für diese Vorwürfe tritt ausgerechnet Reiner Pfeiffer auf, der zudem eidesstattlich versichert, alle diese Aktivitäten mit Wissen und auf Initiative von Uwe Barschel entfaltet zu haben.

Der Ausgang der Wahl, aus der kein eindeutiger Sieger hervorgeht, wird für eine entsetzte Öffentlichkeit zur Nebensache. Die Barschel- oder Waterkant-Affäre zieht praktisch die gesamte Aufmerksamkeit auf sich, und sie strebt erst ihrem Höhepunkt zu. Nur wenige Tage später, am 18. September, beteuert der noch amtierende Ministerpräsident in einer spektakulären Pressekonferenz seine Unschuld. Und er wählt hierfür mit Bedacht das in diesem Bundesland vielleicht schwerste Glaubwürdigkeits-Geschütz:

»Ich gebe Ihnen mein Ehrenwort, dass die gegen mich erhobenen Vorwürfe haltlos sind.« Damit überspannt er den Bogen endgültig. Nachdem schon tags darauf weitere Indizien gegen ihn ans Licht kommen, erklärt Barschel wenig später, am 25. September, seinen Rücktritt. Mit gerade einmal 43 Jahren ist die Karriere des politischen Hoffnungsträgers am Ende.

Was sich in den folgenden Tagen ereignet, ist auch 20 Jahre später trotz zahlreicher Untersuchungsausschüsse und staatsanwaltlicher Ermittlungen nicht restlos geklärt. Am 11. Oktober, so viel ist sicher, wird die Leiche Uwe Barschels von Journalisten des »stern« in der Badewanne eines Hotelzimmers in Genf aufgefunden. Da als Todesursache eine Medikamentenvergiftung festgestellt wird, ist schnell von Selbstmord die Rede. Einige Indizien sowie seltsame Aktivitäten verschiedener in- und ausländischer Geheimdienste nähren jedoch bis heute Zweifel an der Selbstmordtheorie, so dass der Ausgang der Barschel-Affäre nach wie vor als offen gelten muss.

Übrigens hat auch das vermeintliche Opfer, Björn Engholm, die Affäre politisch nicht überlebt. Nachdem er bei den erforderlich gewordenen Neuwahlen in Schleswig-Holstein im Mai 1988 die absolute Mehrheit errungen und anschließend auch in der Bundes-SPD einen steilen Aufstieg genommen hatte, musste er 1993 als Ministerpräsident, SPD-Vorsitzender und Kanzlerkandidat zurücktreten, weil bekannt wurde, dass es um die Wahrheitsliebe des vermeintlichen Saubermanns auch nicht zum Besten bestellt war. Tatsächlich hatte Engholm, entgegen eigener eidesstattlicher Aussage, bereits sehr früh, nämlich mindestens seit dem 7. September 1987, von den Aktivitäten Pfeiffers gewusst; der CDU-Medienreferent hatte sogar von der SPD-Landesspitze Geld erhalten.

Ja, das alles ist schwer zu verstehen. Wer soll da noch durchblicken. Da ist es gut zu wissen, dass sich wenigstens die Kieler Sprotte und der gemeine »Fischkopp« treu bleiben. Ehrenwort.

Weißwürste und das Ende des Kalten Kriegers

1988

Was ist das Gegenstück zur Kieler Sprotte? Ja mei, die Weißwurst! Und wo kommen diese glatten, feisten Stummel her? Ja freilich, aus München! Hier, so will es die Legende, ist diese urbayerische Spezialität im Februar 1857 erfunden worden, im Gasthaus »Zum ewigen Licht« am Marienplatz. Es war an einem Rosenmontag, und der Wirt mit dem prototypischen Namen Sepp Moser hatte ein Problem: Wegen des großen Andrangs waren ihm die Schafsdärme für die Kalbsbratwürstchen ausgegangen. In seiner Not füllte er deshalb die vorbereitete Wurstmasse kurzerhand in Schweinedärme. Aus Sorge, dass deren zähere Haut beim Braten platzen könnte, brühte er sie vorsichtig in heißem (nicht kochendem!) Wasser auf und servierte die bis dahin unbekannten Bleichlinge seinen Gästen. Die waren begeistert, sagt die Legende, und wollten fortan nicht mehr von der Weißwurst lassen. Nicht überliefert ist, wie diese Erstesser mit der kulinarischen Innovation umgegangen sind. Haben sie schon »gezuzelt«, also den Inhalt mit den Zähnen aus dem Darm gezogen? Den Darm etwa mitgegessen?

Ihn aufgeschnitten, abgepult? Wir wissen es nicht. Amtlich bestätigt ist hingegen – zum Beispiel 1972 vom Münchner Amt für Öffentliche Ordnung –, was eine »echte« Münchner Weißwurst enthalten muss: Kalbfleisch (»überwiegend«), ausgelöste Kälberköpfe, Schweineschwarte, Rückenspeck, Zwiebeln, Petersilie, etwas Zitrone, zerstampftes Eis, Gewürze und nicht mehr als 25 Prozent Fremdwasser. Das Resultat ist bekannt: »Länge circa 12 cm, Durchmesser 28 bis 32 mm, Gewicht 80 bis 100 g, Farbe: weiß, Textur: fein, locker, leicht klebrig.« Und wer es richtig machen will, der nimmt seine Weißwurst ausschließlich mit süßem Senf, einer Brezel und einem Weißbier zu sich. Nichts anderes. Damit das klar ist. Herrgottszeiten!

Bayern ist anders – und die Weißwurst kann als fleischgewordener Ausdruck dieses bajuwarischen Abgrenzungsbedürfnisses gelten. Während für »den« Schleswig-Holsteiner Bayern im engeren und der Balkan im weiteren Sinne bereits in den Harburger Bergen beginnt, verläuft die Kulturgrenze für »den« Bayern entlang der Donau. Dieser »Weißwurstäquator« scheidet das »mir san mir« von allem Fremden im allgemeinen und den Preußen im besonderen. Da stört es auch nicht weiter, dass das von Kochkritiker Wolfram Siebeck despektierlich »Albinopimmel« genannte »Nationalgericht« eigentlich von den Franzosen erfunden wurde, deren »Boudin Blanc« (weiße Wurst) Anfang des 19. Jahrhunderts bereits in Hamburg Furore gemacht hatte. Ausgerechnet.

Naja, Schwamm drüber. Selbstverständlich ist die bayerische Weißwurst etwas ganz Besonderes – so wie auch die Bayern selber von eigener Art sind, man denke an den Valentin, Karl oder den Maier, Sepp. Aus dieser Art wiederum ragen aber insbesondere zwei barocke Gestalten hervor, die wie niemand sonst das bayerische Selbstverständnis und das bayerische Selbstbewusstsein geprägt haben: Ludwig II. (»Kini«) und Franz Josef

Strauß (»FJS«). Während der schrullige Bayernkönig für die »gute alte Zeit« steht, repräsentiert der nicht minder exzentrische Franz Josef Strauß den modernen Freistaat, dessen Geschicke er über viele Jahrzehnte maßgeblich mitgestaltete, sei es auf bundespolitischer Bühne als Abgeordneter, Minister, Kanzlerkandidat, sei es, wie seit 1961, als CSU-Vorsitzender und, seit 1978, als bayerischer Ministerpräsident.

Der Schock sitzt deshalb tief, als dieses politische Urgestein am 3. Oktober in einem Regensburger Krankenhaus verstirbt, nachdem er zwei Tage zuvor, vom Oktoberfest kommend, auf einer von Johannes von Thurn und Taxis veranstalteten Hirschjagd zusammengebrochen war. Schon anderntags ziehen tausend Menschen an dem in der Krankenhauskapelle aufgebahrten Leichnam vorbei. Vier Tage später folgt ein Staatsakt in der Münchner Residenz mit anschließendem Trauerzug, dessen Weg von über hunderttausend Trauernden gesäumt wird, bevor der Leichnam schließlich am 9. Oktober im engsten Familienkreis von Joseph Kardinal Ratzinger beigesetzt wird. Jawohl, der Ratzinger, mit dem »wir« 17 Jahre später Papst werden.

Eine ganz außergewöhnliche Karriere hat mit dieser Beisetzung ihr Ende gefunden. Von Beginn an, seit 1949, hatte sich der 1915 geborene Metzgersohn als stellvertretender Vorsitzender der CDU/CSU-Fraktion im Deutschen Bundestag, dem er fast 30 Jahre als Abgeordneter angehörte, Gehör verschafft. Seine Redebeiträge waren berühmt-berüchtigt, seine Duelle mit Herbert Wehner legendär. Als »Atom-Minister« (1955) setzte er die zivile Nutzung der Atomkraft durch und als aufrüstungsfreudiger Verteidigungsminister erwarb er sich den Ruf eines »Kommunistenfressers«, dem er auch später, als einer der schärfsten Kritiker der Ostpolitik von Willy Brandt, stets gerecht wurde: »Ich will lieber ein kalter Krieger sein als ein warmer Bruder.«

Umso erstaunlicher war deshalb seine Wandlung Anfang der 1980er Jahre, als er auf Vermittlung des Fleischfabrikanten Josef März mit dem DDR-Devisenbeschaffer Alexander Schalck-Golodkowski in Kontakt kam

und seinen ganzen Einfluss geltend machte, um die wirtschaftlich marode DDR zu stabilisieren. Tatsächlich gelang es ihm 1983, die Regierung Kohl zu veranlassen – »Es ist mir egal, wer unter mir Bundeskanzler ist!« –, die Bürgschaft für einen Milliardenkredit an die DDR zu übernehmen. Als Lohn dafür empfing ihn ein aufgekratzter Erich Honecker im Jagdschloss »Hubertusstock«, am Werbellinsee. Ohne bundespolitisches Mandat betrieb der bayerische Ministerpräsident plötzlich Ostpolitik.

Wandel durch Annäherung? Kaum zu glauben. Schalck-Golodkowski berichtet in seinen Erinnerungen, dass es Strauß eher darum gegangen sei, zu verhindern, dass die DDR weiterhin alle ihre »Ruhestörer« in den Westen exportiert. Aber auch das klingt nicht überzeugend. Zum einen hielt sich Strauß mit solchen »Schmeißfliegen« nicht lange auf, zum anderen werden gerade im Januar dieses Jahres, trotz des fünf Jahre zuvor gewährten Kredits, wieder zahlreiche Kritiker abgeschoben – etwa Stephan Krawczyk, Freya Klier, Bärbel Bohley oder das Ehepaar Templin –, die sich in neu gegründeten Gruppierungen – der »Umweltbibliothek«, der »Kirche von unten« oder der »Initiative für Frieden und Menschenrechte« – für mehr Demokratie engagieren.

Nein, das hat der Vollblutpolitiker sicher nicht verhindern wollen. Vielleicht ging es dem Landesfürsten einfach um neue Geschäftskanäle für bayerische Unternehmen, um die Weißwurst sozusagen. Die Firma seines Freundes März jedenfalls hat in der Folge von den neuen Verbindungen profitiert. Während der Wende sogar doppelt: So hatte sie kurz vor der Wiedervereinigung eine große Menge Rindfleisch aus Drittländern in die DDR eingeführt. Dieses Fleisch konnte nach dem 3. Oktober 1990 als DDR-Ware nun abgabenfrei auf den westdeutschen Markt gebracht werden, wofür kurz zuvor noch fünf Millionen DM Zoll fällig gewesen wären. Aber ein Kalkül wollen wir hier natürlich nicht unterstellen. Dass die DDR nur zwei Jahre, und zwar auf den Tag genau, nach Franz Josef Strauß das Zeitliche segnen sollte, hätte dieser sicher nicht für möglich gehalten. Aber so hat alles eben ein Ende. Nur die Weißwurst hat zwei.

1989

Schweinebraten, Wahnsinn und Herr Lehmann

Was den Schweinebraten betrifft, sind Ossis und Wessis immer »ein Volk« geblieben. Mögen Zubereitungsart und Sättigungsbeilagen von Region zu Region auch leicht variieren, so ist der beliebte Festtags-, Sonntags- oder Alltagsschmaus seinem Wesen nach doch überall gleich: saftig, reichlich und mit knuspriger Schwarte. Aus Schulter, Nacken oder Schinken zubereitet, im Backofen mit Bier begossen und mit Knödeln oder Kartoffeln, Kraut oder Gemüse serviert, gehört der Schweine- oder Schweinsbraten zu den Klassikern der hiesigen Küche. Aber ist er auch eine deutsche Spezialität? Nicht ganz. Auch in einem kleinen gallischen Dorf waren der würzige Geruch, die Kruste und das zarte Fleisch eines am Spieß gebratenen (Wild-) Schweins bekanntlich schon zu Römerzeiten der Höhepunkt eines zünftigen Beisammenseins. Und auch anderswo auf der Welt ist das seit etwa 9000 Jahren domestizierte Schwein ein traditioneller Nahrungslieferant. Aber der deutsche Braten ist gewiss so unerreicht wie die deutsche Gemütlichkeit, und er hat die Teilung unbeschadet überstanden. Er hat an deren Ende sogar ein bisschen Geschichte geschrieben, weil er einer Romanfigur entschieden wichtiger war als der Fall der Berliner Mauer.

Seit Michail Gorbatschow die Politik der Sowjetunion bestimmt, weiß die greise DDR-Führung nicht mehr so recht, wie ihr geschieht. Wie in allen sozialistischen Staaten Europas wollen auch die Menschen in der DDR dem sowjetischen Weg folgen. Sie fordern Offenheit (»Glasnost«) und eine demokratische Umgestaltung (»Perestroika«) der gesellschaftlichen und politischen Verhältnisse. Es ist unerhört. In Leipzig und anderswo gehen die Menschen sogar auf die Straße und rufen »Gorbi hilf« oder »Befreit uns doch noch einmal« oder gar »Wir sind das Volk«. Intellektuelle, Künstler und Kirchenvertreter gründen Bürgerbewegungen mit unverschämt deutlichen Namen wie »Neues Forum«, »Demokratie jetzt« oder »Demokratischer Aufbruch« und finden mit ihren staatsfeindlichen Aktivitäten auch noch massenhaft Zulauf. »Neu«, »Demokratie«? Solchen konterrevolutionären Ambitionen gilt es mit Härte entgegenzutreten.

Das Zentralkomitee um den 77-jährigen Generalsekretär und Staatsratsvorsitzenden Erich Honecker gibt sich zunächst auch völlig unbeeindruckt und übt sich, ganz verlässlich, in Drohgebärden. Aber die Welt hat sich gewandelt. Frustriert wenden sich nun viele Bürger von ihrem Staat ab und ergreifen die Flucht. Tausende strömen in die Ständige Vertretung der Bundesrepublik in Ost-Berlin oder in die bundesrepublikanischen Botschaften in Prag und Budapest, um ihre Ausreise zu erzwingen. Damit die peinliche Fluchtwelle möglichst noch vor den am 7. Oktober anstehenden Feierlichkeiten zum 40. Jahrestag der DDR-Gründung beendet ist, lenken Honecker und Konsorten widerwillig ein. Die jubelnden Botschaftsflüchtlinge erhalten Ende September eine »einmalige« Ausreisegenehmigung, woraufhin viele Tausend DDR-Bürger in verriegelten Zügen in die Bundesrepublik gefahren werden.

Die milde Geste trägt aber durchaus nicht zur Entspannung bei. »Wir bleiben hier« skandieren die Daheimgebliebenen nun trotzig. Von einer Beruhigung der Lage kann überhaupt keine Rede sein. Und mit jeder neuen Forderung, mit jedem weiteren Demonstrationsteilnehmer beginnt der nach wie vor gefürchtete Repressionsapparat, die allgegenwärtige Stasi, allmählich seinen Schrecken zu verlieren. Die Politkader wirken plötzlich nicht mehr nur rat-, sondern machtlos. In ihrer Verzweiflung wechseln sie im Oktober die Führungsspitze aus und ersetzen den konsternierten Honecker durch den jüngeren Egon Krenz. Erich Mielke, Herrscher über die Stasi, soll Honecker sogar mit privaten Enthüllungen gedroht haben, sollte er sich dem Abtritt verweigern.

Aber das Vertrauen in eine Erneuerung der alten Garde ist dahin. Am 23. Oktober demonstrieren in zahlreichen Städten erneut mehr als eine halbe Million, am 4. November nahezu eine Million Menschen für grundlegende demokratische Reformen. Das sich nun runderneuernde Politbüro – mehrere Mitglieder des Zentralkomitees werden ausgetauscht – bemüht sich um Schadensbegrenzung und gibt sich gesprächsbereit. Da immer noch mehrere Tausend Bürger täglich das Land – etwa über die inzwischen unbewachte ungarisch-österreichische Grenze – verlassen, wird eine neue Reiseregelung in Aussicht gestellt. Und tatsächlich: Am 9. November teilt der im Zentralkomitee der SED für Öffentlichkeit zuständige Günter Schabowski der überraschten Presse beiläufig mit, dass ab sofort kurzfristige Visaerteilungen ohne Voraussetzungen möglich seien.

»Wahnsinn« ist nur wenig später das wohl am häufigsten gebrauchte Wort. Sofort strömen die Massen an die innerdeutsche Grenze, um das eben Gesagte zu überprüfen und am »Wunder« teilzuhaben. Der Andrang ist so groß, dass die Grenzbehörden schnell jegliche Kontrolle verlieren und die Leute buchstäblich auf der Mauer zu tanzen beginnen. Eine endlose Trabi-Parade passiert die Grenzübergänge und wird auf der anderen Seite unter Jubel willkommen geheißen. In den grenznahen Kneipen in West-Berlin und andernorts verlieren sich Scharen von ebenso fassungs-

wie devisenlosen Ostbesuchern, denen freudentaumelnde Wirte und entrückte Gäste – »Wahnsinn!« – den ganzen Abend Freibier gewähren.

In einer solchen Kneipe, unweit der Mauer, im »Elefanten« am Heinrichplatz in Kreuzberg, sitzt auch Herr Lehmann – der »Held« in Sven Regeners gleichnamigem Bestsellerroman. Für Herrn Lehmann war die DDR immer ein fremder Planet gewesen. Die Ereignisse der letzten Wochen interessieren ihn nicht. Ja, eigentlich muss man sagen, dass sich Herr Lehmann für gar nichts interessiert – außer natürlich für sein Lieblingsgericht, Schweinebraten mit Knödeln, das er sich am liebsten von der schönen Köchin Katrin in der Kreuzberger »Markthalle« zum Frühstück servieren lässt. Nur beim Schweinebraten kann Herr Lehmann seine Gleichgültigkeit überwinden und sogar ins Philosophieren geraten. Erst beim Schweinebraten erfährt er so etwas wie »Lebenssinn« – was darauf hindeuten dürfte, dass diesem Gericht tatsächlich etwas Archaisches anhaftet. Kindheit, Gemeinschaft, heile Welt.

Im Moment ist Herrn Lehmanns Welt aber gar nicht heil. Am Abend des 9. November sitzt er im »Elefanten« und feiert dort einsam und freudlos seinen 30. Geburtstag. Da der Wirt den Fernseher laufen hat, erfährt er hier, schon ziemlich betrunken, vom Mauerfall. Und obwohl er an den Ereignissen nicht wirklich Anteil nimmt, beschließt er, zum nächstgelegenen Grenzübergang zu gehen, und verabschiedet sich aus der Kneipe mit einem Satz, der wohl bis heute Gültigkeit hat: »Der Rest wird sich schon irgendwie ergeben.«

1990

Die Frucht der Einheit

Vielleicht ist die DDR einfach an einem zu niedrigen Glückshormonspiegel zugrunde gegangen, selbst wenn prominente Schauspielerinnen, wie Katharina Thalbach, behaupten, im real existierenden Sozialismus habe es ihnen an Sex und Spaß keineswegs gefehlt. Dann lag es wohl doch an dem spürbaren Mangel an Bananen, zumal man ja nicht immer einen Lover hat. Mit dem ausreichenden Genuss von Bananen hätte sich diese Leerstelle zumindest hormonell teilkompensieren lassen, enthält die Südfrucht doch den Gute-Laune-Stoff Serotonin, der in unserem Gehirn die Produktion des Glückshormons Endorphin und dessen verstärkte Ausschüttung anregt.
Es erscheint deswegen keineswegs als abwegig, den Untergang der DDR einmal rein hormonell zu betrachten. Alle Genussmittel, die in mageren Liebeszeiten glücklich machen können, gab es dort aufgrund eines ebenso eklatanten wie konstanten Devisenmangels nicht in ausreichender Menge – weder Kaffee noch Schokolade noch Bananen. Immerhin muss man der einstigen Deutschen Demokratischen Republik zugutehalten, dass sie diesem Thema nicht auswich, sondern sich ihm auf Parteitagen, dem Höhepunkt im Leben aller Werktätigen, entschlossen stellte. Schließlich bestand Erklärungsbedarf: Es war den Genossen nur schwer zu vermitteln, warum die Menschen im dem Untergang geweihten kapitalistischen Westen so viele Bananen

kaufen konnten, wie sie wollten, während im überlegenen Gesellschaftssystem des Sozialismus die gelben Finger »Bückware« waren, die – wenn überhaupt – nur unter dem Ladentisch zu angemessener Gegenleistung verkauft wurde. Kein Wunder, dass der Volksmund den Schlager »Zwei Apfelsinen im Haar und an der Hüfte Bananen«, von der französischen Sängerin France Gall geträllert, umdichtete zu »Zwei Apfelsinen im Jahr und zum Parteitag Bananen« – das war die ungeschminkte Wahrheit von Politik und Alltag in der realsozialistischen Republik.

Dass österreichische Grenzer die über Ungarn »rübermachenden DDR-Piefkes« im Jahr 1989 an der Passkontrolle mit Gratisbananen begrüßten, hat vermutlich dazu beigetragen, dass immer mehr Bürger das Wagnis der Flucht eingingen. Die »Gulaschkommunisten« waren eben einfach keine verlässlichen Partner in Stunden der Bedrängnis, sie haben aber, neben anderen, das Ihre dazugetan, dass die Banane der Star der Wendezeit wurde.

Als Otto Schily – gerade frisch von den Grünen zur SPD übergewechselt, aber noch einfacher Abgeordneter des Deutschen Bundestages, nicht staatstragender Innenminister einer rot-grünen Koalition – im März 1990 zum Ausgang der Volkskammerwahl befragt wird, die mit einem überraschenden Sieg der CDU endete, zieht er wortlos und lächelnd eine Banane aus der Tasche und hält sie in die Kamera. Ob er damit auf die »Bananenrepublik« Bundesrepublik anspielen oder sagen will, die Lust auf Bananen habe gesiegt, bleibt offen.

Im November 1989 titelt die Satirezeitschrift »Titanic« »Zonen-Gaby im Glück« und zeigt »Gaby« auf dem Titelbild mit dem Slogan »Meine erste Banane« – die tatsächlich aber eine Salatgurke ist. Die wahren Bananen aber sollen bald darauf die DDR überschwemmen. Eine sieben Meter hohe aufblasbare »Chiquita« steht im Frühjahr 1990 vor dem Haus der Leipziger Buchmesse, vor dem sich Obsthändler aus dem Westen drängen, um Apfelsinen und Bananen zu Sonderpreisen anzubieten, während Westverlage und Ostbuchhändler Kontakt zueinander aufnehmen. Von den ersten harten Devisen, den 100 DM Begrüßungsgeld, das jeder DDR-Bürger bei einer Stippvisite im Westen erhält – binnen weniger Tage nach Öffnung der Mauer holen sich 20 Millionen DDR-Bürger den blauen Schein – kaufen die Menschen sich das Obst in Tüten. Die Geschäfte laufen für die Händler besser als auf dem Hamburger Fischmarkt. Anderen ist die Tüte nicht genug, sie machen sich auf die Reise, um endlich das zu sehen, was sie noch nie mit eigenen Augen sehen durften – den Lido, Paris oder auch Bayreuth.

Der DDR-Kleinwagen Trabant wird zum Gefährten auf dem Weg in die neue mobile Freiheit, wenngleich diese für viele Trabi-Besitzer oft schon nach wenigen Kilometern auf der Kriechspur ein jähes Ende findet. Aber was für andere Autobesitzer ein Albtraum ist, hat für den Trabant-Fahrer längst seinen Schrecken verloren, denn die Panne ist fester Bestandteil seines Trabantfahrerlebens. Der Hilfe eines Pannendienstes bedarf es kaum einmal, der auf Hightech-Fahrzeuge geeichte ADAC wäre dem Trabant ohnehin nicht gewachsen. Der umsichtige »Rennpappe«-Fahrer aber hat stets eine gut sortierte Kleinwerkstatt mit Dreikantkohlschaber, Wobla-Prüfer und Klebstoff Kittifix zur Hand.

Aber die Liebe des DDR-Bürgers zu dem eigenwilligen Beförderungsvehikel rostet schneller noch als der Duroplastbomber selbst. Im April 1991 rollt der letzte Trabi in Zwickau vom Band. Nicht nur der Volkseigene Betrieb VEB Automobilwerke Sachsenring Zwickau macht dicht. Vor ihm brechen schon andere Betriebe zusammen, die der Konkurrenz aus dem Westen nicht gewachsen sind oder denen jetzt, nach der Öffnung Mittel- und Osteuropas, die Abnehmer für ihre Waren fehlen.

Helmut Kohl verspricht unermüdlich, durch eine »gemeinsame Anstrengung« Mecklenburg-Vorpommern und Sachsen-Anhalt, Branden-

burg, Sachsen und Thüringen in »blühende Landschaften« zu verwandeln, in denen »es sich zu leben und zu arbeiten lohnt«. Statt des versprochenen Aufschwungs aber kommt der Abstieg: Millionen verlieren ihre Arbeitsplätze und ihre Gewissheiten. Viele ostdeutsche Prominente der ersten Stunde, auf die sich politische Hoffnungen gründen, werden als Stasi-Mitarbeiter enttarnt. Und von Westen drängen, von der »Treuhand« begünstigt, die die »Effizienz und Wettbewerbsfähigkeit der Unternehmen« sichern« soll, Leichenfledderer, Schnäppchenjäger und Investoren herein, die den »Zonies« zeigen, »wie es geht«. Der »Besserwessi« macht die Runde, der weiß, dass es »kein richtiges Leben im Falschen« gegeben haben kann. »Auferstanden aus Ruinen« versprach schon die von Johannes R. Becher getextete Nationalhymne, und so scheint der erste und einzige »sozialistische Staat auf deutschem Boden« auch wieder zu enden: als Ruine. Am 3. Oktober tritt die DDR dem Geltungsbereich des Grundgesetzes bei, die Wiedervereinigung der beiden deutschen Staaten wird vollzogen.

Die »Krauts«, wie die Amerikaner die Deutschen nennen, weil sie ihnen immer noch eine besondere Vorliebe für Sauerkraut andichten, sind längst übergelaufen zur »musa sapientium«, der Banane. Vielleicht ist dieser Wechsel auch ein Zeichen dafür, dass wir der als besonders »germanisch« geltenden Kost inzwischen abhold geworden sind und zivil geläutert, selbst im wiedervereinigten Deutschland, allen Befürchtungen unserer Nachbarn entgegen, nach Weisheit statt Dominanz streben. Denn bei allem, was uns in West und Ost noch trennen mag – die süße und nahrhafte Banane ist die unbestrittene Frucht der deutschen Einheit. Zehn Prozent der Weltbananenproduktion werden in Deutschland verzehrt. Was die Banane anbetrifft, ist zusammengewachsen, was zusammengehört: Hier sind sich die Bundesbürger einig – überall wird gleich viel von »der Frucht des weisen Mannes«, so die Übersetzung aus dem Arabischen, gegessen, pro Kopf etwa 80 Stück pro Jahr.

Der amerikanische Traum ist ein Donut

1991

Homer Simpson stürzt sich, wie immer ohne nachzudenken, in die Kampfhandlung. Bedenkenlos marschiert er mit der amerikanischen Armee in der Operation »Desert Storm« 1991 in den Irak ein, um dort festzustellen, dass es in der Wüste weder »Duff«-Bier noch Donuts gibt; frustriert kehrt er zurück. Falsch, ganz falsch, natürlich ist Homer Jay Simpson kein Soldat, dazu ist er viel zu infantil, impulsiv und bemitleidenswert liebenswert. Homer Simpson aber marschiert 1991 mit einem Donut in der Hand in unsere deutschen Wohnzimmer ein.

Der Donut, ein in Schmalz oder Sojaöl gebackener Krapfen aus Rührteig mit einem Loch in der Mitte, hat, wie so vieles in der amerikanischen Alltagskultur, seinen Ursprung in einer der vielen Einwanderergeschichten und kann seine Abstammung vom Bagel, dem jüdischen Hefegebäck, kaum verleugnen. Ihr verdankt er sein typisches Loch. Denn gläubige Juden dürfen am Sabbat, dem traditionellen Feiertag der Woche, keinen Teig berühren, deshalb behilft man sich, indem man den Teig vor dem Festtag auf Stangen steckt. So kann man ihn zum Backofen transportieren, ohne ihn zu berühren, und hat am nächsten Morgen frisches Gebäck. Donuts gehören zum amerikanischen Alltag. Sie zeigen, wie aus dem »All American Dream« ein Alptraum geworden ist und prägen nachhaltig das veränderte Bild von Amerika. Das Loch im Donut ist so etwas wie das Zentrum des Zeitgeistes geworden.

»Die Simpsons« – das ist eine Comicserie über eine fünfköpfige Familie aus der amerikanischen Kleinstadt Springfield. Der Vater Homer Jay Simpson (Alter etwa 40 Jahre) arbeitet im örtlichen Atomkraftwerk, seine Frau Marge (ewige 34) hat ihre Karriere als Künstlerin zugunsten der Kinder aufgegeben und dafür ihre blauen Haare hochgesteckt – lange vor der republikanischen Ex-Vizepräsidentschaftskandidatin Sarah Palin. Der zehnjährige Bart ist im Gegensatz zu seiner Schwester Lisa (8) nie um einen Streich verlegen und muss in der Schule nachsitzen und hundert Sätze wie »Ich soll keinen Anfall vortäuschen« oder »Ich soll keine Schafe in die Klasse bringen« oder »Ich soll keine Donuts an mich hängen« an die Tafel schreiben, bevor er nach Hause zu seiner Familie auf die Couch darf.

Die Serie wäre niemals ins Guinness-Buch der Rekorde als am längsten laufende Familienserie gekommen, wenn sie sich wie »Al Bundy« auf die Wohnzimmerprobleme beschränkt hätte. Sie ist viel mehr. Sie hat in den bisher über 400 Folgen nicht nur die Geschichte der Kleinstadt Springfield und seiner Bewohner erzählt, sondern die Simpsons sind in alle Welt gereist, haben Zeitreisen in die Vergangenheit, die Zukunft und das Unbewusste unternommen. Etliche ehemalige US-Präsidenten und unzählige Politiker, Showstars, Sänger und Schriftsteller sind bisher in der Serie aufgetreten. Selbst der damalige britische Premier, Tony Blair, der öffentlichkeitsscheue Autor Thomas Pynchon – in der Serie mit Papiertüte über dem Kopf dargestellt – und der Medien-Tycoon Rupert Murdoch synchronisierten ihre Zeichentrickauftritte selbst. Murdoch – ihm gehört der Simpsons-Sender Fox TV – bezeichnete sich selbst in einer Folge als

»milliardenschwerer Tyrann«. Die Serie ist voller Anspielungen auf den amerikanischen Alltag und verarbeitet in satirischer und komödiantischer Weise das Wissen der Welt, indem sie es auf den Erkenntnishorizont einer amerikanischen Kleinfamilie eindampft. Fitness-Gurus, religiöse Eiferer, Fast-Food-Opfer, Spießer, Radikalfeministinnen, Kriegstreiber – alle kriegen ihr Fett ab. Die Simpsons halten ihrem Land den Spiegel vor – mehr Amerika war nie auf unserem Bildschirm und mehr Weltgeist in keinem Comic –, und damit verändern sie die Sicht der Welt auf den »American Way of Life«. Was die Comicfiguren in der Kleinstadt Springfield erleben, ist so erschreckend normal, dass der amerikanische Traum immer wieder bei Null endet. Das Amerikabild der heute 20-Jährigen wird nicht mehr von John Wayne, James Dean oder Jerry Lewis geprägt, sondern von Homer und Marge, von Bart und Lisa.

Gleichzeitig findet im Jahr der Erstausstrahlung der Simpsons ein anderes mediales Großereignis auf unseren Bildschirmen statt, das ebenso Fernsehgeschichte schreibt: die reale Invasion der USA und ihrer Alliierten in den Irak zur Rückeroberung des besetzten Kuwait. Die Fernsehzuschauer sitzen bei diesem sogenannten Zweiten Golfkrieg praktisch im Cockpit der Bomber, die ihre Ziele ins Fadenkreuz nehmen, die Bomben punktgenau ins Ziel lenken und Krater in die Landkarte sprengen, die, aus der Luft betrachtet, die Form eines Schmalzkringels, eines Doughnuts, oder Amerikanisch: Donuts, haben. Es ist der erste Fernsehkrieg, der im Sand zwischen Basra und Bagdad und weltweit in den Wohnzimmern stattfindet. Die alliierten Streitkräfte integrieren die Kriegsberichterstatter in ihre Strategie. »Embedded journalists« nennt man sie. Sie sind bei der

kämpfenden Truppe und bekommen nur die Informationen und Bilder, die die Presseabteilung der Army freigibt. Nicht nur die Waffen, auch die Berichterstatter werden aus dem Pentagon »gelenkt«.

Während in der Tagesschau im realen Krieg die grauen Bomben vom Himmel fallen, hängt der pastellblaue Himmel bei den Simpsons voller Donuts, die mit einer rosafarbenen Zuckerglasur überzogen und mit bunten Streuseln verziert sind. Aber auch die US-Truppen im Irak müssen nicht auf den süßen Kringel verzichten. Der Donut gehört, wie Hamburger und Coke, zur Grundversorgung der Soldaten. Seit dem Ersten Weltkrieg versorgt die Heilsarmee die GIs hinter der Front mit Kaffee und Donuts und gedenkt an jedem ersten Freitag im Juli den »National Doughnut-Day«.

In der Folge 350, »Future-Drama«, sieht man im Fernsehen den Golfkrieg in »Saudi-Israelia«. Es ist der fünfte Golfkrieg. Vielleicht kommt es ja anders, denn obwohl der Chefzeichner der Serie meint, Homer hätte wohl John McCain gewählt, stellten die Fans während des amerikanischen Präsidentenwahlkampfs 2008 einen Homer Simpson ins Netz, der Barack Obama wählt. Ob es zum fünften Golfkrieg kommt ist ungewiss, dass Obama als 45. Präsident der Vereinigten Staaten bei den Simpsons auftreten wird, ist hingegen so sicher wie das Loch im Donut.

Asyl für Nasigoreng

1992

Bestellt man beim Chinesen ein Chop Suey oder beim Napolitaner eine »Pizza Bratwurst«, so wird man vermutlich als Ahnungsloser belächelt – auf ähnliches Unverständnis dürfte stoßen, wer in einem Kieler Fischgeschäft nach »Sprotten im Schlafrock« verlangt. Speisen wandern wie Menschen um die Welt, manchmal passen sie sich so sehr ihrer Umgebung an wie die »Chinapfanne«, an der nur noch die Sojasauce und der Wok, die hohe gewölbte Pfanne, daran erinnern, woher dieses Gericht dereinst gekommen ist. Manchmal aber finden die Einwanderer so problemlos Anschluss an unsere Esskultur wie beispielsweise Nasigoreng, das man sich in Bechern, Dosen, Tüten oder im Tiefkühlregal als »Asia Magic« greifen kann, oder wie Tiramisu, das, hat man Gäste, inzwischen fast unverzichtbar zur deutschen Bewirtungskultur gehört.

Nasigoreng, das uns aus Indonesien und Malaysia zugelaufen ist und das wir so freundlich aufgenommen haben, ist ein Reisgericht, das mit Lauch und Zwiebeln in Öl angebraten, sodann

gekocht und mit Zutaten wie Hühner- und Schweinefleisch oder Shrimps vermischt wird, die in Sojasauce, Chili oder Curry geröstet werden. Das Ganze wird dann zum Schluss mit einem Spiegelei gekrönt. »Ethnic food«, so nennen die Fachleute landestypische Gerichte, sind in zahlreichen regionalen Varianten inzwischen in unserer Küche heimisch geworden. Politisch haben wir uns lange geweigert, die Bundesrepublik als Einwanderungsland zu sehen – auf der Speisekarte sind wir es längst.

Zwölf Millionen unserer Mitbürger haben einen »Migrationshintergrund«. Die einen sind als Arbeitsmigranten, andere als Flüchtlinge nach Deutschland gekommen. Nicht immer verläuft die Integration dieser »Ausländer« so reibungslos wie dereinst bei den Polen im Ruhrgebiet vor hundert Jahren. Zu lange haben wir geglaubt, dass »Gastarbeiter« und Flüchtlinge irgendwann in ihre Heimat zurückgehen würden. Vielen aber gefiel es im sicheren Norden – und so sind sie geblieben.

Die DDR versucht seit 1980, ihren Arbeitskräftemangel mit »Vertragsarbeitern« aus Kuba, Mosambik, Angola oder Vietnam zu decken. Mehr als 60 000 Vietnamesen kommen so ins Land, an ihrer Integration in die sozialistische Gemeinschaft ist dem Staat mitnichten gelegen; im Gegenteil: Kontakte zur einheimischen Bevölkerung werden möglichst unterbunden. Die »Kampfgenossen« leben in Wohnheimen oder Häuserblocks, in denen sie weitestgehend unter sich und unter Kontrolle sind. Wer schwanger wird, den drängt man zur Abtreibung, wer sich in einen Deutschen verliebt und heiraten will, dem droht man mit Abschiebung oder Vertragsstrafen.

Als die DDR zusammenbricht, verlieren auch viele dieser Vertragsarbeiter ihren Arbeitsplatz und damit die Aufenthaltsberechtigung. Etliche aber wollen nicht zurück in das Land, aus dem sie gekommen sind, und stellen Asylanträge. 1992 beantragen mehr als 430 000 Menschen aus aller Welt in der Bundesrepublik Asyl. In den neuen wie in den alten Bundesländern kommt eine ausländerfeindliche Stimmung auf, die

Rechtsextreme zu schüren wissen. Es kommt zu Übergriffen und ausländerfeindlichen Anschlägen. In Rostock werfen Jugendliche mit Parolen wie »Ausländer raus« und »Deutschland den Deutschen« Brandsätze gegen das hauptsächlich von Vietnamesen bewohnte »Sonnenblumenhaus« im Stadtteil Lichtenhagen – die Polizei schreitet nicht ein. Als im November in Mölln drei Türkinnen bei einem Brandanschlag auf ihr Haus ums Leben kommen, formieren sich im ganzen Land Lichterketten und Protestzüge gegen den Fremdenhass. Die Regierung Kohl beschließt nach langen Debatten im Deutschen Bundestag – schließlich auch mit den Stimmen der SPD – künftig nur noch jenen Asyl zu gewähren, die nicht über »sichere Drittländer« ins Land gekommen sind. Die Zahl der erfolgreichen Asylbewerber sinkt danach dramatisch: 2005 sind es nur noch 10 Prozent der mehr als 400 000 aus dem Jahr 1992.

Die Bürger reagieren anders: Initiativen gegen Rassismus entstehen, Jugendprojekte gegen Gewalt und Neonazismus; Kommunen und Bundesländer richten Stellen für Ausländerbeauftragte ein, die später zu »Integrationsbeauftragten« werden. Auch die Migranten selbst organisieren sich, 1995 wird die »Türkische Gemeinde Deutschlands« gegründet, um zukünftig deren Interessen gegenüber der Politik wahrzunehmen. Die Vietnamesen finden sich eher in kleinen Vereinen wie der Berliner »Reistrommel« zusammen, die Hilfs- und Integrationsprojekte initiiert. 1994 geht das Modellprojekt »Radio Multikulti« in Berlin auf Sendung, mit dem der kulturellen Vielfalt der Stadt Rechnung getragen werden soll. »Politisch korrekt« ist es nun, Toleranz gegenüber anderen Kulturen zu zeigen. Der Begriff »Multikulti« erklärt alle Werte und Traditionen für gleichwertig und für schützenswert und schätzt oft das Fremde mehr als

das Eigene – demokratische Grundrechte werden dabei zuweilen hintangestellt. Welche Sitten und Traditionen diese Kulturen mit ins Land bringen, danach wird nicht gefragt. Wer darauf hinweist und diese Blindheit kritisiert, gerät schnell unter Verdacht, »rassistisch« zu sein. Korrekt ist es nun, die anderen in Ruhe zu lassen und mit ihnen den »Karneval der Kulturen« zu feiern. So können in den muslimischen Migranten-Communitys archaische Sitten und Gebräuche fröhlich anatolische Urstände feiern, so mutiert das Recht auf Familienzusammenführung durch Importbräute zum Integrationshindernis.

Anders bei den vietnamesischen Migranten; viele von ihnen entkommen der Arbeitslosigkeit, indem sie kleine Geschäfte, Kioske, Garküchen (Imbisse) und Restaurants eröffnen – oft mit einem Einkommen, das nie über das Hartz IV-Niveau hinauskommt. Aber ihre Kinder werden zu Hoffnungsträgern: Drei von vier Kindern vietnamesischer Eltern gehen in Brandenburg auf das Gymnasium, bundesweit schaffen das nur 19 Prozent aller Migrantenkinder. Eine vietnamesisch-deutsche Erfolgsgeschichte, die auch deshalb besonders bemerkenswert ist, weil das Bundesland Brandenburg sonst häufiger durch rechtsradikale Übergriffe in die Nachrichten gerät. Als »Opfer«, als »arme Migranten« wollen diese Kinder und ihre Eltern sich offensichtlich nicht sehen, sie wollen in dieser Gesellschaft ankommen und aufsteigen. Und finden dabei Unterstützung: Die meisten der jungen Vietnamesen, so ergibt eine Studie der Brandenburgischen Integrationsbeauftragten, haben deutsche Freunde, mit denen sie gemeinsam zur Schule gehen.

Diese Geschichte von Asyl und Integration scheint so erfolgreich zu verlaufen wie die von Nasigoreng.

1993

Cevapcici und die jugoslawische Tragödie

Eine schier endlose Küste, kristallklares Wasser und wildromantische Inseln, Karl-May-Film-Landschaften und malerische Altstädte, offen-herzliche Menschen, kräftig-würzige Speisen und zu Alkohol veredelte Zwetschgen (Sliwowitz!) – über Jahrzehnte gehörte Jugoslawien, neben Italien und Spanien, zu den beliebtesten Reisezielen der Deutschen. Und auf viele im Adria-Urlaub genossene Köstlichkeiten brauchte man ab etwa Ende der 1960er Jahre auch zu Hause nicht mehr zu verzichten. Es gab bald kaum einen größeren Ort, wo nicht ein Balkan-Grill mit seiner herzhaft einfallslosen Küche lockte. Der »Jugo« wurde trendy, und das Cevapcici machte der zeitgleich an Beliebtheit gewinnenden Pizza phasenweise durchaus Konkurrenz.

Die kleinen, mit Knoblauch, Salz, Pfeffer und Paprika gewürzten und am Holz- oder Metallspieß gegrillten Hackbällchen sind zwar kulinarisch eher von schlichtem Gemüt, verströmen aber gleichsam den Hauch des Sommers: Die Sehnsucht nach

Sonne, Meer und lauen Abenden sitzt gewissermaßen mit am Tisch. Anders ist der Erfolg der Balkan-Spezialität kaum zu verstehen, anders wäre auch nicht zu erklären, warum der Stern des Cevapcicis mittlerweile seinen Glanz verloren hat. Die Sehnsucht ist dahin! Jugoslawien durchlebt gerade eine Tragödie, die jeden Gedanken an mediterrane Lebensfreude nachhaltig erstickt. Jugoslawien, wie wir es schätzten und liebten, existiert nicht mehr. Dort, wo Jugoslawien war, mitten in Europa, herrscht Krieg. Und eine Stadt, in der erst wenige Jahre zuvor die »Jugend der Welt« die Olympischen Winterspiele gefeiert hatte, wird in besonderer Weise zum Symbol eines unermesslichen Leidens.

Sarajevo ist eingekesselt. Auf den Hügeln rund um die bosnische Hauptstadt lagern Verbände der Jugoslawischen Bundesarmee und Milizen der bosnischen Serben und nehmen die überwiegend von Bosniaken und Kroaten bewohnten Stadtteile unter täglichen Granatbeschuss. Auch in den Straßen muss permanent mit Heckenschützen gerechnet werden, die wahllos auf Passanten feuern. Die einst friedliche Vielvölker-Metropole ist buchstäblich zum »killing field« geworden. Allein am 22. Juli 1993 schlagen 3777 Granaten im Stadtgebiet ein und fordern Dutzende Opfer. Mehr als 11 000 Menschen werden bei der bis Ende 1995 andauernden Belagerung getötet, darunter 1600 Kinder, und 50 000 Zivilisten zum Teil schwer verletzt. Ein Massaker vor den Augen der Weltöffentlichkeit.

Die Frage, worum es bei diesem Krieg geht, dürfte wohl kein Beteiligter, Täter wie Opfer, zu diesem Zeitpunkt noch schlüssig beantworten können. Das Auseinanderbrechen der sozialistischen föderativen Republik Jugoslawien setzt eine unerwartet heftige Welle aus Hass und Gewalt frei, die jede Ratio wegzuspülen droht. Den Anfang hatten 1991 Slowenien und Kroatien gemacht: Als sich beide Länder, nach vorherigen Volksabstimmungen, aus der Föderation lossagten und als eigenständige Staaten konstituierten, mobilisierte die serbisch dominierte Zentralregierung in Belgrad die Bundesarmee – vorgeblich um die serbischen Minderheiten zu schützen. Sofort entbrannte ein anhaltender Mehrfrontenkrieg, der schnell die Hilflosigkeit der internationalen Gemeinschaft offenbarte, die der Eskalation »auf dem Balkan« lange tatenlos zusah.

Waren die meisten Regierungen anfangs bestrebt, Jugoslawien als Staat zu erhalten, so zerplatzt diese Illusion endgültig, als sich kurz darauf auch Bosnien-Herzegowina für unabhängig erklärt. Sofort weitet sich der Krieg nach Süden aus und nimmt an Heftigkeit zu. Massaker auf beiden Seiten, Massenfluchten, Vertreibungen, Zerstörungen und ein dramatisches Hilfsersuchen der bosnischen Regierung lassen nun endlich auch den UN-Sicherheitsrat einlenken. Die Vereinten Nationen verhängen ein Waffenembargo über die Region und beschließen die Entsendung von »Blauhelmen« (UNPROFOR), die allerdings bislang nur zur »Friedenserhaltung« und nicht zur »Friedensherstellung« zum Einsatz kommen dürfen. Die Waffen schweigen aber nicht. Was also tun? Wieder vergehen lähmend lange Monate, bis sich die westlichen Regierungen zu einem »robusteren« Mandat durchringen. Nachdem die Belagerer Sarajevos und die »restjugoslawischen« Truppen und ihre verbündeten serbischen Milizen anderswo immer öfter auch Luftunterstützung von jugoslawischen Kampfjets erhalten, wird ein Flugverbot über Bosnien-Herzegowina verhängt, das nun, ab 1993, auch militärisch durchgesetzt werden soll. Mit der »Operation Deny Flight« tritt damit die NATO unmittelbar in den Krieg ein und fliegt in der Folge zahlreiche Angriffe auf jugoslawische Flugzeuge und Bodenstellungen.

Um solche »out of area«-Einsätze wird in Deutschland heftig gestritten. Sollen deutsche Soldaten wieder auf Jugoslawen schießen? Darf die NATO auch außerhalb ihres Territoriums und ohne dass eines ihrer Mitglieder bedroht ist, militärisch eingreifen? Angesichts des Leidens im ehemaligen Jugoslawien mögen die Fragen vielleicht zynisch erscheinen. Sie sind aber mehr als berechtigt, weil sie die Substanz

unserer Verfassung berhühren. Das wissen auch diejenigen, die sich nun dem Drängen von UNO und NATO stellen und eine Entscheidung treffen müssen. Am 2. April billigt die Regierungskoalition aus CDU und FDP schließlich die Teilnahme an Kampfeinsätzen der Vereinten Nationen, und nur zehn Tage später nehmen erstmals seit dem Ende des Zweiten Weltkriegs wieder deutsche Soldaten an einem militärischen Konflikt teil – die ersten 162 Bundeswehrangehörigen wirken als technisches Personal in den AWACS-Aufklärungsflugzeugen der NATO mit. Wie schwer diese Entscheidung gefallen ist, zeigt ein darauf folgender pikanter Rechtstreit: Nicht nur die oppositionelle SPD, sondern auch die Regierungspartei FDP rufen das Bundesverfassungsgericht an; und dass der Vizekanzler einer Regierung, Bundesaußenminister Klaus Kinkel, dem regierenden Kanzler, Helmut Kohl, die Verfassungstreue abspricht, ist in der Tat ein extraordinärer Vorgang, der in den Wirren dieser Tage etwas untergeht (ein Jahr später erklärt das Gericht solche Kampfeinsätze mit UN-Mandat für zulässig, sofern der Bundestag seine Zustimmung erteilt).

Durch das militärische Eingreifen der NATO wendet sich allmählich das Blatt auf dem Balkan. Es wird allerdings noch zwei Jahre dauern, bis der Bosnienkrieg 1995 mit dem Dayton-Vertrag beendet wird – und weitere sieben Jahre, bis 1999 auch im anschließend im Kosovo eskalierenden Konflikt die Waffen schweigen. Ob und wann die verschiedenen Volksgruppen jemals wieder aufeinander zugehen können, bleibt abzuwarten. Das von allen Seiten, von einstigen Nachbarn, zugefügte Leid ist kaum zu ermessen.

Das noch am ehesten, vielleicht das einzig verschmerzbare »Opfer« dieser Gewalteruption ist das Cevapcici, das seinen sonnenfreundlichen Nimbus verloren hat und heute viel weniger präsent ist als vor den Jugoslawien-Kriegen, die den Sehnsuchtsraum »Balkan-Grill« nachhaltig beschädigt haben.

1994

Leipziger Allerlei mit »Peanuts«

»Verstecken wir den Speck und bringen nur noch Gemüse auf den Tisch, sonntags vielleicht ein Stückchen Mettwurst oder ein Krebslein aus der Pleiße dazu. Und wer kommt und etwas will, der bekommt statt Fleisch ein Schälchen Gemüsebrühe und all die Bettler und Steuereintreiber werden sich nach Halle und Dresden orientieren.« Fast zu schön um wahr zu sein klingt die Legende des Stadtschreibers Malthus Hempel, der berichtet, wie das Leipziger Allerlei nach den Napoleonischen Kriegen Anfang des 19. Jahrhunderts auf die Speisekarte der Stadt gekommen sein soll. Zum klassischen überlieferten Rezept gehören – außer verschiedenen jungen Gemüsesorten wie Möhren, Kohlrabi, Spargel, Blumenkohl – auch Morcheln, Krebsschwänze sowie Semmelklößchen. Das Original Leipziger Allerlei wird im Juni serviert, wenn die Spargelzeit beginnt, die Schonzeit für Flusskrebse vorbei ist und das Gemüse frisch geerntet werden kann. Zu DDR-Zeiten verkommt das leckere fleischlose Gericht zur Sättigungsbeilage in Schul- und Betriebskantinen und muss nach der Wende von Leipzigs Gastwirten erst wieder neu für die Speisekarte erobert werden. Zwar nicht mehr mit Krebsen aus der Pleiße, dafür aber frisch. Peanuts, Erdnüsse, lernen die Leipziger erst einige Jahre später kennen, zu dem Gericht gehören sie auch nicht, wohl aber zu Leipzigs jüngerer Geschichte.

Dem Altbaubestand der Stadt geht es unmittelbar nach der Wende auch nicht besser als dem Gemüsegericht – nämlich katastrophal. Zu DDR-Zeiten ist kaum Geld in seine Sanierung investiert worden, man setzte zur Wohnungsversorgung ganz auf den Plattenbau am Stadtrand. Anfang der 1990er Jahre schrumpft die Einwohnerzahl der Stadt, Fabriken müssen schließen und immer mehr Menschen ziehen in den Westen. Der Leerstand an Wohn- und Gewerberaum in der Innenstadt nimmt dramatisch zu. Die Leipziger, die 1989 mit ihren Montagsdemonstrationen wesentlich zu der demokratischen Revolution in der DDR beigetragen haben, spüren plötzlich, wie »frostig« die neue Freiheit auch sein kann.

Da tritt ein Retter aus dem Westen auf – ein wahrhafter Kapitalist, ein Immobilienhai reinsten Wassers: Dr. Jürgen Schneider aus Frankfurt kauft die Filetstücke in der Leipziger Innenstadt, insgesamt 15 Baudenkmäler, und beginnt, sie mit großem Aufwand zu restaurieren: den barocken Barthels Hof, ein Messehaus und Restaurant, das berühmt war für sein Leipziger Allerlei, die Mädler-Passage, in der sich »Auerbachs Keller« befindet, jedem aus Goethes »Faust« wohlbekannt.

Für die Leipziger ist es wie ein Wunder: Schneider bringt nicht nur den Handwerkern Arbeit, sondern der ganzen Stadt Hoffnung. Sie hätten Goethes Faust genauer studieren sollen. Nach Mephistos Auftritt in Auerbachs Keller bleiben die Studenten völlig verwirrt zurück – erst hat Mephisto jedem einen Wein herbeigezaubert und diesen dann in Feuer verwandelt:

Siebel: Betrug war alles, Lug und Schein.
Frosch: Mir deuchte doch, als tränk ich Wein.
Brandner: Aber wie war es mit den Trauben?
Altmayer: Nun sag mir eins, man soll kein Wunder glauben!

Schneider zaubert Geld herbei, indem er den Bankern Mieteinnahmen verspricht und Renditeerwartungen in Aussicht stellt, die sie leichtfertig werden lassen. Dass Schneider Zahlen schönt, Gebäude auf dem Papier zuweilen um zwei Stockwerke höher macht als sie tatsächlich sind, entgeht den Geldgebern, weil sie es versäumen, ihn hinreichend zu kontrollieren. Insgesamt soll Schneider 1994 bundesweit Bankschulden in Höhe von 5,4 Milliarden DM angehäuft haben. Als die zugesagten Mieteinnahmen ausbleiben, die Kredite nicht bedient werden können, bricht binnen Kurzem das Schneider-Immobilienimperium zusammen. Er selbst setzt sich ab und lässt die Leipziger Handwerker mit leeren Taschen zurück. Mit 50 Millionen DM steht er bei ihnen in der Kreide.

So wie den Leipziger Handwerkern geht es in den ersten Jahren vielen anderen Ahnungslosen in den neuen Bundesländern. Spekulanten, Subventionsbetrüger oder einfach Hazardeure nicht nur aus dem Westen machen sich die Not und Unerfahrenheit der Menschen zunutze und hinterlassen meist leere Fabriken und Versprechungen. Im Fall Schneider wurde solide restauriert, wenn auch betrügerisch finanziert.

Hauptgläubigerin ist die Deutsche Bank, deren Chef Hilmar Kopper lässt sich dazu hinreißen, die Handwerkerschulden angesichts des Schneider'schen Gesamtschadens als »Peanuts«, Erdnüsse, als Kleingeld also zu bezeichnen. Das kommt öffentlich gar nicht gut an, auch nicht in Leipzig, wo viele glauben, dass man dem Betrüger doch immerhin die Rettung der innerstädtischen Schmuckstücke zu verdanken habe. Die Bank bezahlt die Handwerker, um wenigstens den Imageschaden in Grenzen zu halten, Hilmar Kopper aber heißt fortan »Mr. Peanut«.

Jürgen Schneider wird im Jahr darauf im Sonnenstaat Florida – pikanterweise vor einer Bank – verhaftet. In dem spektakulären Wirtschaftsstrafprozess, der seiner Verhaftung folgt, wird zwar die Mitschuld der Banken an der Pleite festgestellt, aber einzig Schneider wegen Betrugs zu sechs Jahren und neun Monaten Gefängnis verurteilt.

In »Auerbachs Keller« kann man heute Leipziger Allerlei verspeisen und dabei an der Wand Mephistoles, versehen mit dem Schneider'schen Konterfei, bestaunen, der dem Kaiser seine Aufwartung macht – so wie einst der Baulöwe seinen Bankern.

Die gute Tat: Esst Rübchen!

1995

Gegen den maschinellen Großflächenanbau hat sich die Pflanze vehement gewehrt und wurde deshalb in der kollektiven LPG-Landwirtschaft der DDR mit Missachtung gestraft. Dabei ist sie nicht anspruchsvoll, wächst auf nährstoffarmem, lehmigem Sandboden, der nicht zu trocken, nicht zu feucht sein darf. Aber nur wenn ihre Samen im August nach der Getreideernte in der Nähe von Teltow, einem kleinen Brandenburger Örtchen, in den märkischen Sand gebracht werden, man sie vor der Kohlfliege schützt und den Acker sorgfältig bearbeitet, belohnt sie uns Ende Oktober mit kleinen, schlanken, kegelförmigen Rübchen. Das ehemalige Winteressen der armen Landleute schmeckt so einzigartig – ein wenig süß, etwas scharf, leicht nach Rettich und Kohlrüben –, dass die, die es sich leisten konnten, sich die zarte Frucht in Fässchen schicken ließen. Der Papst nach Rom, Johann Wolfgang von Goethe nach Weimar, Immanuel Kant nach Königsberg und Theodor Fontane in die Potsdamer Straße 134 c nach Berlin – die Teltower Rübchen.

Den Sozialismus auf deutschem Boden überlebte die eigentlich für die DDR so typische Pflanze (klein, anspruchslos, proletarischer Herkunft) der deutschen Klassik nur dank der Pflege der Kleingärtner, die in ihren Datschen das kulinarische Erbe vor dem Vergessen bewahrten. Alle Versuche, sie auch anderswo anzubauen, in Frankreich beispielsweise, wohin sie mit Napoleons Truppen zog und »Navet de Teltow«, Rübe aus Teltow, hieß, waren vergeblich; denn aus dem zarten Rübchen wird in der Fremde eine Rübe, und die schmeckt ganz gewöhnlich.

Seit 1994 ist die Herkunftsbezeichnung geschützt und wird von den Bauern der Region und einem Verein gepflegt. Unterstützt werden sie dabei von einer Bewegung, die seit 1995 in Deutschland eine wachsende Zahl von Anhängern findet und sich zum Ziel gesetzt hat, bewusst zu essen und zu genießen – die Slow-Food-Bewegung, deren Markenzeichen eine kleine Schnecke ist. »Ich möchte die Geschichte einer Speise kennen. Ich möchte wissen, woher die Nahrung kommt. Ich stelle mir gern die Hände derer vor, die das, was ich esse, angebaut, verarbeitet und gekocht haben«, das ist das Credo des italienischen Slow-Food-Gründers Carlo Petrini, für den die Massenware der Lebensmittelindustrie zur »Gleichschaltung des Geschmacks« und zur Zerstörung der biologischen Vielfalt geführt hat. Gutes Essen verbindet sich für Petrini mit nachhaltigem Anbau, aber auch mit einer sozialen und politischen Verantwortung – die Produkte sollen »gut, sauber und fair« sein.

Die deutschen Slow-Food-Anhänger pflegen die Kultur des Essens und Trinkens in ihren Vereinstreffen, auf Veranstaltungen, Ausflügen und bei Verkostungen und fördern eine verantwortliche Landwirtschaft, artgerechte Viehzucht und vor allem regionale Minderheiten. Für sie hat die Bewegung eine »Arche des Geschmacks« eingerichtet, in der sie Lebensmittel sammelt, die vom Vergessen oder der Überzüchtung durch gentechnische Optimierung bedroht sind. Dazu gehören die Alblinse, eine kleine grüne Linse, die wieder auf der Schwäbischen Alb angebaut wird, die Diepholzer Moorschnucke, eine hornlose Heidschnucke mit dunklem Fleisch aus der Region zwischen Hannover, Osnabrück und Bremen, oder auch der Würchwitzer Milbenkäse, der in

Sachsen-Anhalt aus einem getrockneten Magerquark von Ziegen-, Kuh- und Schafmilch hergestellt wird und bei dem Milben das Fermentieren übernehmen; auch das Teltower Rübchen hat Zuflucht auf der Arche gefunden. Es ist schon eine besondere Eigenheit unserer modernen Industriegesellschaft, dass man essen muss, was man retten will. Denn nur wenn regionale Produkte nachgefragt werden, können Landwirte sie produzieren und somit die Vielfalt der Arten bewahren. Dem Genießer zur Freude, den Essern ein gutes Gewissen: Esst Rübchen!

Probieren Sie doch einmal Teltower Rübchen als Füllung für eine »besoffene Gans à la Kant«. Man nehme sich dazu etwa einen Tag Zeit, eine frisch gerupfte Martinsgans (Kenner wissen, das ist erst ab November möglich), reibe sie im Innern mit einer Mischung aus Honig, Hagebuttenmark und Maronenmus aus, die mit Paprika, weißem und schwarzem Pfeffer gewürzt wird; dann ein Lorbeerblatt, zwei (!) Zweiglein Beifuß in den Bauch. Die Teltower Rübchen (die gibt es auch ab November) werden geputzt und mit einem Pfund Schalotten in Butter karamelisiert, dann die in feine Würfel geschnittene Leber der Gans dazugegeben. Ein halbes Pfund getrocknete Aprikosen über Nacht in bestem (!) Cognac einlegen, zusammen mit der gleichen Menge an fein geschnittener Petersilienwurzel, einer Prise Zimt, einer Spitze Sternanis und ein wenig Salz als Füllung in die Gans stopfen und das Federvieh zunähen. Nebenher haben sie aus Magen, Herz, Flügelspitzen, Gänsefüßen, Suppengemüse, Lorbeerblatt und zwei Pimentkörnern einen Jus geköchelt. Das dauert zwei bis drei Stunden. Die Gans außen salzen (natürlich mit Meersalz), pfeffern und mit scharfem Paprika einreiben. Auf den Rost damit und ein tiefes Blech darunter. Bei 220 Grad anbraten, dann umdrehen. Den restlichen Cognac nach und nach über die Gans gießen. Bis sie fest, aber nicht mehr blutig ist, vergehen drei bis vier Stunden. Am besten mit selbstgemachten Serviettenknödeln und Blaukraut (aber nicht aus der Dose!) der Familie oder Freunden servieren.

Und dann ganz langsam essen und über den kategorischen Imperativ und das Essen als gute Tat philosophieren – Slow-Food eben.

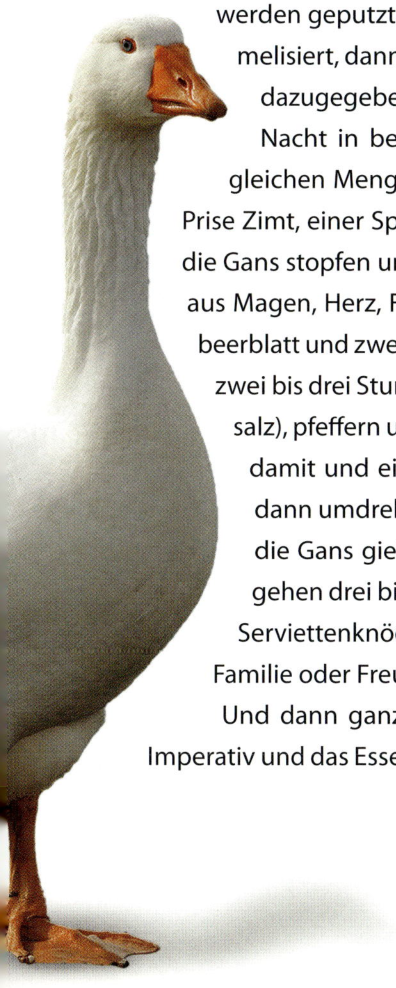

1996

Die Roulade in digitalen Zeiten

Ah, allein der Gedanke an eine Roulade regt den Speichelfluss an und setzt die schönsten Assoziationsketten in Gang: Mütter oder Großmütter, die den ganzen Vormittag beschürzt in der Küche stehen, mit blütenweißen gestärkten Decken bezogene Tische, das »gute Porzellan« und Silberbesteck, Saucenterrinen, dampfende Kartoffeln, duftende Gemüse- oder Rotkohlschüsseln – ein Fest für alle Sinne! Aber irgendwie anachronistisch. Die mit reichlich Senf bestrichenen, mit Speckstreifen, Gewürzgurken- und Zwiebelscheiben belegten, anschließend aufgerollten und mit Faden oder Spießen zusammengehaltenen Rindsrouladen wirken heute wie dem Untergang geweihte Überreste aus der »guten alten Zeit«. Noch aber mögen wir nicht von ihnen lassen, eigentlich. Und so ragen diese kulinarischen Fossilien in die schnelllebige Moderne hinein – und fungieren darin geradezu als Bremsklötze: Zubereitungszeit mindestens zwei Stunden. Nein, seien wir doch ehrlich, das ist auch am Wochenende kaum noch drin. Dafür sind wir viel zu beschäftigt.

Unser Möglichkeitsraum erweitert sich gerade ins nahezu Unermessliche. Neue Medien beginnen, die Haushalte zu erobern. Wer etwas auf sich hält, verbringt mit dem Alten auch in der Küche nicht mehr Zeit als nötig. Eine neue Welt tut sich auf mit den nun einsetzenden digitalen Zeiten und kann in diesem Jahr mit einem wahren Wunderding aufwarten.

Das Ding hat einen Namen und wird schnell zum Klassiker: der Nokia Communicator 9000. Äußerlich ist das brikettartige Gerät einer etwas missratenen Roulade gar nicht so unähnlich. Und so wie die Roulade verschiedene Geschmacksrichtungen zu einem Ensemble kombiniert, so vereint der Communicator erstmals bislang nur getrennt nutzbare Funktionen: Ein Mobiltelefon – oder wie man ausschließlich in Deutschland weltläufig sagt: ein Handy – mit integriertem »Personal Information System«. Ob Adress- oder Terminverwaltung, E-Mail- und Faxverkehr oder das Aufrufen von Webseiten – der kleine, aufklappbare Gigant ist ein Alleskönner. Wie die ebenfalls in diesem Jahr von Microsoft vorgestellte, erste mobile Version von Windows zielt der Communicator eigentlich auf das Geschäftskundensegment, stellt aber einen Entwicklungssprung dar, der bald auch den Massenmarkt erreicht.

Das Handy tritt seinen kommerziellen Siegeszug an. Durch die Einführung digitaler Mobilfunknetze (D-Netz) Anfang der 1990er Jahre hatte der Energiebedarf der bis dahin teuren Funktelefone massiv reduziert werden können. Anschließend waren die einst schuhkartongroßen, mit konventionellem Hörer und langer Antenne ausgestatteten Funk- oder Autotelefone Jahr für Jahr sowohl in ihren Ausmaßen als auch in ihrem Preis geschrumpft. Jetzt sind sie bereits so klein, dass sie in jede Handtasche passen, und so erschwinglich, dass sich immer mehr »wichtige« Menschen den Luxus leisten, zu jeder Zeit und an jedem Ort erreichbar zu sein. Noch ist der kleine Quälgeist eher einer betuchten Klientel vorbehalten – 1996 werden weniger als zwei Millionen Handys nach Deutschland importiert –, aber das ist erst der Anfang. Nur gut zehn Jahre später wird es fast so viele Handys wie Einwohner geben.

Eine ähnliche Entwicklung durchlaufen parallel der Computer und das Internet. Angefangen hatte hier zwar alles schon ab Mitte der 1970er Jahre, als mit dem »Xerox Alto« (1973), dem »Apple II« (1977) und dem IBM-PC (1981) die ersten Einzelplatzrechner als »Personal Computer« auf den Markt kommen. Aber lange Zeit wurden die eher klobigen und sehr teuren Geräte fast ausschließlich in Forschung und Industrie eingesetzt. Außerdem lösten die unverstandenen Maschinen bei den meisten Menschen wohl noch Beklemmung aus – man denke an Stanley Kubricks visionären Kultfilm »2001«, in dem der durchgeknallte Superrechner HAL den größten Teil des »überflüssig« werdenden menschlichen Personals schlicht durch Mord wegrationalisiert. Ähnliche Visionen quälen ab Mitte der 1980er Jahre Gewerkschaften und Berufsverbände, die durch den Einzug der Computertechnik in den betrieblichen Alltag ganze Berufsgruppen – zum Beispiel Sekretärinnen – bedroht sehen.

Aber die Technik ist nicht aufzuhalten und fasst mit den ersten preisgünstigen Geräten – Commodore, Amiga, Atari – auch im Privatleben allmählich Fuß. War es zunächst vor allem die bequeme Textverarbeitung, die des Schneidens, Überklebens, Kopierens überdrüssige Menschen die alte Schreibmaschine entsorgen ließ, so sind es nun, ab Mitte der 1990er Jahre, die Kommerzialisierung des Internets – der erste nicht-universitäre Internet-Provider MAZ gründet sich 1994 in Hamburg – und insbesondere Spiele – die erste Lara-Croft-Episode der Serie »Tomb Raider« erscheint 1996 –, die bald in jedem zweiten Haushalt einen PC stehen lassen. Zeitgleich kommt auch der E-Mail-Verkehr in Mode. Zwar ist die Online-Nachricht vorerst noch sehr teuer, weil man sich per Modem in die herkömmlichen Standleitungen der Telekom einwählen muss. Aber die

Attraktivität, überwiegend belanglose Mitteilungen »just in time« auszutauschen, verschafft sowohl dem Internet als auch dem Communicator schnell einen Kultstatus. Man ist nicht mehr, was man isst, sondern wie man kommuniziert.

Ja, das alles ist wirklich noch nicht länger her. Die digitale Revolution hat unsere Lebenswelt mit einer Rasanz umgewälzt, die ihresgleichen sucht. Sie hat unseren Alltag verändert wie keine technische Innovation seit der Einführung des Automobils. Unser Briefkasten steht nun im Netz und wird mit Spams zugemüllt; unsere Computer werden immer schneller, fressen aber paradoxerweise immer mehr Zeit; Beziehungen werden per Online-Partnerbörsen gestiftet und per SMS beendet; wo man geht und steht, wird man genötigt, »originelle« Klingeltöne zu ertragen und Ohrenzeuge sinnfreier Telefongespräche (»Ich bin gerade in der U-Bahn. Und du?«) zu werden; und auf der Straße begegnet man immer öfter Zeitgenossen, die man noch vor Kurzem für verrückt erklärt hätte, weil sie ohne sichtbares Gegenüber munter vor sich hinplappern.

Aber wir wollen hier nicht übertreiben. Trotz einiger Belästigungen und vieler Kassandra-Rufe ist das Abendland gleichwohl nicht bedroht. Sogar Sekretärinnen gibt es immer noch. Und selbstverständlich hat die neue Technik unbezweifelbare Vorzüge, die sich nach längerem Nachdenken sicher aufzählen ließen. Allein, dafür fehlt uns die Zeit – ebenso wie für die Zubereitung der guten alten Roulade. Aber es gibt sie noch – wie eine Konstante im Strom der Veränderung. Mögen uns Handy und Computer noch so viele »Dienste« abnehmen, essen müssen wir auch weiterhin selber. Und im Unterschied zu Handy und Computer ist die Roulade definitiv nicht zu verbessern.

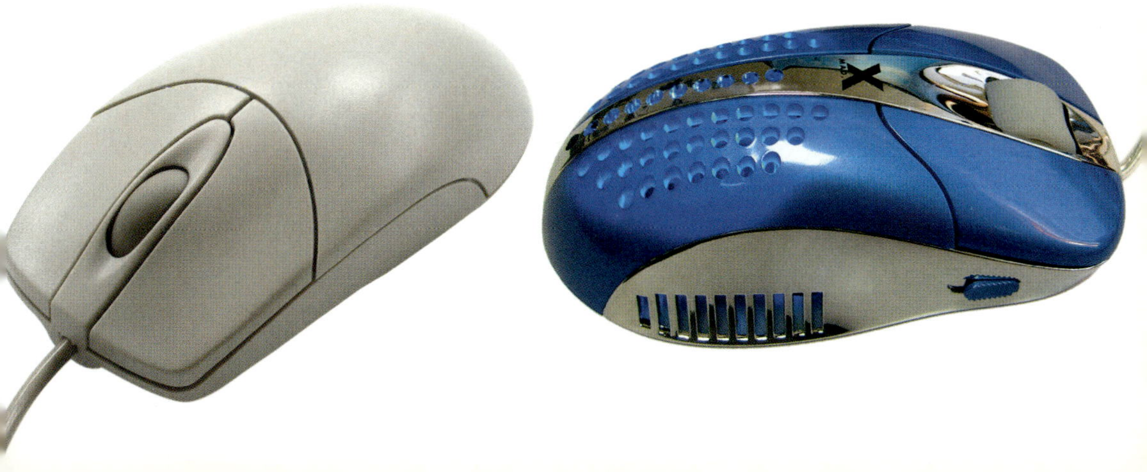

1997

Grünkern gegen Rinderwahn

Dinkel, weiß schon die heute bei ernährungsbewussten Verbrauchern wieder hoch im Kurs stehende Hildegard von Bingen (1098-1179), ist das »beste Korn«, es »macht seinem Esser rechtes Fleisch und rechtes Blut, frohen Sinn und freudig menschliches Denken« – was will man mehr? Die wissenschaftliche Forschung hat nachgewiesen, dass die Eloge der Äbtissin, Heilkundigen und Naturforscherin keine Prahlerei ist. Dinkel, eins der ersten Getreide, das nach der letzten Eiszeit in Europa wieder Fuß fasste, hat mehr Mineralstoffe, Kieselsäure und Vitamine zu bieten als der beste Weizen. Der rückte erst mit dem Kunstdünger an die Spitze der Getreideproduktion, während Zusatzstoffe den Dinkel kalt lassen. Er bleibt im Wachstum eher niedrig, ist dafür aber sehr robust. Früh, noch vor der eigentlichen Reife geerntet, lässt er sich, über Buchenfeuer oder in Heißluftanlagen »gedarrt«, haltbar machen und als nussig schmeckender »Grünkern« verspeisen.

Dinkel war schon immer eine Art »Ersatz«, in Kriegs- und Hungerzeiten ersetzte er den Reis oder auch die Fleischeinlage in der Suppe. In der Kneipp-Kur wurde er auch gern als Muckefuck, als Kaffee-Ersatz, eingesetzt. Dennoch war er lange Zeit höchstens eingeschworenen Reformhaus-Freaks bekannt, etwas später dem frühen Kundenstamm der Bio-Läden. Seine große Stunde aber kam, als der »Rinderwahn« den Kontinent erreichte.

Am 22. Januar 1997 beschließen Bund und Länder die Notschlachtung von mehr als 5000 aus Großbritannien und der Schweiz importierten Rindern. Anfang der 1990er Jahre brechen die ersten Rindviecher auf den Weiden in Schleswig-Holstein zusammen; nun ist die 1985 erstmalig auf der britischen Insel registrierte »Bovine spongiforme Enzephalopathie«, abgekürzt BSE, volkstümlich »Rinderwahn«, auch hierzulande angekommen.

Anfänglich versucht man, die Seuche nicht publik werden zu lassen und »entsorgt« die kranken Tiere. Als eine Tierärztin aus Bad Segeberg 1994 die ersten 24 Fälle öffentlich macht, wird sie entlassen. Danach aber lässt sich das Problem nicht mehr unter der Decke halten, sondern macht wochenlang Schlagzeilen. Fernsehteams filmen Bauern, die ihre Gummistiefel waschen, nachdem ihre Tiere »gekeult« und mit Baggern verladen wurden. Bis 2005 werden über 360 Fälle infizierter Tiere amtlich bekannt, ganze Herden, die unter Verdacht stehen, müssen getötet werden.

Die tödliche Erkrankung des Viehs wird durch atypische Eiweißkörper verursacht, sogenannte Prionen, die das Gehirn des Tieres wie ein Schwamm durchlöchern, bis es zu tödlichen Ausfallserscheinungen kommt. Da durch den Verzehr von infiziertem Fleisch, so wird zumindest vermutet, die Krankheit auch auf den Menschen übertragen werden und die ähnlich wie BSE verlaufende Creutzfeld-Jakob-Krankheit auslösen kann, vergeht vielen Verbrauchern der Appetit auf Rinderbraten. Und auf Leberwurst. Denn in der wird, man staune, oft auch Rinderhirn verarbeitet. Von Stund an essen die Deutschen weniger Rindfleisch – seit 1999 ist der Konsum um ein Drittel zurückgegangen, auf 6,8 Kilogramm pro Jahr und Person.

Ernährung wird zum sensiblen öffentlichen Thema. Die verunsicherten Verbraucher wollen Aufklärung, suchen aber auch nach Alternativen. Was viele bis dato entschlossen von sich gewiesen haben, erfährt jetzt eine ganz neue Wertschätzung. Bio-Produkte erleben einen nachhaltigen konjunkturellen Aufschwung; Vegetarier gelten nicht mehr als »Spinner«, Reformhaus-Kunden nicht mehr als Exoten, »Ökos« nicht mehr als mitleidig zu belächelnde »Müslis«. Der Grünkernbratling kommt in dieser Zeit – nicht nur bei Reformkostlern – zu wohlverdienten Ehren und bei immer mehr Menschen auf die Speisekarte. Marketingbewusste Verkäufer erkennen, dass zur Durchsetzung bei den Verbrauchern ein attraktiverer Name her muss und erfinden den »Veggie-Burger«. Selbst McDonald's versucht sich vorübergehend am »GemüseMac«. Mit Nüssen, Rosinen, Haferflocken und Honig wird der Körnerklops zum »Energieball«. Das klingt sportlich, macht den Ball aber vor allem bei jüngeren Leuten, denen die Umstellung von Industriezucker auf Honig und von Weißmehl auf Vollkorn und vegetarische Kost eine neue Geschmackssensibilität abverlangt, noch lange nicht populär. Trotzdem ist die Renaissance der bewussten Ernährung und des Dinkels nicht mehr aufzuhalten.

Auch Viehzüchter und Metzgereien stellen sich um. Der Kampf um die Restkundschaft nötigt ihnen eine gesteigerte Aufmerksamkeit für die Zusammensetzung des Viehfutters ab. Denn eine der Ursachen für den Rinderwahn ist das Futter. In England wird seit Jahren schon Tiermehl an Kühe verfüttert, das aus Schlachtabfällen in Tierverwertungsanlagen gewonnen wird. Und diese Abfälle sind – so zeigen die Untersuchungen – durch kranke Tiere verseucht. Dass Rindviecher, die von Hause aus Vegetarier sind und sich von Gras, Stroh und Getreide ernähren, überhaupt mit Tiermehl gefüttert werden, dürften die meisten Verbraucher überhaupt erst jetzt, angesichts des großen Sterbens der Kühe, erfahren.

Der einzige Zweck dieser artfremden Praxis ist es, durch das eiweißreiche Protein die Tiere schneller zu mästen. Aber mit dem Protein fressen sie auch das spezifische Prion, das erst nach einigen Jahren Inkubationszeit zu den einschlägigen Krankheitssymptomen führt. Für die Entdeckung des BSE-Erregers wird der US-Forscher Stanley Prusiner 1997 mit dem Medizin-Nobelpreis geehrt.

Nachdem die Fütterung von Tiermehl verboten worden ist, ein strikter Herkunftsnachweis des Viehs eingeführt wird und 1999 ein BSE-Schnelltest auf den Markt kommt, scheint die Seuche gebannt zu sein – zumindest vorübergehend. Aber immer weiß man noch nicht genau, über welche Wege sich die Tiere infizieren, denn unter den Erkrankten finden sich auch Bio-Rinder, die ihr Leben lang auf der Weide standen.

Krisengewinnler ist auf jeden Fall die Grünkernfront, sie erweitern ihren Marktanteil beträchtlich; immer mehr Landwirte bauen Gemüse »biologisch« an und ziehen ihr Vieh artgerecht auf. Selbst in den Regalen der Supermärkte finden sich mehr und mehr Bio-Produkte. Die Verbraucher laufen zwar nicht alle zu den Vegetariern über, sie essen inzwischen auch wieder mehr Rindfleisch als noch vor wenigen Jahren, aber längst nicht in solchen Mengen wie vor dem Rindersterben. So viel Weizen, Roggen oder Grünkern wie das Rindvieh können wir auch gar nicht essen. Nur knapp ein Viertel des in Deutschland angebauten Getreides wird für die Produktion von Brot, Kuchen, Grünkernbratlingen oder Schoko-Dinkel-Muffins verwendet. Der Löwenanteil, nämlich fast zwei Drittel, wird an Schweine, Geflügel und Rinder verfüttert. Weltweit, so stellt der amerikanische Ökonom Jeremy Rifkin fest, wird ein Drittel der Getreideproduktion an Vieh verfüttert – was deutlich macht, dass die ungehemmte industrielle Fleischproduktion eine andere Art von »Rinderwahnsinn« darstellt. Die auf Futtermittel angewiesene Massentierproduktion ist maßgeblich für den Hunger in der Welt verantwortlich: Die Kühe und Hühner in den Viehfabriken und Hühnerfarmen fressen den Hungernden das Brot weg.

1998

Käsespätzle in den »Stürmen der Globalisierung«

Was sind, woher kommen und seit wann gibt es Spätzle? »Ha no, so genau wisset mir des au net«, wird man auf der Alb wahrscheinlich zu hören bekommen – gar nicht unbedingt aus Mangel an entsprechender Kenntnis, sondern weil »der« Schwabe auch mit Worten geizt. Er schwätzt nicht, sondern schafft. Dadurch sollte sich ein Fremder aber nicht in falscher Sicherheit wiegen. In Wahrheit ist es ein durchaus heikles Unterfangen, als Nicht-Schwabe über Spätzle zu räsonieren. Die kleinen »Spatzen« sind schwäbisches Nationalgut.

Deshalb hier in aller Bescheidenheit nur das Elementarste: Das Grundrezept besteht aus Mehl, Wasser, Salz und Eiern (ein Ei pro 100 Gramm Mehl). Der daraus hergestellte Teig wird auf einem feuchten Brett, dem Spätzlebrett, ausgestrichen und mit einem Spätzleschaber oder einem Messer in dünnen Streifen direkt in kochendes Wasser geschoben. Schon fertig. Um daraus nun Käse- bzw. Kässpätzle zu machen, werden die frischen Spätzle mit geriebenem Emmentaler und Bergkäse geschichtet und erwärmt, bis der Käse

appetitliche Fäden zieht, und anschließend mit Röstzwiebeln, Kartoffelsalat und einem grünen Salat serviert. »Wie bitte?«, möchte man fragen, »Nudeln mit Kartoffelsalat?« Aber wer so fragt, ist schon disqualifiziert, »der hot jo koi Ahnung«. Denn um das vielleicht Wichtigste ein für allemal klarzustellen: Spätzle sind keine Nudeln, auch wenn die »Teigware« früher mal als »Bettelleits Nudla« bezeichnet wurde. Aber das ist lange her. Längst hat das Nationalgericht alle Schichten kulinarisch vereint und wird auch von erfolgsverwöhnten Schwaben geschätzt – vielleicht sogar, wir wissen es nicht, vom alemannischen Lenker eines Stuttgarter Weltkonzerns.

Ja, die Schwaben sind ein seltsames Völkchen. Sie gelten, freundlich gesagt, als sparsam, sprechen einen lustigen Dialekt und sind für ihre Bedächtigkeit berühmt. Man sagt sogar, sie seien als Spätzünder überhaupt erst ab dem 40. Lebensjahr, mit Beginn des sogenannten Schwabenalters, ernst zu nehmen: »A Schwob wird erschd mit vierzich g'scheid.« Aber das sind selbstverständlich nichts als boshafte und haltlose Vorurteile, die wahrscheinlich im nackten Neid auf das Musterländle gründen. Denn wen und was hat dieser schöne Landstrich nicht schon so alles hervorgebracht: War ein Georg Friedrich Wilhelm Hegel, geborener Stuttgarter, etwa blöd? Oder der von Ulm aus die Welt erhellende Albert Einstein? Hätte ein langsamer Jürgen »Klinsi« Klinsmann, Bäckersohn aus Göppingen, jemals zu so fulminanten Sturmläufen ansetzen können? Und zeichnet sich ein Jürgen Schrempp, der forsche Vorstandsvorsitzende der Stuttgarter Daimler-Benz AG, des größten deutschen, einst vom Schwaben Gottlieb Daimler gegründeten Konzerns, etwa durch Sparsamkeit, Bescheidenheit oder Bedächtigkeit aus? Nein, den

Schwaben wiederfährt Unrecht, weshalb man sie, einschließlich ihrer Spätzle, ruhig einmal über den grünen Klee loben darf.

Gerade der zuletzt genannte Schrempp zeigt der Konkurrenz in diesem Jahr eindrucksvoll, wo der Hammer hängt. Im Mai gibt die Daimler-Benz AG bekannt, dass sie mit der amerikanischen Chrysler Corporation zum neuen Weltkonzern »DaimlerChrysler AG« fusionieren werde. Und das kann man nun wirklich nicht kleckern nennen. Es handelt sich bei diesem Vorgang tatsächlich um den größten Zusammenschluss der Industriegeschichte, der den weltweit drittstärksten Automobilkonzern mit über 420 000 Mitarbeitern und einem Jahresumsatz von 260 Milliarden DM entstehen lässt. Schrempp selber bezeichnet den Milliardendeal als »Hochzeit im Himmel« und sieht damit seinen Traum von einer »Welt AG« verwirklicht.

Tatsächlich ist diese Fusion das Symptom einer neuen Phase der Globalisierung, deren Wortführer nun alle verbliebenen Fesseln – etwa staatliche Regulierungen – abzustreifen versuchen. Auf dem weltumspannenden Markt, so heißt es, können nur die Starken den »Stürmen der Globalisierung« wiederstehen, wie es der in diesem Jahr zum Bundeskanzler gewählte Gerhard Schröder auszudrücken pflegt. Und so kommt es weltweit zu zahlreichen freundlichen oder feindlichen Übernahmen, zu einer immer stärkeren Konzentration von Macht und Kapital. Auch andere deutsche Konzerne mühen sich redlich, im nun einsetzenden Monopoly-Kapitalismus mithalten zu können. Volkswagen und BMW beispielsweise überbieten sich gegenseitig, um die englische Nobelmarke Rolls Royce zu kaufen – eine Auktion, die VW schließlich für sich entscheidet. Und die Deutsche Bank verleibt sich für rund zehn Milliarden Dollar die achtgrößte amerikanische Bank, Bankers Trust, ein und wird dadurch zum weltgrößten Finanzdienstleister.

Solche Himmelshochzeiten haben ökonomisch zunächst nur eine erkennbare Folge: Die Manager würdigen den Ort der Eheschließung und heben ihre Gehälter ebenfalls in himmlische Höhen, weil man sich ja nun an der internationalen Konkurrenz, sprich: den Managergehältern in den USA, messen müsse. Auch der ehemalige Kfz-Mechaniker Schrempp orientiert sich sofort am Einkommensniveau des Chrysler-Managements und gönnt sich fortan jährliche Bezüge von rund 10 Millionen Euro. Damit setzt der Haudegen, von dem erzählt wird, dass er sich während einer Verabschiedung von US-Kollegen schon mal seine Sekretärin über die Schulter wirft (»See you, guys«), natürlich Maßstäbe, die überall in den Führungsetagen einen Gehaltsrun auslösen.

Im Rückblick betrachtet hat hier, in der zweiten Hälfte der 1990er Jahre begonnen, was spätestens 2008 zum Crash führen wird. Eine unverantwortliche Bereicherungsmentalität treibt der Ökonomie den Verstand aus. Tatsächlich sind die leitenden Manager die einzigen Profiteure der Konzentrationsprozesse. Selbst die »Shareholder«, um deren »Value« man sich vorgeblich sorgt, weshalb immer neue Entlassungswellen angekündigt werden, gehören mittelfristig zu den Verlierern. Bei Daimler jedenfalls setzt der Niedergang sehr schnell ein: Erst muss die Stuttgarter Zentrale erkennen, dass man im Himmel einen Sanierungsfall geheiratet hat, dann wird man selbst zu einem. Ende 2005 muss Schrempp seinen Hut nehmen. Seit der Fusion bis dahin waren der Wert von Chrysler um 35 Milliarden Euro, der Gesamtwert von DaimlerChrysler gar um 50 Milliarden Euro und der Aktienkurs um satte 76 Prozent gefallen. Im gleichen Zeitraum hatte der Global Player Schrempp stolze 80 Millionen Euro »verdient«. Chapeau! Das ist für schwäbische Verhältnisse recht ordentlich.

Weit mehr als 10 000 Arbeitsplätze hat der Konzern seitdem abgebaut und sich 2007 auch wieder von Chrysler getrennt – so wie VW schon 2003 von Rolls Royce. Milliardenwerte wurden durch Größenwahn und Globalisierungsirrsinn vernichtet. Wie viele Schwaben dadurch zu »Bettelleut« geworden sind, ist uns nicht bekannt. Ihre »Nudla« werden sie sich hoffentlich weiterhin leisten können. Vielleicht sogar mit Käse.

1999

Saumagen und Spendensumpf

Helmut Kohl bewirtete in seiner Amtszeit als Bundeskanzler Staatsgäste wie Margaret Thatcher, Michail Gorbatschow, Ronald Reagan und François Mitterand im Deidesheimer Hof gern mit dem typischen Gericht der Region, dem »Pfälzer Saumagen«. Der »gefüllte Dudelsack«, wie der Publizist Wolfram Siebeck diese Spezialität nennt, wird kaum anders als eine große Wurst gemacht. Nur nimmt man statt des Darms einen über Nacht gewässerten Schweinemagen, bindet zwei der drei Öffnungen ab und füllt ihn mit einer Mischung aus Schweinekamm, Kartoffeln, Hackfleisch, Eiern, Majoran und anderen Gewürzen, wie Pfeffer und Muskatnuss, verschnürt ihn und lässt ihn vier Stunden in einem großen Topf mit Salzwasser vor sich hin köcheln. Der Saumagen, ein typisches Essen für eine größere Gruppe, wird meist mit Kartoffelpüree und Sauerkraut im Herbst serviert, wenn die Felder abgeerntet sind und in den Dörfern die Schlachtfeste begangen werden. Er gilt als Delikatesse und ist begehrt, denn ein Schwein hat zwar viele Koteletts und zwei Schinken, aber nur einen Magen.

In der Pfalz ist gerade Saumagensaison, als im etwa zweihundert Kilometer entfernten Augsburg das Amtsgericht am 4. November 1999 einen Haftbefehl gegen den ehemaligen CDU-Schatzmeister Walther Leisler Kiep ausstellt. Ihm wird vorgeworfen, von dem Waffenhändler Karlheinz Schreiber eine Million Mark als Spende für die CDU erhalten und diese nicht offengelegt zu haben.

Drei Wochen später räumt der frühere CDU-Generalsekretär Heiner Geißler ein, dass die Partei in der Ära Kohl »schwarze Konten« geführt habe. Und Helmut Kohl, der zunächst alles als »üble Kampagne« abwehrt, übernimmt Wochen später dann doch die politische Verantwortung und gibt zu, mehr als zwei Millionen verdeckter und damit illegaler Parteispenden angenommen zu haben, die in den Büchern der Partei nicht auftauchen. Die CDU steht damit knapp ein Jahr nach der 16-jährigen Amtszeit ihres Ex-Kanzlers vor den Scherben seiner allzu selbstherrlichen Politik und vor der größten Krise ihrer Geschichte.

Ein guter Esser ist der Altkanzler immer schon gewesen, seine Leibesfülle allerdings dürfte nicht vom Saumagen herrühren, denn der wird ohne Fett zubereitet und ist recht mager. Doch trotz seines politischen Gewichts kann Helmut Kohl ein Jahr nach seiner Wahlniederlage gegen Gerhard Schröder 1998 weder mit seinen Parteifreunden den Saumagen genießen, noch seine politische Demontage verhindern. Durch immer neue Enthüllungen gerät er in der Spendenaffäre unter Druck. Er persönlich soll es gewesen sein, der nach seiner Wahl 1982 den Anstoß zur Errichtung der schwarzen Konten bei der CDU gegeben hat. Millionenbeträge »unbekannter Herkunft« werden auf CDU-Konten transferiert. So wie man von außen nicht sehen kann, was tatsächlich in einem Saumagen steckt, bleib auch in der Spendenaffäre vieles im Dunkeln. Aber die Medien decken immer neue Widersprüche, neue Konten, neue Zeugen, neue Spenden auf.

Helmut Kohl kann und will sich weder an die Spender, noch an genaue Zusammenhänge erinnern. Er gibt die Beteiligung an den Vorgängen zu, weigert sich aber, die Namen der Spender zu nennen. Eine große Belastung für die CDU – auch finanziell, denn die Unehrlichkeit in der Buchführung der Partei hat Folgen. Wegen falscher Rechenschaftsberichte muss die Partei fast fünfzig Millionen Mark an Zuschüssen zur Parteienfinanzierung zurückzahlen. Und als im Januar 2000 der ehemalige hessische CDU-Vorsitzende Manfred Kanther einräumen muss, im Jahr 1983 insgesamt acht Millionen Mark der hessischen CDU ins Ausland transferiert zu haben und die Staatsanwaltschaft im Juli 2000 eine weitere Million Schwarzgeld entdeckt, steht die ehemalige Regierungspartei am politischen Abgrund. Wolfgang Schäuble, nach Kohl zum Partei- und Fraktionsvorsitzenden gewählt, gesteht, von dem Waffenhändler Schreiber Spenden angenommen zu haben, die nicht ordentlich verbucht wurden; danach ist er als Parteivorsitzender nicht mehr zu halten. Angela Merkel, zu der Zeit Generalsekretärin der CDU und in der Spendenaffäre unbelastet, wird im April 2000 neue Parteivorsitzende.

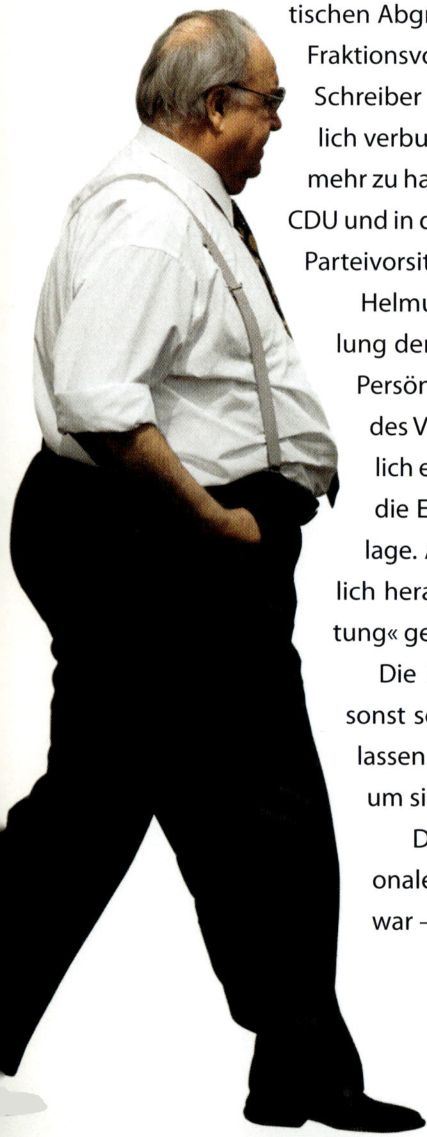

Helmut Kohl versucht, durch eine private Spendensammlung den finanziellen Schaden für seine Partei zu begrenzen. Persönlich muss er sich dann doch noch vor Gericht wegen des Verdachts der Untreue verantworten und zahlt schließlich eine Geldbuße von 300 000 DM. Das Gericht begründet die Einstellung des Verfahrens mit der unsicheren Rechtslage. Als »mildernde Umstände« werden auch die »persönlich herabwürdigenden Angriffe in der Medienberichterstattung« gegen den Altkanzler berücksichtigt.

Die Parteispendenaffäre hat einen dicken Fleck auf der sonst so strahlenden politischen Weste des Kanzlers hinterlassen. Die Partei braucht noch über eine Legislaturperiode, um sich von dem Desaster zu erholen.

Der Pfälzer Saumagen verschwindet von der internationalen Speisekarte und ist nun wieder das, was er immer war – eine regionale Spezialität.

Sushi und die Dotcom-Blase

2000

Klebriger, säuerlicher Reis, roher Fisch, beides mit getrocknetem Seetang umwickelt, dazu dunkelgrünes »Wasabi« – es ist noch gar nicht lange her, da hätte man ein aus solchen Zutaten bestehendes Gericht hierzulande als ungenießbar auf den Geschmacksindex gesetzt. Und dennoch hat das japanische Traditionsgericht, auf dem Umweg über die USA, wo japanische Geschäftsleute den fettfreien Snack einführten, sehr zum Gefallen ihrer linienbewussten amerikanischen Kollegen, auch in Deutschland eine bemerkenswerte Karriere gemacht. Ob das Sushi, das ursprünglich eine Fermentierungsmethode war, um frischen Fisch haltbar zu machen – der Fisch wurde gesalzen, mit gekochtem Reis bedeckt und in Erdlöchern eingelagert –, tatsächlich in Japan erfunden wurde (oder in China oder in Korea oder in Vietnam) ist zwar umstritten. Dennoch handelt es sich in seiner heutigen Form zweifellos um eine Spezialität, deren Herstellung japanische Köche seit dem 18. Jahrhundert zu einer wahren Kunst entwickelt haben. Ein guter Sushi-Koch hat in der Regel bis zu acht Jahren Ausbildung hinter sich, bevor er Gäste mit eigenen Kreationen beglücken darf.

芸者

Die Jahrtausendwende ist ein großes Spektakel. Am ausgiebigsten feiern zahllose neureiche Jungmanager aus der Investment- und Computerbranche und mit ihnen viele erfolgreiche Start-up-Unternehmer, die durch den rasanten Aufstieg der neuen Kommunikationstechnologien gerade ihr Bonanza erleben. Entsprechend fließt der Champagner in Strömen, während eifrige Bedienstete auf schwarz lackierten Tabletts kleine Reisfischrollen durch die Festgemeinde tragen. Wer etwas auf sich hält und es sich leisten kann, hat beim Caterer selbstverständlich »Japanisch« bestellt. Die ästhetisch angerichteten Sushi-Häppchen sind während der 1990er Jahre weltweit zur Zeitgeistspeise einer jungen Elite geworden – die nun um Mitternacht ins gigantische Feuerwerk schaut, als blickte sie in ihre eigene Zukunft.

Noch bessere Zeiten scheinen bevorzustehen – zumal das Jahr gleich einen guten Anfang nimmt, weil das zum Millenniumswechsel von vielen befürchtete Computer-Chaos ausbleibt. Alles läuft rund wie schon während der vergangenen drei Jahre. Seit dem – auch dank ihrer Werbeikone Manfred Krug – erfolgreichen Börsengang der Deutschen Telekom im November 1996 und dem Start des »Neuen Marktes« im März 1997 hat sich die deutsche Aktienkultur grundlegend gewandelt. Eine Goldgräberstimmung ist ausgebrochen und die Fantasie der Aktionäre ins Kraut geschossen, mögen die Geschäftsideen der nun eifrig gegründeten Technologieunternehmen auch noch so luftig oder ihre Gründer noch so dubios sein. Allein der Zusatz »Tec« im Firmennamen verspricht Cash und lässt jede Vorsicht schwinden. Und der Erfolg scheint den Risikofreudigen Recht zu geben. Wer etwa beim Börsengang 1997 EM.TV-Aktien gekauft hat, darf sich bis zum Sommer 1999 über ein Kursplus von 16 600 Prozent freuen.

Im Januar fusionieren der Internet-Anbieter America Online (AOL) und der US-Konzern Time Warner zum weltgrößten Medienunternehmen; im Februar startet Bundeskanzler Schröder eine »Green-Card-Initiative«, um ausländische Hightech-Experten als Gastarbeiter nach Deutschland zu holen; und am 10. März, seinem dritten Geburtstag, erreicht der Neue Markt ein Allzeithoch von 8500 Punkten, nachdem der Kurs bereits im Vorjahr um 66 Prozent zugelegt hat. Damit beläuft sich der Buchwert von den weit über 200 gelisteten Unternehmen auf knapp 250 Milliarden Euro.

芸者

Doch der Erfolgsjubel ist kaum verebbt, da setzt bereits ein, wovor einige wenige Gier-Resistente, wie die Börsenlegende André Kostolany gewarnt haben: Die Blase platzt. Immer mehr Unternehmen verfehlen die beim Börsengang vorgelegten Prognosen. So schnell, wie die Kurse einst gestiegen sind, fallen sie nun, die New-Economy-Euphorie verwandelt sich von einem Tag auf den anderen in Angststarre. Schon bald kursieren in Börsenbriefen und Anlegermagazinen »Todeslisten« mit Firmen, die von Zahlungsunfähigkeit bedroht sein sollen. Zwar reagieren deren Vorstände, etwa der schillernde EM.TV-Chef Thomas Haffa, mit heftigen Dementis, doch schon im September meldet die Telekom-Tochter Gigabell – ein Internetprovider, der erst ein Jahr zuvor an die Börse gegangen und trotz Verlusten zwischenzeitlich 800 Millionen Euro wert ist – als erstes Unternehmen des Neuen Marktes Insolvenz an. Auf den Höhenrausch folgt der Katzenjammer. Bis zum Ende des Jahres fallen die Aktienkurse am Neuen Markt um fast 70 Prozent auf ein Rekordtief von etwa 2500 Punkten.

Damit haben sich in nur wenigen Monaten nahezu 175 Milliarden Euro ebenso in Luft aufgelöst wie zahllose Anleger-Hoffnungen und Tausende junger Karrieren. Die trendige Branche, die für wenige Jahre als technologische und gesellschaftliche Avantgarde galt und deren Vertreter in ihren schicken Loftbüros ein neues Zeitalter zu begründen glaubten, kollabiert. Auch neue Regelwerke können die New Economy nicht retten, zumal etliche Betrugsskandale auch noch jegliches Restvertrauen aufzehren. Im Juni 2003, nur sechs Jahre nach seiner Eröffnung, wird der Neue Markt als eigenes Börsensegment wieder geschlossen.

Als einziger Überlebender dieses Dotcom-Desasters kann das Sushi gelten. Die einstige Trendspeise für Börsen- und Techno-Yuppies mausert sich in der Folge zum gesunden Fast Food für Jedermann. Fettarm und vitaminreich schwimmt das Sushi auf der Wellness-Welle und wird mit steigender Nachfrage auch für Normalverbraucher erschwinglich. Inzwischen findet man die säuerlichen – sushi heißt »säuerlich« –, mit Gemüse gefüllten oder mit Lachs, Thunfisch oder Garnelen belegten Reisrollen sogar schon in den Kühl- oder Tiefkühlregalen der großen Discounter.

2001

Berliner und der Abschied von der Bonner Republik

»Ich bin ein Berliner«, hatte der amerikanische Präsident John F. Kennedy den Bewohnern der geteilten Stadt 1963, einige Wochen vor seiner Ermordung, zugerufen, um ihnen Mut zu machen, nachdem die Mauer so vieles getrennt hatte, was zusammengehört.

Für diesen Satz, den er im Amtszimmer des Regierenden Bürgermeisters Willy Brandt so lange geübt hatte, bis er ihn auf Deutsch sagen konnte, flogen ihm die Herzen der (West-) Berliner zu. Nur einige amerikanische Zeitungen glaubten, es besser zu wissen: Der Präsident habe sich zum Gespött seiner Zuhörer gemacht, schließlich sei ein »Berliner« doch ein »jelly-filled doughnut«. Weit gefehlt, die Geschichte ist komplexer.

Zu einem »jelly-filled doughnut« sagt der Berliner nicht »Berliner«, sondern für ihn ist das ein »Pfannkuchen«. Andernorts gilt diese Bezeichnung wiederum ausschließlich dem Eierpfannkuchen; den süßen Hefeklops aus Ei, Milch und Butter hingegen, der rund aus dem Teig ausgestochen, in Fett schwimmend ausgebacken und danach mit Konfitüre oder

Pflaumenmus gefüllt, mit Puderzucker oder einer Zuckerglasur überzogen wird, nennt man »Berliner«. Nicht von ungefähr: Denn der »Berliner« war das Markenzeichen der aufstrebenden Stadt in der zweiten Hälfte des 19. Jahrhunderts. Mit der Industriegesellschaft wuchs der Bedarf an einer sättigenden Speise, die auf der Straße, in heißem Fett frittiert, verkauft werden konnte – nicht nur in der quirligen Metropole des Deutschen Reiches. Auch in vielen anderen Städten und Gemeinden machten sogenannte »Berliner Dampfbäckereien« auf, die allerdings nur von solchen Meistern der Zunft geführt werden durften, die eine entsprechende Ausbildung in Berlin absolviert hatten. Das war damals, man mag es heute kaum mehr glauben, ein Gütesiegel.

Was der »Berliner Pfannkuchen« für den Aufstieg Berlins war, wurde in der von der Teilung gebeutelten Stadt die Mauer: Sie war das Markenzeichen, der USP, der »unique selling point«, der ihr öffentliche Beachtung und weltpolitische Aufmerksamkeit als »Frontstadt der Freiheit« sicherte. Auch Kennedy besichtigte die Mauer am Checkpoint Charly – fortan gehörte das zum Pflichtprogramm aller amerikanischen Präsidenten. 1989 wurde das »Schandmal« von der »sanften Revolution« niedergerissen. Und damit stand eine folgenschwere Entscheidung auf der Tagesordnung, die die politische Klasse spaltete: die »Hauptstadtfrage«. Mit ihr verband sich mehr als der Streit um die Frage, ob Bonn oder Berlin künftig Parlaments- und Regierungssitz sein sollte: Der Umzug von der westlichen an die östliche Peripherie markiert eine Zäsur, die das Land verändern sollte.

Am 2. Mai 2001 wird das neue Berliner Kanzleramt feierlich eröffnet, von vielen wegen seiner vom Altkanzler Helmut Kohl veranlassten Dimensionen auch »Kohlosseum« genannt – ein Begriff, der es zu einer gewissen internationalen Berühmtheit bringt. Die ganze Downing Street 10, Sitz des britischen Premiers, würde in das Foyer passen, mokiert sich die englische Presse. Und auch die französische Zeitschrift »Le Monde« spottet, das Gebäude sei dem Leibesumfang des Ex-Kanzlers angemessen.

Ursprünglich hatten die beiden Architekten Axel Schultes und Charlotte Frank eine egalitäre Anordnung aller Neubauten im Regierungsviertel geplant, bei der dem Reichstag als Sitz des Souveräns der Rang des höchsten Gebäudes zukommen sollte. Doch Kohl, der vor Eröffnung des Amtes abgewählt wurde, überstimmte diese Pläne. Das Kanzleramt sollte sich über Abgeordnetenbüros, Ausschusssäle und Bundestagsbibliothek erheben, ein Zeichen für das neue, vereinte Deutschland setzen, ein Nationalsymbol werden, groß und bedeutend – als wolle es vom Ende des Nationalstaats, vom Projekt Europa nichts wissen.

Damit schienen sich alle Befürchtungen zu bestätigen, die sich mit der Wiedervereinigung verbanden: Hier solle womöglich ein neuer machtvoller, zentralistisch orientierter Nationalstaat entstehen, der aufgrund seiner Größe und wirtschaftlichen Potenz Europa dominieren könne. Solche Sorgen trieben angesichts der mit dem Beitritt der neuen Bundesländer größer gewordenen Republik nicht nur unsere europäischen Nachbarn um, sondern auch all jene, die nach vier Jahrzehnten Geschichte ihre innige Zuneigung zur bescheidenen »Bonner Republik« entdeckten, deren »Sparkassen-Architektur« früher oft als »Repräsentationsdefizit« geschmäht, deren »gradlinige Bescheidenheit« jetzt aber als rarer Zivilitätsausweis geltend gemacht wurde. Mit der Hauptstadtfrage – ob, wie bisher, von Bonn aus oder, wie in der Berlin-Klausel des Grundgesetzes festgeschrieben, von Berlin aus die Geschicke des wiedervereinigten Deutschlands politisch bestimmt werden sollten – verband sich deshalb auch fast ein Kulturkampf.

Solange das Land geteilt war, hatte es nur eine Antwort gegeben: Berlin natürlich, die Stadt, die für den Willen zur Wiedervereinigung des geteilten Deutschlands (überwiegend so) gestanden hatte. In Tausenden von Sonntagsreden war das immer wieder bekräftigt worden. Jetzt aber war die Mauer gefallen, die entsprechende Grundgesetzpassage hatte man im Einigungsvertrag wieder geöffnet und die Hauptstadtentscheidung einem Beschluss des Bundestages vorbehalten. Im Juni 1991 war die Stunde der Wahrheit gekommen, als sich die mehr als 600 Abgeordneten des Deutschen Bundestages im denkmalgeschützten Bonner Wasserwerk einfanden. Der Fraktionszwang war aufgehoben, die Redezeit auf fünf Minuten begrenzt. Und doch fiel erst nach elfstündiger Debatte eine Entscheidung mit einer denkbar knappen Mehrheit zugunsten von Berlin.

Wie die Löwen hatten die Bonner gekämpft und alle Register dabei gezogen – vor der Sogwirkung einer »alles dominierenden Hauptstadt« gewarnt, vor dem Verlust von mehr als 100 000 Arbeitsplätzen in der Bonner Region, vor Berlin als der künftigen »größten Industriestadt zwischen Atlantik und Ural«, vor Entwurzelung und Heimatlosigkeit, der erdrückenden Übermacht einer Megastadt, die das Selbstbewusstsein der neuen Bundesländer schon im Keim ersticken würde.

»Wir haben uns nicht zum Deutschen Reich wiedervereint«, empörte sich Norbert Blüm, der agile Sprecher der Bonn-Fraktion. »Es hat der Demokratie in Deutschland nach all den Wirren der Hitler-Zeit und dem aufgeblasenen Pomp und den Paraden der Stalin-Zeit gutgetan, in einer kleinen, bescheidenen Stadt Demokratie vorgeführt zu haben. Mit Bonn verbindet sich die friedlichste und freiheitlichste Epoche unserer Geschichte. Sie soll nie zu Ende gehen.«

Aber sie ging an diesem Tag zu Ende, die gemütliche Bonner Republik, und mit ihr die Auszeit, die sich die deutsche Politik im Windschatten der Mauer nehmen konnte. Es war auch ein Abschied vom sedierenden Schleier der rheinischen Republik, von der Treibhausluft, in der die Bundesrepublik groß geworden war. Der Umzug nun sollte einen Wandel bewusst machen, der längst eingetreten war. Nicht nur die DDR war 1991 ein Land geworden, das es nicht mehr gab; auch die gute alte BRD gab es nicht mehr, sie war in der Fusion mit dem ökonomisch kaputten zweiten deutschen Staat verendet. Das Raumschiff Bonn wird die Landung an der Spree, auf historisch belastetem Boden, nicht unverändert überstehen. Die Schatten der Toten sind in dieser Stadt allgegenwärtig.

Die Bonner fürchten sich vor Berlin, umgekehrt gilt das nicht. Hauptstadt? Die interessiert den Berliner eher wenig. Seine Bezugsgröße ist der Kiez, in dem er lebt. Und der macht resistent und renitent. Niemand kann diese Stadt nach seinem Bilde formen. Es gibt ja bereits zahlreiche Minderheiten in der Stadt – Schwule, Lesben, vietnamesische, chinesische, bulgarische und sonstige Mafiosi, reiche Russen, Verschleierte, Hundehalter, unverbesserliche »Zonies« –, da wird die Stadt einige Tausende Regierungsbeamte und Politiker auch wegstecken. Sie werden sich daran gewöhnen müssen, dass man sich in Berlin nicht nach ihnen umdreht. Mehr Aufsehen erregt, wer mit blank gewienerten Schuhen in der U-Bahn sitzt. Da starren die Berliner meist fassungslos – in der Hauptstadt der Hundescheiße gilt das als wirklichkeitsfremd.

Überhaupt: Wer hier ein glamouröses Gesellschaftsleben sucht, wird bald erkennen müssen, dass Berlin für alle, die sich zur Haute Volée zählen, eher Diaspora ist. Die kleinbürgerlich-proletarische Stadt ist achtlos gegenüber Standesunterschieden – der Mangel an Respekt hat ihre Bewohner schon immer ausgezeichnet.

Der spitzzüngige Berliner Volksmund kann wohl auch deswegen mit der Bezeichnung »Kohlosseum« wenig anfangen. Ihm steht ohnehin die Prosa des Alltagslebens näher als irgendein Monument der europäischen Geschichte. Er hat sich deshalb auch mit Blick auf das Kanzleramt verbal längst für eine andere Bezeichnung entschieden: »Waschmaschine« heißt es, eine Bezeichnung, die wegen der großen Rundscheibe in der Front und einem eher kastenförmigen Format nicht ganz abwegig scheint und vielleicht auch besser trifft, was die Berliner Republik in Zukunft erwartet: Das Klima wird rauer werden. Nicht nur die Auslandseinsätze der Bundesrepublik, nicht nur die Agenda 2010 zeugen davon. Für harte Zeiten allerdings, in denen das Geld knapp ist, ist man in dieser Stadt gut gerüstet.

Darin ist sie dem Rest der Republik um Längen voraus. Das Schmelzen der Mittelschicht, vor dem das Deutsche Institut für Wirtschaftsforschung immer häufiger warnt, sieht man in der Hauptstadt gelassen: Hier gibt es schon lange keine wohlsituierte Mittelschicht mehr oder eine »Arbeitnehmermitte«, die als Leistungsträger des bundesrepublikanischen Wohlstands gilt. Industriestadt? In Berlin hat nicht einmal jeder zweite einen Job. Und ein Wort wie »Finanzkrise«, das die Bayern erst 2008 erschrecken soll, ist, seit mit der Wiedervereinigung die Subventionen gestrichen wurden, in dieser Stadt längst ein Ohrwurm. »Sparen, bis es quietscht« – dieser vom Regierenden Bürgermeister ausgegebene Imperativ wird von seinem Finanzsenator, der in Zeiten steigender Energiepreise öffentlich den warmen Pullover empfiehlt und auch mit seiner »Hartz-IV-Diät« republikweite Resonanz erzielt, schonungslos umgesetzt.

Aber Armut muss kein Nachteil sein. »Arm, aber sexy«, dieser vom Regierenden Bürgermeister als Charakterisierung Berlins in die Welt gesetzte Slogan hat nicht nur die Trendsetter vom Prenzlauer Berg beflügelt, die damit flugs T-Shirts, Taschen, Poster und alle denkbaren Accessoires bedruckten und ein neues Business begründeten; er hat auch bei den Bewohnern der Stadt Wirkung gezeigt, das ist seit 2008 wissenschaftlich-amtlich. Berlin ist arm, aber glücklich, meldet eine Studie der Hertie-Stiftung, die nach den Befindlichkeiten der Hauptstadtbewohner gefragt und festgestellt hat, dass allen Verlusten zum Trotz 89 Prozent der Berliner gern in der Stadt an der Spree leben.

Übrigens: In Hartz-IV-Zeiten schlägt wieder die Stunde des »Berliners« – er nährt: Zwei Exemplare des kalorienreichen Gebäcks decken schon ein Viertel des täglichen Gesamtbedarfs.

2002

Pudding für Singles

Dass Pudding zu mehr als kalorienreichem Verzehr taugt, zeigte das legendäre »Pudding-Attentat«, für das mehrere Mitglieder der Kommune 1 – eine 1967 gegründete Wohngemeinschaft, die sich als Gegenmodell zur »bürgerlichen Kleinfamilie« verstand und gern mit provozierenden Aktionen auf sich aufmerksam machte – am 5. April 1967 verhaftet wurden. Die Polizei hatte ihre Telefone abgehört und glaubte, dabei ein geplantes Bombenattentat auf den amerikanischen Vizepräsidenten Hubert Horatio Humphrey aufgedeckt zu haben, der am nächsten Tag zu einem Besuch in Berlin erwartet wurde. »Attentat auf Humphrey« titelte die BILD-Zeitung und schrieb von »Mao-Cocktails« und »sprengstoffgefüllten Plastikbeuteln« der »Horror-Kommunarden«. Da allerdings hatte sich die vermeintliche »Bombe« schon als klebrige Mischung aus Pudding, Joghurt und Mehl entpuppt, mit der die »Spaß-Guerilla« die Öffentlichkeit genarrt hatte. Mit dem Missbrauch des Puddings hatten die Kommunarden allerdings tatsächlich einen Nerv der bürgerlichen Familie getroffen. Die aber gibt es im Zeitalter der Single-Gesellschaft immer seltener. 2002 kommt ein Puddingprodukt in die Supermärkte, das dieser Veränderung Rechnung trägt.

Denn glaubt man den Marktforschern, dann ist Pudding für uns Deutsche keineswegs ein beliebiges, sondern ein geradezu mythisches Produkt, besonders Vanillepudding. Wer Pudding isst, reist in die Kindheit. Der Geruch von Pudding lässt Bilder aufsteigen an ein intaktes, gemütliches »Zuhause«, in dem die Omi mit gestärkter Schürze am Herd steht, Milch aufkocht und eine Stange Vanille hineinschabt. Wohl deswegen wollen 70 Prozent der Deutschen ihren Pudding »so wie früher« eigentlich am liebsten warm essen. Aber gekocht wird in bundesdeutschen Haushalten immer weniger – lieber schaut man den Kochartisten im Fernsehen zu. Und auch die rüstigen Rentnerinnen von heute fahren lieber nach Mallorca, als sich an den heimischen Herd zu stellen. Aber auf Pudding verzichten, will der Deutsche auch nicht. Was also tun?

Im August 2002 kommt der »süße Moment« auf den Markt, ein Instant-Pudding aus dem Hause Oetker, der nicht mehr wie andere Puddingtüten aus dem Traditionsunternehmen für vier Personen portioniert ist, sondern als Zielgruppe den Büromenschen und den Genießer kleiner Zwischenmahlzeiten im Auge hat: eine Single-Einheit, die mit Wasser zubereitet wird und doch sahnig, wie selbstgemacht, schmeckt. 15 Millionen Tüten werden im Folgejahr verkauft, sie bescheren Oetker einen veritablen Extra-Umsatz. Es ist, als hätten die Deutschen auf den süßen Snack, der für einige Cents die Illusion großmütterlicher Geborgenheit schafft, förmlich gewartet. Wen wundert's? Genuss muss in unseren schnelllebigen Zeiten unkompliziert herzustellen sein, mit Zutaten, die überall erhältlich sind und beim Einsatz Fähigkeiten erfordern, die auch Kochanalphabeten beherrschen. Für Puddinghersteller eine komplexe Herausforderung.

Kaum ein anderes Unternehmen hat diese seit mehr als hundert Jahren so bravourös gemeistert wie das Bielefelder Traditionsunternehmen Dr. Oetker. Schon der Firmengründer, der als Apotheker dereinst mit Fußcremes und Sanitätskakaos herummachte, wusste: Ein massentaugliches Produkt muss einfach und erfolgreich in der Handhabung sein, sozusagen eine »Geling-Garantie« enthalten. 1891 gelang Dr. August Oetker der Durchbruch mit »Backin«. Treibmittel für Backwaren waren nichts Neues unter der Sonne, doch Oetkers Tütchen war gebrauchsfertig: Seine Menge war genau auf ein Pfund Mehl dimensioniert, exakt so viel, wie man für einen Sonntagskuchen brauchte. Und – ein genialer Marketingtrick – das Rezept für einen Topfkuchen stand gleich auf der Rückseite. Ein Seufzer der Erleichterung stieg in deutschen Küchen auf: Mit Backin konnte die Hausfrau nicht mehr versagen. Auch Oetkers zweite Neuerung, die er drei Jahre später auf den Markt warf, wurde ein Erfolg. Dr. Oetkers Puddingpulver machte die »Zubereitung eines feinen Puddings ohne Eier« zum idiotensicheren Rezept. Und so kam es, dass Produkte dieses Unternehmens als verlässliche Helfer galten, die Kinder satt, Ehemänner zufrieden, Hausfrauen stolz und Familien glücklich machten. Das 1913 erschienene »Dr. Oetkers Schulkochbuch« ist – nach Bibel und ADAC-Straßenatlas – angeblich das verbreitetste Buch in deutschen

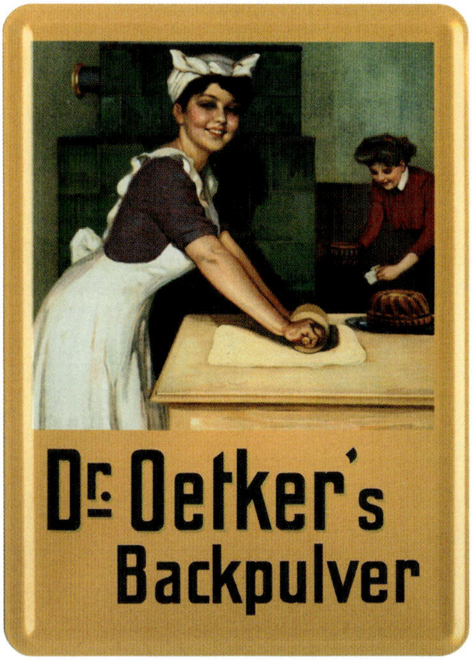

Haushalten. Und jedes Jahr suchen immer noch mehr als 100 000 Bundesbürger Rat beim größten deutschen Lebensmittelhersteller.

Der Erfolg des Doktors aus Bielefeld verdankte sich auch seiner geschmeidigen Anpassungsbereitschaft. Er war, würde man heute sagen, ein »Frauen-Versteher« und begleitete seine weibliche Kundschaft auf dem Weg der Emanzipation: Erteilte zunächst eine »Frau Renate« der deutschen Vollzeithausfrau noch wertvolle Ratschläge zu größtmöglicher Perfektionierung ihrer Kochkünste, so gab er den zunehmend selbstbewussteren Nachkriegsfrauen Rezepte mit auf den Weg, die sich auch noch hurtig nach Feierabend zubereiten ließen. In den 1970er Jahren war es dann eine berufstätige Frau, die Leiterin der Dr.-Oetker-Versuchsküche, die die diversen Vorzüge der hauseigenen Produkte beredt anzupreisen wusste.

Mit zunehmender Zahl der Singles in der Republik wurden die Portionen kleiner, die Rezepte einfacher und die Zubereitungen noch fixer. Denn die Deutschen sind eine Single-Gesellschaft geworden – es gibt immer mehr Ein-Personen-Haushalte, die Zahl der Scheidungs- und geschwisterlosen Kinder steigt, die Frauen leben länger, und die Geburtenrate hat einen historischen Tiefstand erreicht. Besonders die gut (aus-) gebildeten Frauen wollen nicht mehr in die »Mutterfalle« geraten, sondern Karriere machen, ohne dabei auf einen »süßen Moment« zu verzichten.

2003

Der Hamburger macht keine gute Figur

Woher der Hamburger, dieses leckere, mit Rinderhackfleisch und diversen Beilagen belegte Brötchen, seinen Namen hat, lässt sich nicht mehr zweifelsfrei klären. Ob er gegen Ende des 19. Jahrhunderts in der kleinen Stadt Hamburg im US-Bundesstaat New York erfunden worden ist – oder auch in anderen amerikanischen Städten, die ebenfalls eine Urheberschaft für sich beanspruchen –, oder ob er von deutschen Einwanderern kreiert wurde, die das in Hamburg beliebte »Rundstück warm« für die Überfahrt in ihre neue Heimat zum Hamburger variierten, wird wohl für immer umstritten bleiben. Unumstritten ist jedoch die inzwischen weltweite Beliebtheit dieses klassischen Schnellgerichts. Aber wer so erfolgreich ist, macht sich fast zwangsläufig auch Feinde. Und in solcher Feindschaft werden die Grenzen zwischen Wahrheit und Lüge oftmals neu gesteckt.

Deutschland verfettet! Vor allem seine Kinder. Verbraucherschutzministerin Renate Künast präsentiert alarmierende Zahlen, wonach nicht nur zwei Drittel der männlichen und etwa die Hälfte der weiblichen erwachsenen Bevölkerung in Deutschland übergewichtig seien, sondern auch schon rund ein Fünftel der Kinder sowie ein Drittel der Jugendlichen deutlich zu viel Speck auf den Rippen hätten. Und Dicke sind nicht nur unansehnlich, sie kosten auch Geld. Laut Weltgesundheitsorganisation (WHO) stehen fünf von sechs Todesfaktoren – insbesondere Herz-Kreislauf-Erkrankungen – in direktem Zusammenhang mit einer falschen Ernährung. Dieser »globalen Epidemie des 21. Jahrhunderts«, so die UN-Behörde, sagt die Grünen-Politikerin nun den Kampf an und fordert eine »breite gesellschaftliche Bewegung zur Änderung der Ernährungs- und Lebensgewohnheiten«, an der alle Akteure – Eltern, Schulen, Unternehmen – mitzuwirken hätten. »Wir müssen verhindern, dass diese Entwicklung in absehbarer Zeit unser Gesundheitssystem sprengt.«

Neben mangelnder Bewegung hat die Ministerin vor allem das Fast Food im Visier. Und als dessen ungekrönter König gilt seit Langem der Hamburger – vor allem in seinen berühmtesten Varianten, als Big Mac (McDonald's) oder als Whopper (Burger King). Dieses neben Coca-Cola wohl mächtigste Symbol sowohl einer globalisierten Esskultur wie auch der schon sprichwörtlichen amerikanischen Fettleibigkeit hatte seit der Eröffnung der ersten McDonald's-Filiale im Dezember 1971 in München – »Das etwas andere Restaurant« – sowie des ersten Burger-King-Standortes 1976 in West-Berlin auch in Deutschland seinen Siegeszug angetreten.

Gut drei Jahrzehnte später werden in den inzwischen knapp 2000 deutschen Verkaufsstellen der beiden weltweit führenden Fast-Food-Ketten jährlich bereits rund eine Milliarde Gäste bedient. Statistisch gesehen lässt sich demnach jeder Bundesbürger etwa 12,5 mal im Jahr zu dem dort offerierten Geschmackserlebnis verlocken, dessen Hauptbestandteil aus einer gegrillten Rinderhackfleisch-Scheibe zwischen zwei Brötchenhälften besteht. Allerdings ist die Statistik, wie so oft, trügerisch. Denn da insbesondere McDonald's konsequent auf ein jüngeres Publikum zielt – mit Kindergeburtstagsangeboten, trendiger Werbung und bunten Gimmicks –, dürfte die Besuchsfrequenz der Sechs- bis 16-Jährigen deutlich höher liegen.

Umstritten ist jedoch, ob es wirklich einen direkten Zusammenhang zwischen dem Hamburger-Verzehr und der von Gesundheitspolitikern besorgt registrierten Zunahme von dicken Kindern gibt. Andere Faktoren wie das bewegungsarme Verharren vor diversen Bildschirmen und eine insgesamt einseitige Ernährung sind hier sicher ausschlaggebender. Unstrittig ist allerdings, dass die beliebten Fast-Food-Menüs für eine beachtliche Kalorienzufuhr sorgen. So enthält ein Doppel Cheeseburger mit Bacon rund 1900 und der 221 Gramm schwere Big Mac gar 2100 Kalorien – ohne Pommes –, womit die für Kinder und Senioren empfohlene Tagesmenge bereits mit einer Mahlzeit gedeckt wäre. In Amerika sind deshalb sogar schon Klagen gegen McDonald's wegen vermeintlicher Gesundheitsschädigung zugelassen worden – so von einem 180 Kilogramm schweren Teenager, dessen Mutter angab, aufgrund der Werbung von McDonald's geglaubt zu haben, dass die Maxi-Menüs für ihren Sohn gesund seien.

Dass dies ein Irrglaube ist, demonstriert auf aberwitzige Weise ein US-Aktionskünstler. Als wolle er die Kampagne der deutschen Verbraucherschutzministerin unterstützen, unterzieht er sich einer konsequenten McDonald's-Maxi-Menü-Diät – mit Maxi-Getränk – und dokumentiert die erschreckenden Veränderungen seines Körpers mit der Kamera. Der Film »Supersize me« erlangt traurige Berühmtheit und fügt dem ohnehin arg ramponierten Image der Fast-Food-Ketten weitere Kratzer hinzu.

Trotz aller berechtigten oder unberechtigten Kritik – sei es von Gewerkschaftlern oder Globalisierungskritikern, sei es von Verbraucherschützern oder Ernährungswissenschaftlern – bleiben die Hamburger-Brater bei ihren Kunden beliebt und also erfolgreich. Und das ist schon erstaunlich. Denn nicht nur die vermeintlich grassierende Fettleibigkeit setzt die Unternehmen unter Druck. Auch an einer anderen Menschheitsgefahr sollen sie maßgeblich beteiligt sein: an der globalen Erderwärmung, die in diesem Jahr, 2003, erstmals das Gemüt der gesamten Öffentlichkeit erhitzt. Und zwar buchstäblich: Eine ungewöhnliche Hitzewelle mit Temperaturen von weit über 40 Grad sucht Europa in der ersten Augusthälfte heim. Wassermangel und verheerende Waldbrände in Frankreich, Portugal und Spanien schüren die Angst vor kommenden Klimakatastrophen und machen den von Menschen verursachten Klimawandel zu einem zentralen Thema der kommenden Jahre.

Dass dafür beispielsweise McDonald's ursächlich mitverantwortlich sei, weil der Konzern Teile des Regenwaldes abholzen lässt, um seine Rinder zu weiden oder um großflächig Sojabohnen als Viehfutter anzubauen, ist allerdings in dieser Form eine Legende. Das Unternehmen selbst betreibt gar keine Rinderzucht, sondern kauft sein Fleisch auf dem offenen Markt ein, sodass es allenfalls mittelbar, durch die Förderung einer fleischreichen Ernährung, zur Umweltbeeinflussung beiträgt. Weder der Verdacht einer direkten noch der Nachweis einer indirekten Mitverantwortung am Klimawandel konnten jedoch der Nachfrage nach Hamburgern etwas anhaben. Die Hunde mögen bellen, doch die Karawane zieht weiter. Und seien wir doch ehrlich: Obwohl wir es für politisch korrekt halten, die Big Macs, Whoppers und Co. zu meiden, und dies auch jederzeit öffentlich erklären, gönnen wir uns hin und wieder das verstohlene Vergnügen, den Bann zu brechen. Wirklich nur ausnahmsweise und um unsere schlechte Meinung über dieses Zeug heroisch zu überprüfen.

Mit dem Wiener Schnitzel ins neue Europa

2004

Ob das Wiener Schnitzel tatsächlich österreichischen Ursprungs ist oder in Oberitalien erfunden wurde, von woher Feldmarschall Radetzky das »Cotoletta alla milanese« Mitte des 19. Jahrhunderts an den kaiserlichen Hof gebracht haben soll, wo es dann lediglich »umgemünzt« wurde, ist hier nicht zu entscheiden. Wer mit den Eigenheiten der sympathischen Wiener ein wenig vertraut ist, wird eher der Mailand-Legende zuneigen. Denn erstens ist es den Wienern ganz selbstverständlich, fremde Leistungen als eigene auszugeben, und zweitens gehört es zu ihren Lieblingsbeschäftigungen, alle Nicht-Wiener für dumm zu verkaufen. Andererseits wiederum scheinen die Indizien die Namensgebung zu rechtfertigen. Sowohl Zubereitungsart wie auch Aussehen der dünnen, mit Mehl, verschlagenem Ei und Semmelbrösel panierten Kalbsschnitzel machen in der Tat die Wien-Variante wahrscheinlich. Im heißen Fett schwimmend wird seit Beginn des 18. Jahrhunderts auch schon das Wiener Backhendl goldbraun gebacken – eine sehr spezielle Garungsart, die zugleich dafür sorgt, dass die Panade nicht am Fleisch haftet, sondern Blasen

wirft. Und erst dadurch wird das Schnitzel zu einem echten »Wiener«: Es schaut anders aus, als es ist. Durch die knusprige Panade gaukelt die dünne Fleischscheibe ein Volumen vor, das sie nicht hat. Kurz, das Wiener Schnitzel ist – wie so mancher Bewohner dieser schönen Stadt – ein Luftikus, ein Blender. Das soll uns aber, weil es so gut schmeckt, nicht weiter bekümmern. Und auch ob es aus Wien oder Mailand stammt, ist letztlich nicht wirklich relevant. Nennen wir das Wiener Schnitzel einfach »europäisch«. Denn als Habsburger Spross symbolisiert es nicht nur das alte Europa. Nach einem feierlichen Ereignis in diesem Jahr ist es zugleich geeignet, auch für das neue Europa einzustehen.

An vielen Orten Europas wird am 1. Mai gefeiert – etwa auf einer Brücke in Frankfurt/Oder, die Deutschland mit Polen verbindet. Viele Schlagbäume und Grenzkontrollen waren in den vergangenen Jahrzehnten bereits abgeschafft worden. Nun, 15 Jahre nach dem Zusammenbruch des ehemaligen Ostblocks, werden auch die ersten mittel- und osteuropäischen Länder in die europäische Wirtschafts-, Zoll- und Währungsunion aufgenommen. Mit der Tschechischen Republik, Ungarn, Slowenien, der Slowakischen Republik, Polen, Estland, Litauen, Lettland, Zypern und Malta erweitert sich die Europäische Union um zehn auf nunmehr 25 Mitgliedsländer – Rumänien und Bulgarien sollen 2007 folgen. Und fünf dieser Länder – Polen, Ungarn, Tschechien, die Slowakei und Slowenien, mit Rumänien werden es später sogar sechs – gehörten vor dem Ersten Weltkrieg zumindest teilweise zum Habsburger Reich. Sie hatten sich also gewissermaßen schon einmal im Verbreitungsgebiet der österreichischen Küche befunden, weshalb es gerechtfertigt erscheint, das Wiener Schnitzel als einen Gewinner dieses größten Erweiterungsprozesses in der Geschichte der europäischen Vereinigung zu betrachten.

Eigentlich gibt es nur Gewinner. Über Jahrhunderte hatten sich die Völker Europas in wechselnden Konstellationen bekriegt, bis das »alte« Europa in der blutigen Katastrophe des Zweiten Weltkriegs buchstäblich in Trümmern lag. Erst danach begann sich endlich die Erkenntnis durchzusetzen, dass ein friedliches Zusammenleben, dass Demokratie, Rechtsstaatlichkeit und die Einhaltung der Menschenrechte nur durch verstärkte Zusammenarbeit gesichert werden könnten. Aus diesem Grund waren 1951 zunächst die Europäische Gemeinschaft für Kohle und Stahl (EGKS) und 1957 die Europäische Wirtschaftsgemeinschaft (EWG) entstanden, deren Erfolg in den folgenden Jahren den Europa-Gedanken für immer mehr Länder attraktiv gemacht hatte. So konnte sich allmählich ein »neues« Europa herausbilden, das nicht mehr nur wirtschaftlich, sondern auch politisch immer stärker zusammenrückte und das nun, mit der sogenannten EU-Osterweiterung, gleichsam sein Gesellenstück abliefert.

Doch obwohl die europäische Einigung eine echte Erfolgsgeschichte ist, steht die EU bei den Bürgern nicht in bestem Ruf. Viele Menschen sind in Sorge, dass ihnen dieses Europa über den Kopf wachsen könnte. Kaum jemand vermag mittlerweile noch zu überschauen, was im Rahmen der EU alles geregelt wird und was nicht, wer in welchem Bereich das Sagen hat und nicht zuletzt, was das Ganze eigentlich mit jedem Einzelnen zu tun hat. In den kleinen Ländern hat man Angst, von den »Großen« dominiert zu werden, in den großen Ländern fürchtet man sich vor Billigkonkurrenz, vor nie versiegenden Sonderwünschen seitens der ärmeren Nachbarn und einem unabsehbar wachsenden Finanzierungsbedarf für Maßnahmen, die immer nur den jeweils anderen zugute kommen.

Apropos, am unmittelbarsten lässt sich das neue Europa ohnehin inzwischen im Geldbeutel erspüren. Und auch die neuen Euro-Münzen und -Scheine, die seit nunmehr zwei Jahren in vorerst zwölf von 25 Mitgliedsländern – sowie in den Kleinstaaten Andorra, Monaco, San Marino und Vatikanstadt – in Umlauf sind, machen die Menschen nicht gerade zu begeisterten Europäern. Viele trauern ihrer guten alten D-Mark nach und rechnen beim Einkauf immer noch um, indem sie den offiziellen Umstellungskurs von 1,95583 Mark für einen Euro schlicht auf zwei aufrunden und dann den Euro-Preis auf Mark verdoppeln. Und fast alle haben hierbei das Gefühl, über den Tisch gezogen zu werden.

Nachdem die Währungsunion am 1. Januar 1999 zunächst im bargeldlosen Zahlungsverkehr in Kraft getreten war und der Euro dann ab Januar

2002 zum gesetzlichen Zahlungsmittel wurde, scheint alles teurer geworden zu sein. Händler, Dienstleister und andere Ganoven, so schimpfen die Leute, hätten die Gelegenheit zu unverschämten Preissprüngen genutzt. Jeder hat sofort ein entsprechendes Beispiel parat: Kosteten die Spaghetti Bolognese beim Lieblingsitaliener um die Ecke vor der Umstellung knapp zehn Mark, so verlangt der Padrone heute mit acht Euro fast das Doppelte. Gleiches gilt für den Cappuccino, das Bier, den Friseur, für Döner und Hamburger, für Taxis und Busse – und so weiter und so fort. Es ist eine Sauerei. Europa ist ein Geldfresser – und der Euro, verdammt noch mal, ein Teuro.

Merkwürdig ist nur, dass die Preisbeobachter beim Statistischen Bundesamt mantraartig berichten, es habe seit der Einführung des Euro keine nennenswerten Preissteigerungen gegeben. Die Inflationsrate – zu amtsdeutsch der »Verbraucherpreisindex« – sei in Wahrheit stabil und liege bei knapp über einem Prozent. Wir hätten es stattdessen mit einer »gefühlten Inflation« zu tun und lassen unseren Blick durch Preiserhöhungen für einige wenige Alltagsprodukte trüben. Wie kann das stimmen? Wo leben die denn? Und was essen die? Ganz bestimmt kein Wiener Schnitzel. Das kostete vor der Umstellung in ordentlichen Restaurants um die 20 Mark. Und so viel kostet es auch weiterhin, allerdings in Euro.

Aber dafür, so viel Klarsicht muss bleiben, kann Europa ganz gewiss nichts. Dafür sind nicht einmal die EU und der Euro verantwortlich zu machen. Vielleicht liegt es einfach nur an einer steigenden Nachfrage. Oder es liegt an den allzu cleveren Wienern, die das Blendwerk einfach besser als andere verstehen.

2005

Spargel statt Stütze

Schon von den Römern wurde der Spargel als wohlschmeckendes Gemüse und, wegen seiner harntreibenden und angeblich luststeigernden Wirkung, als Heilpflanze geschätzt. Seit dem 16. Jahrhundert ist der Spargelanbau in ganz Europa verbreitet, wobei zunächst der grüne Spargel dominierte, der im Unterschied zum weißen Bleichspargel über der Erde wächst und deshalb etwas weniger aufwändig zu bewirtschaften ist. Mit einer Erntemenge von rund 55 000 Tonnen und einem Gesamtwert von etwa 175 Millionen Euro jährlich hat sich der Spargel zum wichtigsten deutschen Gemüse entwickelt. Und dessen Ernte sollte man keinen Laien überlassen.

Niemand habe ein Recht auf Faulheit, hatte Bundeskanzler Gerhard Schröder drei Jahre zuvor gestreng verkündet und den Tatenlosen mutig mit Sanktionen gedroht, wenn sie nicht endlich mit anpackten und die von ihm im Wahlkampf versprochene »Halbierung der Arbeitslosigkeit« einlösten. Aber erst nach dessen Wahlniederlage bei den auf den 18. September 2005 vorgezogenen Neuwahlen tut der frisch vereidigte Arbeitsminister Franz Müntefering, zugleich Vizekanzler in einer aus CDU und SPD gebildeten Regierungskoalition, tatsächlich »Butter bei die Fische«, wie es der Ex-Kanzler genannt haben würde. In einer »Eckpunkteregelung für die Zulassung von Saisonbeschäftigten aus Mittel- und Osteuropa« schreibt er den Landwirten vor, 20 Prozent ihrer ausländischen Erntehelfer durch inländische Arbeitskräfte zu ersetzen. Gemeint sind damit »unwillige« Arbeitslose, die von den Arbeitsagenturen zur Feldarbeit zwangsverpflichtet werden, zum Beispiel für die Spargelernte, die etwa Ende April beginnt und traditionell am 24. Juni (Johanni) endet.

»Spargel statt Stütze!« – so das populäre Motto, das nur leider einen Haken hat: die Praxis. Tatsächlich sind die Ergebnisse »niederschmetternd«, wie der Deutsche Bauernverband bei etwa 1000 Betrieben ermittelte: Von 7839 zugesagten Arbeitskräften der Arbeitsagenturen erschienen 5233 zum Vorstellungsgespräch bei den Bauern. 2859 von ihnen traten dann die Erntearbeit auch wirklich an, aber nur 1264 erfüllten ihren Arbeitsvertrag bis zum Ende. Und die Spargelbauern haben gleich doppelt das Nachsehen. Erstens ist der Arbeitskräfteausfall kurzfristig nur schwer zu ersetzen; zweitens richten die angelernten Hilfskräfte nicht selten ein Massaker an. Denn das »königliche Gemüse«, das »essbare Elfenbein«, an dem sich Feinschmecker – klassisch mit Schinken und Butter oder mit Sauce Hollandaise genossen – schon seit Jahrhunderten erfreuen, ist empfindlich. Zum Stechen bedarf es Fingerfertigkeit und Übung, worüber die polnischen Erntehelfer verfügen. Und es ist eine Knochenarbeit, die gebeugt oder gebückt vorgenommen werden muss und der die meisten »Arbeitslosenrücken« schlicht nicht gewachsen sind.

Münteferings Fehlschlag ist im Grunde nur der passende Abschluss eines für die SPD durch und durch missratenen Jahres. Trotz der selbst in der eigenen Partei ungeliebten Agenda 2010, die mehr als 100 000 Mit-

glieder dazu veranlasst, der SPD den Rücken zu kehren und auch innerhalb der Bundestagsfraktion umstritten bleibt, sodass sich Kanzler Schröder seiner knappen Regierungsmehrheit nicht mehr sicher sein kann, verzeichnet die Statistik weiterhin rund fünf Millionen Arbeitslose. Und nicht nur das: Aus Protest gegen die Reformpolitik der rot-grünen Regierung beginnt sich links von der SPD – neben der PDS – eine neue politische Kraft zu formieren, der sich immer mehr enttäuschte SPD-Anhänger anschließen: Am 22. Januar wird in Göttingen die Partei »Arbeit & soziale Gerechtigkeit – Die Wahlalternative (WASG)« gegründet. Hier findet auch der ehemalige SPD-Vorsitzende Oskar Lafontaine, der als Finanzminister der Regierung Schröder aus Protest gegen dessen Reformpläne 1999 von allen Ämtern zurückgetreten ist, eine neue Plattform.

Vorerst noch sieht sich die Regierungskoalition aber weniger von links als vielmehr von rechts bedroht. Im März verliert die SPD nach 17 Jahren an der Regierung die Mehrheit in Schleswig-Holstein. Wegen des knappen Wahlausgangs hätte Ministerpräsidentin Heide Simonis zwar in einer vom Südschleswigschen Wählerverband (SSW) tolerierten Minderheitsregierung an der Macht bleiben können, aber als ihr in insgesamt vier Abstimmungen jeweils ein Mitglied der eigenen Fraktion die entscheidende Stimme verweigert, schmeißt sie entnervt hin. Das Debakel ist kaum verwunden, da folgt im Mai die nächste schmerzhafte Niederlage. Ausgerechnet im sozialdemokratischen »Stammland« Nordrhein-Westfalen, wo die SPD seit 39 Jahren den Regierungschef gestellt hat, erringt der CDU-Spitzenkandidat Jürgen Rüttgers einen erdrutschartigen Sieg und löst Peer Steinbrück als Ministerpräsident ab. Da die unionsgeführten Länder nun auch über eine satte Mehrheit im Bundesrat verfügen und viele Gesetzesvorhaben blockieren können, sieht sich Kanzler Schröder in seiner Handlungsfähigkeit derart eingeschränkt, dass er einen einsamen Entschluss trifft. Noch am Abend der Wahlen in Nordrhein-Westfalen lässt er den SPD-Vorsitzenden zur Überraschung aller erklären, dass er vor-

gezogene Neuwahlen im September (nicht wie vorgesehen im Oktober 2006) anstrebe, weil seine Regierung offenbar nicht mehr über das notwendige Vertrauen verfüge.

Nun ist der als Wahlkämpfer gefürchtete Schröder endlich wieder in der Offensive. Aber es sollen noch zwei Ereignisse eintreten, die seine Wiederwahl – im Nachhinein betrachtet – am Ende verhindern: Zum einen gelingt es den beiden Linksparteien, maßgeblich auf Betreiben Oskar Lafontaines und Gregor Gysis, rechtzeitig vor der Bundestagswahl ein Wahlbündnis einzugehen und WASG und PDS in der neuen »Linkspartei« zu vereinen; diese neue Kraft erringt am 18. September aus dem Stand 8,7 Prozent der Wählerstimmen – und das wohl überwiegend aus einer SPD-nahen Klientel. Zum anderen wird im Sommer das ganze Ausmaß der sogenannten »VW-Affäre« publik, in deren Zentrum ausgerechnet Peter Hartz steht, der Namensgeber wesentlicher Bausteine der Reformagenda der Schröder-Regierung. Nachdem bekannt wird, dass Hartz in seiner Funktion als Personalvorstand von VW dem Betriebsratsvorsitzenden über Jahre Sonderzahlungen gewährt hat und auch über sonstige Zuwendungen, wie Lustreisen inklusive Damenbesuch, informiert gewesen ist, muss er im Juli von seinem VW-Posten zurücktreten (im Oktober leitet die Staatsanwaltschaft Braunschweig ein Ermittlungsverfahren wegen Untreue ein, das im Januar 2006 mit einer Verurteilung zu zwei Jahren auf Bewährung beendet wird).

Gleichwohl gelingt es Kanzler Schröder, den Wahlausgang, entgegen aller Vorhersagen, denkbar knapp zu gestalten. Noch am Wahlabend beansprucht er die Kanzlerschaft für sich, muss dann aber einsehen, dass in einer großen Koalition aus CDU und SPD für ihn kein Platz sein dürfte. Da die CDU mit einer weiblichen Kanzlerkandidatin größte Fraktion geworden ist, hat erstmals eine Frau Anspruch auf das Kanzleramt. Und so wird Angela Merkel am 22. November vom Bundestag zur deutschen Bundeskanzlerin gewählt. Rechtzeitig genug vor der nächsten Spargelernte.

2006

Ramadan und Leitkultur

Es ist ein Paradox: Das Fasten ist neben dem täglichen Pflichtgebet die religiöse Pflicht der Muslime, in der sie sich auch nach außen am deutlichsten als Mitglieder einer »Umma«, einer Gemeinde der Gläubigen, ausweisen. Dabei kann von »fasten« im eigentlichen Sinne des Wortes kaum die Rede sein, denn Muslime essen im Fastenmonat Ramadan vermutlich mehr als sonst im Jahr. Die Frauen kochen den ganzen Tag, um nach Sonnenuntergang zum »Iftar«, dem Fastenbrechen, die Köstlichkeiten der orientalischen Küche auftischen zu können. Traditionell beginnt das »Fastenbrechen«, mit einer Dattel und Oliven, die den Magen auf die kommende Völlerei einstimmen sollen, dann geht es durch die gesamte Küche des Orients, bei der in türkischen Familien niemals Schafskäse, Blätterteigpasteten (börek), kleine Ravioli (manti), Frikadellen (köfte) und jede Menge Süßspeisen (tatlis) fehlen dürfen.

2006 beruft Innenminister Schäuble die Deutsche Islamkonferenz ein, um über Fragen des islamischen Lebens in Deutschland mit Vertretern der Muslime zu beraten. Die erste Tagung findet im September zufällig im Monat Ramadan statt, und als sich einige Islamvertreter über das anschließende Büfett mit Wursthäppchen mokieren, bemerkt der Minister: »Man darf, man muss ja nichts essen.«

Schweinefleisch ist unter strenggläubigen Muslimen verpönt, Alkohol verboten, nur beim Wein ist der Koran unschlüssig, gar widersprüchlich. Mal werden im heiligen Buch Weintrinker gelobt als »Menschen, die Verstand haben«, dann wieder werden die Gläubigen ermahnt: »Kommt nicht betrunken zum Gebet« – vermutlich doch ein deutlicher Hinweis, dass auch in der islamischen Urgemeinschaft der eine oder andere dem Alkohol reichlich zugesprochen haben muss; und schließlich wird gedroht: »Ihr Gläubigen! Wein, das Spiel, Opfersteine und Lospfeile sind ein wahrer Gräuel und des Satans. Meidet es! Vielleicht wird es euch dann wohlergehen«. Das scheint auch das letztentscheidende Wort in der »Weinfrage« zu sein – Muslimen ist aufgrund der Sunna, der gelebten Tradition, der Genuss von Alkohol verboten.

Mehr als drei Millionen Muslime leben in unserem Land, nicht alle fasten, nicht alle fügen sich den strengen Speisegesetzen, nicht alle sind religiös, denn Muslim ist nicht nur, wer sich per Glaubensbekenntnis dazu bekennt, sondern automatisch auch, wer einen muslimischen Vater hat. Und ein Austritt aus der Glaubensgemeinschaft ist nicht vorgesehen und wird nach traditioneller Auffassung bestraft.

Seit 2001 steht das muslimische Leben unter besonderer Aufmerksamkeit der Öffentlichkeit, hatten doch am 11. September islamistische Terroristen Verkehrsflugzeuge entführt und in die New Yorker Twin Towers und das Pentagon in Washington gelenkt, über 3000 Menschen umgebracht und mit diesem Schlag den Islam als potenzielle und tatsächliche »Bedrohung des Friedens« und der bisherigen Weltordnung auf die Tagesordnung gesetzt. Auch in Deutschland bricht eine Diskussion los, ob »der Islam« mit der Demokratie vereinbar ist oder eine andere Ordnung will. Die Muslime in den Islamvereinen wollen ihre Religion, vor allem aber ihre Sitten und Traditionen leben – aber es gibt unterschiedliche Auffassungen darüber, was von diesen zum Teil archaischen Ritualen, beispielsweise den Zwangsheiraten oder der gewaltsamen Verteidigung der »Ehre«, mit den Regeln einer Zivilgesellschaft vereinbar ist.

Der Islam ist eine Religion, die sehr stark auf der Einhaltung der vorgeschriebenen Pflichten beruht. Den Mitgliedern der Umma wird vorgegeben, was im Alltag erlaubt und was verboten ist. Das bringt einiges an Konfliktpotenzial mit sich, beispielsweise wenn muslimische Väter ihren Töchtern die Teilnahme am Schwimmunterricht verbieten oder muslimische Eltern fordern, in den Schulkantinen keine Würstchen und Salamibrötchen mehr anzubieten, weil dies ihrer Auffassung vom religiösen Leben widerspricht.

Heftigeren Widerspruch aufseiten der deutschen »Mehrheitsgesellschaft« aber ruft hervor, dass der Islam Männern mehr Rechte einräumt als Frauen und Erstere sich befugt sehen, ihre verletzte Ehre durch körperliche Gewalt oder gar Mord an jenen Frauen wieder herzustellen, die sich ihren Geboten nicht fügen wollen. Ein Dauerbrenner im interkulturellen Streit ist auch die »Kopftuchfrage«. Nach Auffassung traditioneller Muslime ist es religiöse Pflicht der Frauen, ein Kopftuch zu tragen, orthodoxe Muslime bestehen sogar darauf, dass Frauen sich ganz »verschließen«.

2001 zog eine zum Islam konvertierte Lehrerin in Düsseldorf vor Gericht, um durchzusetzen, das Kopftuch auch in der Schule, vor der Klasse, tragen zu dürfen – und unterlag. Das Kopftuch sei ein Zeichen kultureller Abgrenzung und damit ein politisches Symbol, das mit der staatlichen Neutralitätspflicht nicht vereinbar sei, so entschied das Gericht. Die Klägerin trägt immer noch ihr Kopftuch – sie beharrt, wie viele aus der muslimischen Gemeinschaft darauf, »ihr religiöses Leben« so zu leben, wie sie es für richtig hält. Leider aber widerspricht vieles, was die hiesigen Muslime für »richtig« halten, dem, was Gesetze, Normen und Werte dieser Gesellschaft vorgeben – der Begriff »Leitkultur« bestimmt kurzfristig die öffentliche Debatte.

Von »europäischer Leitkultur« hat als Erster ein Migrant, der Politikwissenschaftler syrischer Herkunft, Bassam Tibi, gesprochen. Er fordert von den Muslimen, sich zu den Werten Europas zu bekennen. Wer hier ankommen wolle, könne sein Leben nicht wie in Anatolien, den Vorstädten von Istanbul, Marokko oder Afghanistan führen. Eine Gemeinschaft, die sich der aufnehmenden Gesellschaft verschließe, werde mit deren Entwicklung nicht Schritt halten, sich nicht integrieren können. Es komme dann unweigerlich zu sozialer Deklassierung, vermehrter Arbeitslosigkeit und in der Folge zum Rückzug in die »Parallelgesellschaft«.

Die Islamkonferenz hat zur Lösung dieser strittigen Fragen, zur Überwindung der eher wachsenden als kleiner werdenden Kluft zwischen den beiden Kulturen bisher nichts beitragen können. Sie hat aber gezeigt, dass es unter den Muslimen organisierte konservative bis reaktionäre Kräfte gibt, die außer Religionsfreiheit nichts an unserer Gesellschaft interessiert. Auf der anderen Seite sind fortschrittliche säkulare muslimische Kräfte, darunter vor allem Frauen, zu Wort gekommen, die der Deutungsmacht der Islamvereine widersprechen und auf dem Schutz der Grundrechte für alle bestehen.

Selbst das Fastengebot, das dem Gläubigen vorschreibt, im Ramadan von Sonnenaufgang bis Sonnenuntergang nichts zu essen, nichts zu trinken und auch bei anderen Vergnügungen zurückhaltend zu sein, ist für arbeitende und lernende Menschen, besonders an langen heißen Sommertagen, eine wahre Herausforderung. Die Schulen, die von vielen muslimischen Kindern besucht werden, klagen über Konzentrationsschwierigkeiten, Apathie und Absenzen der fastenden Kinder. Allerdings, dem stimmen selbst strenggläubige Muslime zu, die den Koran wörtlich nehmen, tut sich beim Ramadan eine Lücke im »Gesetz« auf: Wenn sich das Fastengebot von Sonnenaufgang bis Sonnenuntergang erstreckt, heißt das im Umkehrschluss, dass es nicht für die Zeitspanne von Sonnenuntergang bis Sonnenaufgang gilt. Und so wird im »heiligen Monat« Ramadan mehr gekocht, gegessen und getrunken als sonst im Jahr, mit höchst gemischten Folgen: Eine Statistik aus Ägypten verzeichnet 50 Prozent weniger Kriminalität, 30 Prozent mehr Verkehrsunfälle und einen um 20 Prozent steigenden Verbrauch an Lebensmitteln im Ramadan – mit 100 Prozent mehr Kalorien.

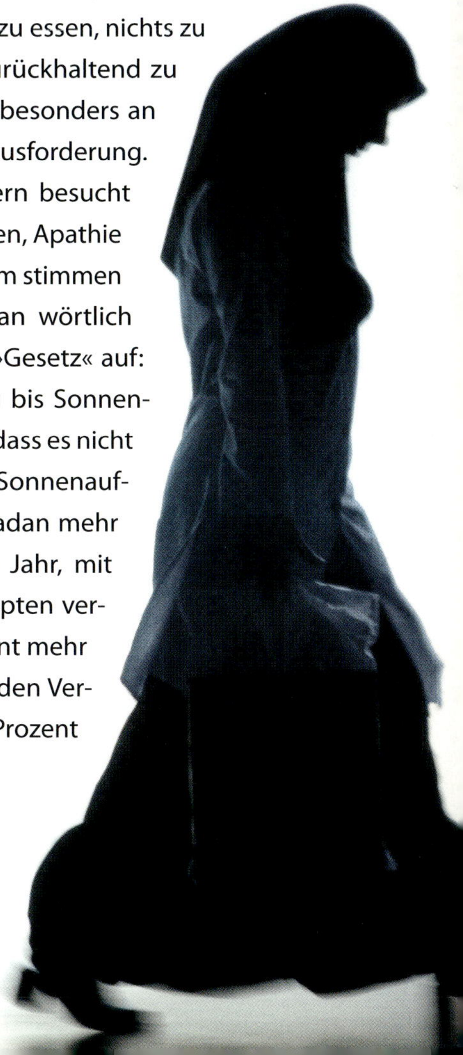

2007

Wasser und Protest

Wasser ist Leben, der »Urgrund«, wie es der griechische Philosoph Thales nannte, etwas Unveränderliches, das selbst nicht geworden ist und also nicht vergehen kann, sondern bleiben wird, was es ist, »Wurzel aller Dinge«, Quelle alles Lebendigen. Zwar wissen wir heute, dass solcher Monismus noch längst nicht der Weisheit letzter Schluss ist. Unbezweifelbar ist jedoch, dass Wasser für alles Leben von existenzieller Bedeutung ist. Nur gut, dass wir mit diesem kostbaren Nass hierzulande üppig gesegnet sind – so reich, dass wir es erst mit gestiegenem Umwelt- und Gesundheitsbewusstsein wieder zu schätzen gelernt haben. Vor allem natürliches Mineralwasser erfreut sich immer größerer Beliebtheit und ist geradezu ein Trendgetränk geworden, das heute, in kleineren oder größeren Flaschen, fast schon zum Lifestyle gehört. Seit 1970 hat sich der durchschnittliche jährliche Pro-Kopf-Verbrauch von etwa zwölf Litern auf rund 130 Liter mehr als verzehnfacht. Anderswo herrscht hingegen ein akuter Mangel. Die Wasser-

reserven sind weltweit sehr ungleich verteilt. Ein Drittel der Weltbevölkerung hat keinen Zugang zu sauberem Trinkwasser. Deshalb ist das Wasser, neben der Globalisierung und dem Klimaschutz, eines der zentralen Themen beim Treffen der Regierungschefs der acht größten Industrienationen (G8), das in diesem Juni unter deutscher Präsidentschaft und dem Motto »Wachstum und Verantwortung« im schönen Ostseebad Heiligendamm unweit von Rostock stattfindet. Der G8-Gipfel wird zum Medienhype, und zwar weniger der angereisten Politprominenz oder der wichtigen Themen wegen, sondern weil, wie schon bei vorherigen Treffen, mit massiven Protesten von Globalisierungskritikern gerechnet wird. Und die Erwartungen sollen sich erfüllen.

Heiligendamm gleicht einer Kampfzone. Rund um den Tagungsort, das Kempinski Grand-Hotel, umschließt ein seit Januar errichteter, rund zwölf Kilometer langer und 2,50 Meter hoher Zaun die sogenannte »Verbotszone I«. Stacheldraht, Kameraüberwachung und Bewegungsmelder erinnern an die einstige deutsch-deutsche Grenze. Das umliegende Seegebiet ist weiträumig gesperrt, im Luftraum herrscht in einem Umkreis von 55 Kilometern ein militärisch überwachtes Flugverbot, und auf dem Boden sollen 16 000 Polizisten den Gipfel sichern und für einen reibungslosen Ablauf sorgen.

Das misslingt. Im nahe gelegenen Rostock wie in Heiligendamm kommt es zu Protestaktionen, an denen mehrere Tausend Demonstranten beteiligt sind, und zu gewaltsamen Auseinandersetzungen zwischen Gipfelgegnern und Polizei. Steine fliegen, Scheiben und Autos gehen zu Bruch, Schlagstöcke und Wasserwerfer kommen zum Einsatz. Greenpeace-Aktivisten dringen mit Schlauchbooten in die Sperrzone ein und liefern sich spektakuläre Verfolgungsjagden mit der Wasserschutzpolizei. Rund um den Zaun halten Stoßtrupps von Protestlern die »Objektschützer« zum Narren, während andere Gruppen in Sitzblockaden Zufahrtswege abschneiden, sodass Delegationsteilnehmer und Journalisten

umgeleitet und zum Teil aufwendig mit Booten oder Hubschraubern zum Tagungsort gebracht werden müssen. Mehr als 1000 Demonstranten werden kurzzeitig festgenommen und in sogenannte Gefangenensammelstellen gebracht.

Drei Tage lang, vom 6. bis zum 8. Juni, herrscht in dem ansonsten beschaulichen Badeort der Ausnahmezustand. Worum es dabei geht, ist kurz darauf auf zahlreichen Websites der Gipfelgegner nachzulesen, die ihre Aktionen als Erfolg feiern: »Einige Dutzend verletzter Polizisten und ein brennender Ford in der ramponierten Rostocker Hafengegend stehen in keiner Relation zu den Verwüstungen, die auf das Konto der G8-Staaten gehen. Acht Staaten, die 80 Prozent der Rüstungsproduktion steuern und 50 Prozent des Welthandels kontrollieren. Wahre Schurkenstaaten, die zulassen, dass in Rohstoffkriegen jährlich Millionen einander massakrieren.« Dagegen habe man Widerstand leisten müssen und werde dies auch künftig tun.

Nun ja. Themen und Ergebnisse des Gipfels geraten gegenüber dem Protestspektakel jedenfalls ebenso in den Hintergrund wie die Tatsache, dass das Gipfeltreffen selbst – Bau des Sperrzauns, Anreise der Delegationen, Spritverbrauch der Einsatzkräfte – mindestens 30 000 Tonnen CO_2-Emissionen verursacht hat, etwa so viel, wie 3000 Bundesbürger pro Jahr ausstoßen. Sowohl dem Gipfel als auch dem Protest gegen die dort versammelten »Schurkenstaaten« muss man also eine desaströse Klimabilanz attestieren.

Erfolgreicher als die Heiligendamm-Kämpfer diesseits und jenseits des Sicherheitszauns versteht ein anderer Akteur, auf die dringliche Notwendigkeit von Klimaschutzmaßnahmen aufmerksam zu machen. Sein Name ist Knut. Als der am 5. Dezember des Vorjahres geborene, von seiner Mutter verstoßene und daraufhin von Tierpfleger Thomas Dörflein umsorgte Eisbär am 23. März im Beisein von Bundesumweltminister Sigmar Gabriel seinen ersten öffentlichen Auftritt hat, sind rund 500 Journalisten aus dem In- und Ausland angereist. Und alle sind entzückt. Der kleine Berliner Eisbär erobert die Herzen im Sturm. Die Menschen strömen in den Zoo, Zeitungen und Fernsehsender weltweit berichten monatelang ausführlich über jeden Schritt im Leben des kleinen, weißen Pelztiers.

Knut ist ein Zootier, aber die Popularität, die er genießt, kommt auch seinen »wilden« Artgenossen zugute, deren Lebensraum durch die Erderwärmung immer kleiner wird. Auch Eisbären brauchen Wasser, allerdings überwiegend in gefrorener Form. Das Polareis aber schmilzt dramatisch ab, wodurch ein Überleben dieser faszinierenden Großjäger, für die man sich dank Knut nun stärker zu interessieren beginnt, in freier Wildbahn immer fraglicher wird. Bilder von Eisbärmüttern, die ihre Jungen im Wasser zurücklassen und verzweifelt nach einer Eisscholle suchen, rupfen überall auf der Welt eine viel stärkere Betroffenheit hervor. Solche Szenen gehen jetzt, da man gerade selbst in ein Eisbär-Baby verliebt ist, buchstäblich zu Herzen. Man fühlt sich verantwortlich und sieht das ferne Arktis-Geschehen mit anderen Augen. Ja, diese Augen werden nun möglicherweise sogar feucht. Denn wer frisch verliebt ist oder gerade einen Mutter-, Vater-, Beschützerinstinkt aktiviert, der hat, wie es so schön heißt, nah am Wasser gebaut.

2008

Arme Ritter oder Wir Steuersünder

Man bereitet sie aus alten, harten Brotresten zu, die man erst in Milch, dann in geschlagenem Ei einweicht, um sie anschließend in Butterfett sanft zu braten. Was heute eher luxuriös – mit Zucker, Ahornsirup, Weinschaum oder Vanillesauce aufgepeppt – daherkommt, war dereinst, zu Zeiten des Dreißigjährigen Krieges, ein »Notessen«, das sich auch der verarmte Adel, eben der »arme Ritter«, leisten konnte. Wir würden dieses Gericht gern Herrn Klaus Zumwinkel und vielen seiner Vorstandskollegen in den Chefetagen deutscher Konzerne widmen – es muss ja nicht immer Kaviar sein, oder?

Geld macht ohnehin nicht sexy. Im Gegenteil: Geld macht gierig, wie wir nicht erst seit diesem Jahr wissen. Dabei ist weniger doch oft mehr. Das dürfen Anfang des Jahres auch die erfolgsverwöhnten Vertreter der Finanzbranche und gut dotierte Manager erfahren. Broker entdecken jenseits von Finanzkrise und Börsencrash ganz neue Lebensperspektiven: Die vielen Dinge machen arm. Viele von ihnen bewerben sich jetzt um eine solide Stelle im Finanzamt oder bei einem Wirtschaftsprüfer. Unwillkommen sind sie dort nicht. Schließlich kennen sie alle Finessen, wie man selbst dort noch Solidität vortäuscht, wo in Wahrheit alles hohl ist. Die, die den Schreibtisch bei der Bank nicht räumen mögen, müssen zwar mit Boni-Kürzungen oder -Streichungen rechnen, dem Findigen wird sich aber bald auch auf einem nur mäßig bezahlten Arbeitsplatz die eine oder andere Möglichkeit eines einträglichen Zubrots auftun – sofern er es versteht, gute Kontakte zum Bundesnachrichtendienst oder zur Steuerfahndung zu knüpfen.

Beiden, das müssen wir zugeben, haben wir in der Vergangenheit oft Unrecht getan. Die Schlapphüte hielten wir spätestens seit Ende des Kalten Krieges für gänzlich überflüssig, ihr bisheriges »Kerngeschäft« schien sich mit dem Fall der Mauer erledigt zu haben. Und die Steuerfahnder sind jedem von uns immer unwillkommen – wir sind, wie die Deutsche Steuergewerkschaft weiß, in Wahrheit doch alle kleine Sünderlein. Nein, nicht alle. Manche sind auch große Sünder.

Der Chef der Deutschen Post AG Klaus Zumwinkel zum Beispiel, vor dessen Tür die Finanzfahnder am 8. Februar 2008 in aller Herrgottsfrühe stehen und in guter Doku-Soap-Manier auch gleich noch ein Kamerateam mitgebracht haben, um den unter Verdacht der Steuerhinterziehung Stehenden medienwirksam zu verhaften. Und wie haben sie diesen Fisch an die Angel kriegen können? Durch eine kleine, unscheinbare Daten-CD, auf die der Bundesnachrichtendienst »im Zuge seiner Auslandsaktivitäten«, so heißt es, gestoßen sei und die er dann von einem »unbekannten Informanten« erworben habe. Ganz billig war sie nicht – vier Millionen musste der BND dafür berappen. Gemessen aber an dem Versprechen, das sie enthält, dann doch ein Schnäppchen. »Vier Millionen Euro Investition und erwartete 300 Millionen Euro Ertrag – sensationell!« Da jubelt der Bundesfinanzminister über eine erkleckliche Rendite.

Denn gemeinhin ist das Geschäft, den Steuersündern auf die Schliche zu kommen, für die staatlichen Fahnder doch wesentlich mühsamer. Steueroasen wie das Fürstentum Liechtenstein, aus dessen verschwiegenen Banken, Stiftungen und Treuhändergesellschaften – mehr an der Zahl, als das Land Einwohner hat – die Daten stammen, lehnten es bisher strikt ab, Auskünfte über Konten zu erteilen. Ein strenges Bankgeheimnis sei »Grundhaltung und Tradition«, ließ uns das Land wissen, das von der Kapitalflucht nicht nur aus Deutschland lebt. Ja, und nun droht die Oase trockengelegt und zur Wüste zu werden. Erbprinz Alois von und zu Liechtenstein fährt denn auch schweres – und, ehrlich gesagt, nicht mehr ganz zeitgemäßes – Geschütz auf: Der »Großstaat« Deutschland habe einen »Angriff gegen Liechtenstein« gestartet. Naturgemäß sehen

hiesige Politiker das etwas anders. Das grenze ja an organisierte Kriminalität, was dieser Kleinstaat da treibe, war aus der grünen Ecke zu hören.

Am 8. Februar jedenfalls schrumpft der bisher als »Vorzeige-«, als »Gentleman-Manager« gehandelte Zumwinkel auf das Format eines ganz gewöhnlichen Gierigen zusammen. Schon vorher hatte die Lichtgestalt etwas Schlagschatten erhalten, als ruchbar wurde, dass Zumwinkel, der gern betonte, des Geldes wegen habe er den Job bei der Post nicht übernommen, seine Bezüge von lumpigen drei Millionen Euro durch den Verkauf von Aktien-Optionen im Wert von 4,7 Millionen Euro ein wenig aufgebessert hat – »just in time«, registrierte die Broker-Welt, denn wenige Tage vorher war der Kurs der Postaktie um fast fünf Prozent gestiegen, nachdem man sich auf den Post-Mindestlohn geeinigt hatte.

Für viele ist Zumwinkel nur einer von vielen Abzockern in den Chefetagen, die seit Jahren gern den Standortblues anstimmen – die Löhne sind zu hoch, die Steuern auch, die »Einschnitte« zu halbherzig – und selbst untereinander darum wetteifern, wer im Aufsichtsrat, in dem überwiegend Ihresgleichen sitzen, die unverschämteste Gehaltssteigerung durchsetzen kann. Einstellig läuft bei diesen Insider-Geschäften gar nichts mehr; allein zwischen 2002 und 2006 sind die Bezüge der Dax-Vorstände um 62 Prozent gestiegen. Zum Vergleich: Zwischen 2001 und 2006 hat das reale Haushaltsnettoeinkommen im Durchschnitt um ganze 21 Euro, von 1392 Euro monatlich auf 1413 Euro, zugelegt. Der Fairness halber sei erwähnt, dass eine wachsende Zahl von Topmanagern heutzutage erhebliche Unkosten zu verkraften hat, man denke nur an die Horden von Rechtsanwälten, die von ihnen beschäftigt werden – von Peter Hartz, um mit einem Vergleich einer Haftstrafe zu entgehen, von Heinrich von Pierer, um sich gegen den Vorwurf der Mitwisserschaft an den vom Siemens-Konzern praktizierten Bestechungen zu wehren. Und nun Zumwinkel wegen Steuerhinterziehung.

Was Wunder, dass nur noch – wie eine Umfrage im Auftrag der Bertelsmann-Stiftung ergab – 15 Prozent der Deutschen die wirtschaftlichen Verhältnisse in dieser Gesellschaft als gerecht ansehen. Die Eliten sind es, die das System zum Einsturz bringen, sagt der Bundesfinanzminister, jetzt müssten sie auch dazu beitragen, dass das schwindende Vertrauen der

Bevölkerung in die soziale Marktwirtschaft zurückkehre. Vorbilder sollen sie endlich wieder werden, meint der Wirtschaftsminister, sonst werde die Demokratie zum »Übernahme-Kandidaten« für »Die Linke«.

Gut gebrüllt, Löwen. Aber doch ein bisschen zahnlos, oder? Da hätten wir einen besseren Vorschlag zu machen: Stockt doch mit den arbeitslos gewordenen Brokern die mickrige Anzahl an 2100 Steuerfahndern auf! Sie sind mit allen Bilanzierungswassern gewaschen, für sie selbst wäre ein solcher Einsatz im Interesse des Gemeinwohls eine echte Reha-Maßnahme. Schon jetzt verhilft die Steuerfahndung dem Fiskus Jahr für Jahr zu der stattlichen Summe an Mehreinnahmen von anderthalb Milliarden Euro. Pro Nase sind das fast eine Million Euro Umsatz, eine Relation, von der so mancher mittelständische Betrieb nur träumen kann. Und da ist noch mehr zu holen: 30 Milliarden, so lässt uns die Deutsche Steuergewerkschaft

wissen, entgehen der Staatskasse jährlich. Denn Steuerhinterziehung ist längst Volkssport geworden. Aber die Personaldecke sei viel zu dünn, um der vielen kleinen Sünderlein auch habhaft zu werden. Die Fahnder müssen sich darauf beschränken, die wirklich großen Fische an die Angel zu kriegen.

Ja, warum stellt man denn nicht mehr Spürnasen ein, fragt sich der in Wettbewerbsfragen doch eher unerfahrene Bürger. Es fehle der Anreiz, die Steuerquellen voll auszuschöpfen, heißt es. Steuerfahndung sei Ländersache, und was die bei ihren Sündern im Lande eintrieben, müssten sie doch nur im Rahmen des Länderfinanzausgleichs an die armen Schlucker unter den Bundesländern abgeben. Eine loose-loose-Situation also: Man wird los, was in »zielführenden Einsätzen« abgeschöpft wird, und schießt sich darüber hinaus auch noch im Länder-Standortwettbewerb ins Knie. Liechtenstein ist eben doch überall.

Ingke Brodersen, 1950 geboren, studierte Geschichte und war Lektorin und Herausgeberin politischer Bücher im Rowohlt Verlag, später Leiterin von Rowohlt.Berlin. 2006 veröffentlichte sie (gemeinsam mit Rüdiger Dammann) »Zerrissene Herzen. Die Geschichte der Juden in Deutschland«, 2007 erschien das (ebenfalls mit Rüdiger Dammann verfasste) Buch »Das neue Europa. In Vielfalt geeint – Geschichte und Zukunft der Europäischen Union« sowie »Werden Sie wesentlich. Die Frau um 50« (gemeinsam mit Renée Zucker).

Rüdiger Dammann, 1959 geboren, studierte Soziologie und Völkerkunde, war Lektor beim Rowohlt Verlag, danach verantwortlich für das Sachbuchprogramm bei Rowohlt.Berlin. Mit Ulrich Plenzdorf hat er 2005 das Buch »Ein Land, genannt die DDR« veröffentlicht, im Herbst 2007 folgte der mit Daniel Cohn-Bendit herausgegebene Band »1968. Die Revolte«.

Bildnachweis StockFood 22, 30, 38, 42, 63, 84, 99, 108, 112, 116, 127, 132, 136, 140, 152, 156, 160, 163, 170, 174, 186, 190, 194, 200, 205, 208, 212, 224, 228, 232, 236, 250 | dpa Picture-Alliance 14/15, 16, 21, 24/25, 41, 45, 60/61, 93, 100, 105, 110/111, 131, 143, 184/185, 213, 231 | ullstein bild 19, 32, 35, 97, 107, 118 | Hamburger Institut für Sozialforschung 29 | Wikipedia 33 (Superbass), 37, 39, 40 (Lothar Spurzem), 56, 58, 65, 68, 76, 82, 83, 89, 90, 123, 128, 134, 138, 142, 154, 158, 161, 166, 175, 177, 180, 192, 197, 199, 202, 211, 216, 217, 220, 221, 222, 223, 227, 246, 249 Dominik Heusel, Julia Pietschmann 18, 46, 50, 52, 53, 54/55, 72 ff., 80, 90, 94, 103, 124, 139, 148, 150/151, 182, 244, 248, 252 | Kurt Blank-Markard 26/27, 66, 71, 77, 144, 157, 166, 168, 215, 218, 240 Judith Kessler 113, 115, 146, 187, 188 | Jürgen Holtfreter 88 | Bayerischer Brauerbund e.V. 171 Coca-Cola. Deutschland 59 | Grabower Süsswaren GmbH 120 | Unilever Deutschland GmbH (Langnese) 40 | Dr. August Oetker Nahrungsmittel KG 225, 226, 227 | Wrigley GmbH 14 Es wurde größtmögliche Sorgfalt darauf verwendet, für alle Abbildungen die Rechteinhaber zu ermitteln. Sollten dabei Fehler unterlaufen sein, bitten wir um Benachrichtigung.